“十二五”职业教育国家规划教材
经全国职业教育教材审定委员会审定
普通高等教育“十一五”国家级规划教材

21世纪高职高专规划教材·商贸类系列

公共关系原理与实务

（第二版）

主　编　蒋　楠
副主编　谢红霞　牛陇安　王　湜

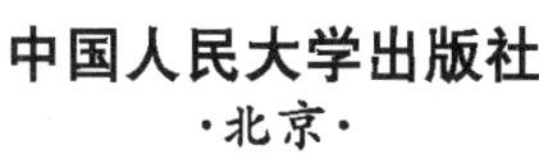

中国人民大学出版社
·北京·

第二版前言

21世纪，伟大祖国的社会进步更加显著，中国的大国形象更加鲜明，国家及企事业单位的公共关系实务操作更加自觉和精彩，国内学者关于公共关系学的理论研究也稳步地向前推进，一些高水平、高质量的公共关系研究成果引人关注。

距第一版的《公共关系原理与实务》出版已有四年，我们发现，原来的一些理论表述与案例分析已经不够严谨或已过时，理论与实务的前进步伐要求我们尽快对教材进行必要的修订与改进，我们必须以新的眼光重新审视这本深受读者喜爱的教材。

《公共关系原理与实务》在以下方面需要做进一步的修正：

（1）在知识体系结构上，教材需要注重各章节之间知识体系的联系和实务内容的有序递进。在理论章节方面应更加深入浅出，关照实务内容的实用与简约，使理论阐述不深奥、晦涩，便于学生学习与理解。实务内容不浅显、低级，能够培养学生的真才实干。

（2）在理论阐述方面，教材要体现国外先进公共关系学理论发展的动态，补充最新理论观点与学术思想，对个别陈旧的理论说法和内容进行调整与更新，对部分章节内容进行充实与修改。

（3）在实训技能方面，教材应该针对高职高专的特点，把知识应用与实践技能培养作为核心，注意实训作业题目与内容的设计，辐射课堂展开的作业与课下完成或练习的作业，努力将课堂延伸至社会，把分析案例与参与社会各种竞赛相结合，通过教材的引导与指导，把提升学生实际能力作为本教材的中心目标，真正突出高职高专的办学宗旨和特色。

（4）对章节内的“观点链接”和“职场链接”等“窗口”，教材需要进行必要的完善与更新，使之更加紧密地契合章节内容，起到拓展知识、打开眼界、开拓思路、提升兴趣的作用。

通过此次的修订，力求使公共关系学理论与实务内容更具严谨性与指导性，对专业教学的引导作用发挥得更好，以期有力地配合实践教学改革思路，不断创新开展教学的手段与方法。

通过此次的修订，我们认为基本达到了以下目的：

一是补充了公共关系学的研究成果，更新了重要的理论观点，对公共关系学的发展历史作了进一步的梳理，对中国公共关系运行轨迹与未来走向进行了重要的修缮与新的定位，这些改变体现在第一章～第三章的内容中。

二是更新了几乎全部“导入案例”，把社会最新出现或推出的经典案例引入我们的教材中，让我们的读者能够接触到职场中最新涌现的实践案例，可以直接接触到市场的“烽火狼烟”，对公共关系的运用看得更清、把握得更准。

三是在主要章节中增加了网络公共关系的内容，以体现网络媒介在公共关系活动中的独特作用，阐述网络媒体公众的特殊诉求与作用。这部分内容主要反映在第四章和第七章的内容中。

四是对部分“观点链接”与“职场链接”进行了内容的撤换或删减，在提供给读者的小点缀中，希望打开的“窗口”更加有看点、更有价值。

总之，我们希望通过此次的修订，能够使本书的构架体系更趋合理与完善，使教材在理论体系方面更具系统性与指导性，在实务实训方面更具操作性和实践指导作用，通过知识体系的锤炼，能够更好地让学生掌握公共关系学基础理论，使学生能够得到更加全面与综合的能力培养及技能锻炼，更好地满足公共关系原理与实务课程的教学需要，为培养符合社会需要的专业应用型人才尽绵薄之力。

本书写作分工为：中国计量学院的蒋楠老师负责第一、二、三章，山西省财政税务专科学校的谢红霞老师负责第五、六、八章，陕西职业技术学院的牛陇安老师负责第四、九章，河北承德旅游职业技术学院的王湜老师负责第七章，蒋楠老师对全书予以修改、总纂。

本书虽然经过了反复的修改，但由于修改的时间较紧，作者的水平有限，书中难免存在瑕疵，敬请读者谅解、指正。

深深感谢这么多年来，中国人民大学出版社编辑的一路陪伴，不断给我们提出努力的方向与修正的机会，我们对自己的幸运倍感珍惜，我们决心与亲爱的读者一起为中国公共关系教育事业努力、再努力，在今后的岁月中继续提升自己的学养与境界，将这本教材做成精品！

编者

目 录

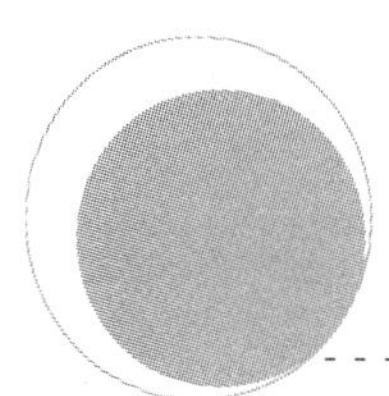

第一章 公共关系学概述

本章学习目标

通过本章的学习，你应该能够：

1. 了解公共关系的定义。
2. 明确公共关系的要素和特征。
3. 认识公共关系学的发展历程。

课前思考题

1. 公共关系与社会上的“拉关系”有什么本质区别？
2. 为什么说沟通是公共关系学的核心概念？
3. 从公共关系的发展阶段看，这门学科体现了怎样的进步性？

导入案例

中国故事

北京奥组委文化展示项目

项目主体：北京奥组委、国家文化部。

项目执行：龙世嘉蓝国际传播机构。

获奖情况：奥运公关类金奖。

第29届北京奥运会与以往奥运会不同的地方是它着重体现人文奥运的精神，在传播现代奥林匹克思想的同时，展示中华民族的灿烂文化，展现北京历史文化名城风貌和市民的良好精神面貌，推动中外文化的交流，加深各国人民之间的了解与友谊。北京奥运会旨在促进人与自然、个人与社会、人的精神与体魄之间的和谐发展，突出“以人为本”的思想，以运动员为中心，提供优质服务，努力建设使奥运会参与者满意的自然和人文环境。

项目调研

在北京奥运会中，如何使中国有特色的非物质文化遗产能更广泛地集中展示，如何使整体活动与奥运精神传播相结合，以达到各省文化、民族文化、中国文化以及国际文化的认识与交流，是需要解决的最重要的问题。在项目的执行过程中，面对每个省、每个民族众多的非物质文化遗产，选取哪些最具代表性的进行展示和表演，需要进行艰难的取舍。因为这不是一道普通的选择题，每一个展示和表演都有其深厚的历史文化底蕴和背后不同的故事，它们能从多方面反映中国文化。

项目策划

公关目标

本策划方案将以中国传统文化传播为核心内容，宣传中国五千年历史文化，推动中国非物质文化遗产的保护工作，力推中国传统历史文化并使之与世界文化融合。本项目讲述中国文化传奇，展示中国文化之美，让世界宾客关注中国传统文化，喜爱中国传统文化，体现北京奥运会极具文化内涵和历史底蕴的人文奥运精神。通过社会知名学者的共同参与及邀请众多演艺界知名人士成为明星志愿者，借助媒体宣传平台实现社会各界和大众传媒的广泛关注，从而引发广泛的社会轰动效应。

策划理念

秉承“用事件影响社会生活”的策划理念，将保护非物质文化遗产及人文奥运变成社会大众广泛参与的行为，使它成为奥运期间的新闻热点。着眼于全世界关注的问题，策划与人文奥运相关联的事件，对活动做全面的事件性包装，使之成为奥运期间的一个关注热点。活动的策划立足于文化的原始素材，来源于中国文化却又影响世界的文化。新闻策划与内容策划同行，同步考虑，将活动策划成聚焦大众眼球的热门事件。

基本策略

中国故事文化展示系列活动，必须要将发扬推广中国五千年沉积的民族文化这一主线巧妙地贯穿于活动组织中，与活动有机结合，使全世界人民真正感受到中国传统文化的魅力。

以往众多展示展览无论形式是静态的还是动态的，无论表达的内容是民族的还是世界的，往往都少了大众参与的成分，而亲身参与恰恰能让人们产生最切身体验的实在感，也能产生最具传播影响的说服力。因此，在展示所有中国特色艺术的同时，要让广大民众参与进来，亲身体验这些艺术的演绎与制作。

传播策略

根据活动的进度，实施分阶段传播，把握报道节奏，层层铺垫，逐步推进。将中国故事文化展示系列活动视为讲述中国五千年历史文化发展的最佳平台，将信息传递的广度、深度、力度有节奏地分布于活动的前期、中期、后期，形成一次次环环相扣、步步深入的系列报道。

注重点面结合，整合多媒体，利用电视、平面、广播、网络媒体进行立体式宣传；有机整合传播内容，在提供给媒体的新闻信息中，做到分中有合、合中有分，便于媒体根据自身需要自由进行信息资料组合。

活动以中央级媒体为主，地方媒体为辅，联合协办媒体进行连载型或专题型的报道，保证信息传播的深度、广度、力度。

项目执行

主题曲发布

2008年7月8日，“中国故事”主题曲《中国看见》在奥运会倒计时一个月之际发布，著名国际巨星成龙与著名歌唱家谭晶携手演唱。本曲与其他30首耳熟能详、脍炙人口的奥运歌曲以及各种宣传资料一起配发到中央和各省区市的相关媒体手中，在奥运筹备冲刺的最后一个月里，营造喜庆热烈的社会奥运氛围。

启动仪式

2008年7月13日，在北京奥林匹克中心区，召开“中国故事”——第29届奥运会及第13届残奥会文化展示系列活动启动仪式，“中国故事”布展工作完成，首次迎来媒体及海外嘉宾的参观。活动共设32个“祥云小屋”，通过这些“祥云小屋”窗口，向世界展示中国五千年的历史文化底蕴。作为北京奥运会和残奥会期间展示“国家级非物质文化遗产”的文化品牌活动，“中国故事”的每一天似乎都与爱有关。

祥云小屋“出征”

2008年8月3日晚，“中国故事”文化展示活动在北京剧场举行了出征仪式。8月9日—9月17日奥运会、残奥会期间，祥云小屋正式对外展出，主要面向参与北京奥运会、残奥会的各类注册人员和持票进入奥林匹克中心区的观众。当晚，北京奥组委文化活动部部长赵东鸣为国际巨星成龙颁发奥运会志愿者注册卡，成龙成为北京奥组委正式批准的第一位志愿者。

“中国故事”出征仪式

《百家讲坛》助力

2008年9月7日—9月16日，在残奥会期间，每日邀请一位《百家讲坛》学者、一位社会名人、一位央视著名主持人及一位“中国故事”参与地区领导进行访谈。古色古香的访谈现场给嘉宾提供了一个可以充分交流的静谧空间，引发对中国传统文化发展的思考，探讨竞技与艺术的结合，总结在世界的大舞台怎样展示中国的文化魅力。访谈现场还设置了观众坐席，让更多的人参与到访谈中，嘉宾和观众形成良好的互动气氛。

完美谢幕

“中国故事”在奥运村扎根两个多月之后，于2008年10月5日正式落下了帷幕。现场百名志愿者放飞由7个工作人员历时两个月之久制作的由204个奥运参赛国家和地区的旗帜组成的“长龙”风筝，空中飞舞的“长龙”风筝意在向全世界展示中国的传统文化，表达“你在世界眼里，世界在你心中”的理念。

感动延续

2008年10月25日，4 016床棉被、1 700套MP3和300张成龙专辑CD被送往绵阳市长虹集团培训基地的北川小学、江油雁门镇中学、剑阁县政府。这批物资是由北京奥组委“中国故事”核心运行团队、北京成龙慈善基金联合四川省扶贫基金会共同捐赠的。

项目评估

“中国故事”是由北京奥组委、国家文化部联合主办，贯穿奥运会、残奥会的文化性运动，是奥林匹克公园唯一一个国家文化展示区。很多领导都专程来到“中国故事”活动现场考察和指导工作，均认为“中国故事”在奥林匹克的平台上为中国传统文化的传承、传播做出了巨大贡献，对于宣传中国五千年文化历史起到了很大的积极作用，也将极大地推动中国非物质文化遗产的保护工作。

人民日报、新华社、中央电视台、搜狐网以及其他中央和地方媒体均对“中国故事”进行了集中的宣传报道，仅《新闻联播》就多次介绍了部分“祥云小屋”精彩内容，并跟踪报道了中外游客对“中国故事”的热烈反响。媒体传播取得了显著成效，奥运期间，有数百家境内外媒体对活动进行了报道，受众总量超过13亿人，媒体新闻发布15 820篇稿件，平面媒体头版发布次数为965次，平面媒体整版报道317次，电视新闻发布373次。

资料来源：中国国际公共关系协会：《最佳公共关系案例（第9届）》，227～231页，北京，企业管理出版社，2010。

今天，每一个社会组织都要考虑自身的生存、发展与对外影响的进一步扩大等问题，特别是在处理重大事件时，更需要努力与可能面对的公众建立友好关系，因此，如何与外界建立相互了解、相互支持的关系成了一门必须要学习的科学，这就是公共关系学。公共关系学到底是什么样的科学呢？公共关系在现代社会中发挥着怎样的作用呢？

第一节　公共关系的含义

一、公共关系释义

公共关系一词是舶来品，英文叫“public relations”。从字面意思上理解，公共关系是指一种共同的、公共的关系。但“关系”一词，本身具有相互性、私人性及排他性。因此，按其英文的本意理解，应该翻译成“公众关系”更为准确，即主体针对公众所建立、发生、进行的一种关系。由于公共关系的叫法在中国已经约定俗成，故而也就称之为公共关系。

我们可以从以下几个方面来理解公共关系。

（一）公共关系研究的是一种社会关系

公共关系学研究社会中与组织有密切依存性的周边公众的存在、表现倾向及变化的过程。社会组织在成长的过程中，必须注意研究公众的心理与行为表现，要妥善处理与各类公众的关系，通过自身的恰当表现，与公众建立良好的关系，赢得公众的关注与认可，以实现组织的发展目标。因而，从社会组织的角度来说，公共关系学不是泛泛地研究全社会的人群，而是有针对性地研究与社会组织有密切相关性的那部分公众。公共关系学是社会学范畴的一部分。

（二）公共关系表现出一种公开关系

公共关系是与个人关系相对的关系。与个人关系的隐私性不同，公共关系具有公开性或开放性。社会组织倾向于更多使用大众传播媒介，以公开、开放的姿态与公众对话、沟通。公共关系是一项阳光下的工程。虽然公共关系活动中也会包括大量个人间的交流活动，但其出发点与表现方式都是体现集体利益和公开透明的，拒绝开展私下交易或隐秘性行为。社会组织针对公众开展的公共关系活动，越公开越好。因此，公共关系与传播学有密切关系，非常重视运用传播手段。

（三）公共关系体现一种集体关系

公共关系是一种以组织集体的名义来处理与公众关系的活动。它的运作、实现过程与成果体现，展示了一种集体行为，代表了整个组织；同时，公共关系针对的对象——公众是具有某种共同利益或取向的集体或人群，他们看似人数有限，但实际上难以计数。如果组织不慎得罪了公众，它所遭遇的可能是灭顶之灾，所以公共关系是一种管理活动，必须善于运用管理学理论开展组织内外的公共关系工作。

正因为如此，公共关系从其诞生时起，就受到了众多社会组织的极大关注，其对组织的重要意义和独特作用，令人刮目相看。

观点链接

做正确的事

如果简单给公关下一个定义，所谓公关，就是“做正确的事”，良好地表现自己，并将这种外在表现的本质精神传递给公众。在过去的30年时间里，公关的业务数量有了非凡的增长，并赢得了更为广泛的社会尊重，如今，公关显然已经发展为一个成长型的产业。

资料来源：［美］弗雷泽·P·西泰尔著，梁洨洁等译：《公共关系实务》，4页，北京，机械工业出版社，2004。

二、对公共关系的多种解释

从公共关系产生开始，关于公共关系概念的理解就见仁见智，即使是较为权威的定义，也是众说纷纭，莫衷一是。这并不是说公共关系是一个不成形的大杂烩，而是恰恰反映了公共关系的普遍又广泛的适用性。

现将国外较有代表性的公共关系概念，采撷展示：

（1）被称为“公共关系之父”的美国公共关系职业创始人艾维·李（Ivy Lee）认为，公共关系是一种公开的宣传活动。

(2) 被认为是公共关系理论创始人的爱德华·伯内斯 (Edward L. Bemeys) 将公共关系视为社会科学的一部分，他认为公共关系就是社会组织引导公众对组织行为予以了解和产生亲善的行为。

(3) 20 世纪 60 年代以撰写“公关圣经”——《公共关系教程》而闻名公关界的斯各特·卡特里普 (Scott M. Cutlip) 与艾伦·森特 (Allen H. Center) 等提出的公共关系定义是：公共关系是宣传或劝说沟通的单向性与强调沟通交流和实现共识的双向性，以及从组织咨询管理角度调整其行为的功能的诸方面综合体。①

(4) 国际公共关系协会 (IPRA) 在 1978 年所下定义是，公共关系“为组织领导人承担咨询任务并贯彻实施计划的执行”。

(5) 当代美国公关界的权威代表詹姆斯·E·格鲁尼格 (James E. Grunig) 从其研究成果“卓越公共关系”的角度，提出公共关系是“一个组织与其公众之间的传播管理”，其目的是建立一种与这些公众相互信任的关系。②

(6) 美国资深公关专家兼学者弗雷泽·P·西泰尔 (Fraser P. Seitel) 认为，公共关系是旨在社会上个人和组织相互之间保持长期“和谐”关系的一个过程。③

(7) 美国著名公关学者伦纳德·萨菲尔 (Leonard Saffir) 在《强势公关》中提出，公共关系已经成为了一门有影响力而且系统完备的成熟学科，能够通过强大而温和的手段影响人们的观念，如果使用得当，公关能发挥双向作用，即提供反馈信息，预测公众舆论，同时制定计划，影响和引导舆论。④

(8) 写作畅销书《公关第一、广告第二》的美国当代营销大师阿尔·里斯 (Al Ries) 等认为，就公共关系而言，核心是品牌塑造。⑤

(9) 在道·纽森 (Doug Newsom) 等所著的《公共关系本质》第九版 (2008 年在美出版) 中，引述国际公共关系协会观点认为，公共关系将影响名誉——言行的结果和他人的评价。作者认为，最好的公共关系是良好的社会道德的体现。⑥

(10) 日本学者井之上乔认为，公共关系就是个人或组织以最短距离达到目标或目的的活动，并且是一种立足于“伦理观”的“双向沟通”和“自我修正”的社交活动。⑦

从上述国外著名的公共关系学者及机构对公共关系的定义可以看出，对公共关系的理解与社会经济发展水平同步演进、逐渐完善。这些表述既体现了对公共关系认识的深化，也反映了公共关系学理论的逐渐成熟。

三、公共关系的定义

在学习公共关系的定义之前，首先要明确以下几个问题。

---

① [美] 斯各特·卡特里普等著，明安香译：《公共关系教程》，8 版，3 页，北京，华夏出版社，2001。

② [美] 詹姆斯·E·格鲁尼格等著，卫五名等译：《卓越公共关系与传播管理》，4 页，北京，北京大学出版社，2008。

③ [美] 弗雷泽·P·西泰尔著，梁洨洁等译：《公共关系实务》，8 页，北京，机械工业出版社，2004。

④ [美] 伦纳德·萨菲尔著，梁洨洁等译：《强势公关》，4、8 页，北京，机械工业出版社，2002。

⑤ [美] 阿尔·里斯等著，罗汉等译：《公关第一、广告第二》，274 页，上海，上海人民出版社，2004。

⑥ [美] 道·纽森等著，于朝晖等译：《公共关系本质》，9 版，5 页，上海，复旦大学出版社，2011。

⑦ [日] 井之上乔著，陆一等译：《公关力：从避免崩溃到有效传播的战略要素》，前言，北京，东方出版社，2010。

（一）公共关系是社会组织的一种主动行为

公共关系是一种动态的社会活动，是某一社会组织发出的主动的社会行为，不是静态的关系状态。对一个社会组织来说，只有主动地、有计划地与自身的公众开展沟通活动，公共关系活动才能有效展开，才能说组织有公共关系行为。社会组织与公众的公共关系不是无缘无故自然建立的，而是社会组织的一种主动行为。

（二）公共关系的对象是目标公众

社会组织开展公共关系活动针对的是什么样的公众，这是一个十分重要的问题。公共关系的对象是公众，但并不是漫无目标，对一个组织来说，在开展公共关系活动时，必然有一个主要目标和重点，针对的对象只能是目标公众，而不可能是任何公众。只有针对目标公众，社会组织的公共关系活动才能具有针对性、有效性。因此，社会组织在开展公共关系活动时，首先要确定的是目标公众。

（三）公共关系的传播是双向交流

社会组织开展公共关系活动，从本质上来说是传播活动，即通过大众传播媒介或人际传播的形式，向自己的目标公众进行信息传播。从表面上看，这是一种单向的信息传输活动，实际上，这一传播活动要进行和维持下去，必须依赖于公众的反馈。因而，真正意义上的公共关系活动是一种双向交流（two-way communication），双向沟通是公共关系活动的基本手段。

（四）公共关系的目标是营造环境

对于任何一个社会组织来说，其周围都存在着不同的组织或群体，它们与社会组织构成了相互依存的社会状态，组织要想生存，必须要与这些组织或群体处理好关系；组织要想发展，更需要这些组织或群体的支持。这些组织或群体实际上就是组织生存与发展的环境。因此，公共关系的目标是营造组织生存与发展的良性环境。这是组织开展公共关系活动的内在动力。

（五）公共关系学是系统的科学

公共关系学在今天早已被认定为一门独立的学科，但其鲜明的实用性、跨学科的边缘性和综合性特点，容易使人们对其产生诸多误解，如有些人把公共关系看成一种达到组织或个人私利的手段或技巧，更有人将它视为进行神话宣传以愚弄公众的工具。其实，经过近百年的发展历程，公共关系学已经成为了严密的科学，具有系统的知识体系和逻辑构架。要正确理解和运用公共关系，就必须掌握其科学体系；否则，就会导致片面、偏颇，甚至走入误区。

（六）公共关系是组织的战略管理

社会组织运用公共关系手段来营造其生存与发展空间，这是影响组织未来发展的战略性活动，公共关系的成功会极大地帮助组织快速地发展，而公共关系的失败则可能导致组织陷入难以自拔的困境，甚至永无翻身之日。因此，在现代社会，任何组织都需要密切关注自身的公共关系状态，进行有效的公共关系管理，从战略的高度重视公共关系活动的开展，为组织的生存与发展开拓广阔的领域。

（七）公共关系的运用是高深的艺术

公共关系的对象是目标公众，是社会关系中的某一特定群体。在开展公共关系活动时，需要针对不同人、不同时间开展各种各样的信息交流活动。这一过程复杂多变，要很好地实现这一任务，对组织公共关系人员的素质要求很高，不仅要求其掌握一定的沟通技巧，而且需要其具有缜密的思维、宏观布局和恰到好处的应对谋略。优秀的公共关系人员应当能够以艺术的手法去运用公共关系。

综上所述，公共关系的定义可以归纳为：社会组织为了营造有利的生存发展环境，针对目标公众，运用传播手段，开展双向沟通交流的战略性管理活动。

公共关系学是研究社会组织开展公共关系活动的基本理论与普遍原则，探讨公共关系对社会组织有效性的规律，提高社会组织生存与发展能力的科学。

四、公共关系的核心概念

每一个学科均存在自身的核心概念，所谓核心概念，是指贯穿于该学科最中心、最本质的内容，它基本等同于“纲”，纲举目张。因此，把握住学科的核心概念，也就抓住了这一学科的实质。

公共关系的核心概念是什么？学者们对此见仁见智。纵观公共关系学的发展历程，分析公共关系实务的内涵，可以看出，公共关系的核心概念是沟通。

（一）沟通是公共关系活动的基本手段

从表面上看，公共关系活动是社会组织主动开展的传播活动，似乎是一种单向的信息传输。实际上，公共关系活动必须是一种双向的信息交流活动。因为社会组织在针对目标公众开展沟通活动时，无论其形式上是人际信息互动，还是通过各种媒介表现的信息传播，如果没有实现双向之间的沟通过程，那么这样的公共关系活动就无法实现公共关系的目的，也就不是真正意义上的公共关系。对于社会组织来说，每一次公共关系活动都是一种真正的沟通活动，因此沟通是公共关系活动的基本手段。

（二）沟通体现了公共关系活动的内在目的

公共关系的目的是为组织营造有利的生存与发展环境，这是社会组织针对目标公众开展公共关系活动的根本目的。因此，社会组织不论以什么样的方式与目标公众进行交流，其要达到的最终目的都是实现双方的了解、理解以及彼此的认可。只有完成沟通，才能对社会组织的生存与发展环境产生积极的影响，也才能体现公共关系的价值。

观点链接

公众关系

公众关系（即公共关系，编者注）是一个专业领域，更明确地说，公众关系是一个传播专业。公关从业人员帮助各种组织管理它们的传播——当他们在确定问题，研究舆论，向管理部门提供咨询，评估计划以及当他们撰写新闻稿件或为雇员撰写报道时，他们就是在帮助组织管理传播。在每一种情况下，他们都在协助管理部门和组织内的其他人与限制该组织追求其目标的能力的战略公众进行沟通、理解，并处理冲突。

因此，作为一门学科，公众关系既包含传播，又包含管理。这个结论表明，公众关系与其他传播学科或其他管理学科有着密切的姻亲关系。

资料来源：[美] 詹姆斯・E・格鲁尼格：《未来的公众关系教学》，转引自于里编译：《国际公众关系原理与实务》，98页，北京，中国工商出版社，1996。

（三）沟通体现了公共关系的实质

社会组织在开展公共关系活动时，针对公众进行信息的传播，不是简单地告知，也不是自我粉饰，而是与公众平等地沟通。通过双向的沟通交流，意在增进双方的了解和理解，促进组织及时调整自我计划，以更有效的方式寻求与公众的合作，使组织的生存环境更加安全、良好。因此可以说，在公共关系活动中，沟通体现了公共关系的实质。

（四）沟通反映了公共关系学的学科特色

公共关系学是一门综合性、边缘性学科。它研究的是社会组织利用各种媒介与目标公众开展交流与沟通的活动。沟通恰恰体现了公共关系学的学科特点。在相近的学科中，市场营销学着重研究组织通过商品的交换来实现与顾客或客户的了解；传播学是研究传播者为实现其传播目的，对传播手段的有效运用等。对于公共关系来说，如果失去了沟通的主旨，公共关系所进行的活动就失去了根本，组织的公共关系活动也就没有了意义。

第二节　公共关系的要素与特征

一、公共关系三要素

要素指构成事物完整性的主要成分。对公共关系学来说，要素是公共关系学中的学科要件。公共关系的要素有三个，简称公共关系三要素，即主体——社会组织、客体——公众、手段——传播。

（一）公共关系的主体是社会组织

1. 社会组织的范畴

社会组织，简称组织，指按照一定宗旨与规则建立起来的企业、机关、团体等社会机构的总称。社会组织是一个十分宽泛的概念，它包括了社会上几乎所有的机构。社会组织是公共关系的主体，社会组织的成员在开展公共关系活动时，被看成组织的代表。

从公共关系学角度、从目前中国逐渐成熟的市场经济状态看，社会组织可以分为以下几大类：

（1）主动与公众沟通的组织。主动与公众沟通的组织指各类工商企业，又被称为经营性组织。它们由于自身经济利益的驱动，必须要积极地与自己的目标公众进行沟通，其目标公众主要有顾客、客户、消费者、政府、银行、媒体、社区等。工商企业的经营者与管理者对公共关系有内在的需求，愿意尽快了解公共关系，主动运用公共关系技巧，努力构建组织良性的生存环境，以使组织发展得更快更好。

（2）必须与公众沟通的组织。必须与公众沟通的组织主要指各级政府，又称为公共管理机构。在现代社会中，政府为有效实施社会管理，必须将有关信息主动、及时、全面地告知自己的工作对象——国内或国外的公众。政府是国家政权的掌握者与实施者，又是各项公共事务的管理者，这种特殊的职能地位使其对公众的公共关系工作带有居高临下的强势姿态，某种情况下与民众的沟通具有一定的体恤下情的色彩。

（3）不必与公众沟通的组织。不必与公众沟通的组织指尚未真正引入市场机制的公办学校、医疗机构等事业单位和具有某种垄断性质的、提供社会公共服务的国有大公司（如电信、铁路、供电、供气、供水、供暖等公司）。这些机构仍然享受着一定程度的市场保护，没有太大的积极性与自己的公众进行沟通，即使公众对其不满意，甚至投诉，也不可能危及其生存和发展，因而，它们对开展公共关系活动抱有观望的态度。在竞争压力逐渐增加的情况下，有市场意识的组织管理者开始注意主动地与公众进行沟通，并适时开展一定的公共关系活动。

一些社会公益性、宗教性的团体，则会在需要的时候与公众沟通。

2. 社会组织是公共关系活动的主导者

公共关系活动的开展是组织的自主行为，不论发出这一行为是主动的还是被迫的。组织公共关系活动的效果直接影响组织的生存质量。更进一步说，组织的生存环境如何，不是别人造成的，而是组织自身形成的。社会组织是公共关系活动的发出者与执行者，它规定了组织的公共关系活动方向，决定了组织的公共关系状态。社会组织是公共关系的主体。

（二）公共关系的客体是公众

1. 公众的外延

社会组织开展公共关系活动，其对象是公众。公众是公共关系的客体。一定的公共关系活动的公众是确定的。每一个社会组织在开展公共关系活动时均要首先确定其针对的对象，即目标公众。不同的组织有不同的目标公众，不同的公共关系活动要针对不同的目标公众。根据对社会组织的分类，组织的主要目标公众可以进行如下分类：

（1）工商企业的目标公众。工商企业的目标公众较多，在不同时期，根据组织不同的工作目标，会确立不同的目标公众。一般来说，其目标公众主要有原料供货商、销售商、投资商、顾客、消费者、内部员工、股东、运输公司、银行、当地政府、市场管理机构、社区、报社、电视台、广告公司、网络公司、服务公司、竞争者、行业协会等。

（2）政府的目标公众。政府面对的公众既比较简单，又比较复杂。说其简单，是因为政府最主要的公众一部分是机构内部或所辖区域的民众，另一部分是外部公众，即其他国家、地区的同级政府；说其复杂，是因为政府的公众包罗万象，各具特点，进行传播沟通的手法也会有很大差异。如对于国内公众而言，按职业分有工人、农民、军人、警察、教师、企业主、政府工作人员等；按经济收入分有少数富有者、大多数中等收入者、少数贫困者等。国外公众也十分复杂，除联合国外，各国政府也是其外部公众。它们由于宗教、语言、习俗的不同而具有特殊性。如果同时面对国外、国内不同公众开展大型公共关系活动，常会令政府有疲于应付之累。

（3）文教、卫生等事业单位和国有垄断性企业的目标公众。虽然这些组织并没有开展公共关系活动的内在要求，但在面临潜在竞争的情况下，这些组织也会开展一些信息沟通的公共关系活动。它们主要针对的是外部公众，如大学针对的是政府主管部门、社区、高考学生、学生家长等；医院针对的是政府主管部门、患者或潜在患者、政府监督部门（如药监、物价、税务等部门）、医药公司、社区等；国有垄断性企业主要针对的是其服务对象，即成千上万的用户等。

2. 公众不是被动的对象

公众作为公共关系的对象，不是被动的信息接收者。在双向沟通的条件下，公众会进行积极的反馈，并引发进一步的行动，对社会组织发出的信息表明自身的态度。在市场经济逐渐完善的条件下，面对买方市场及逐渐成熟的消费者，公众成为市场实际的主宰者，他们在公共关系活动中具有权威性的作用。也就是说，社会组织不仅要通过信息传播引导或影响公众，而且更多情况下，组织必须尊重或配合公众，通过实际行动使公众更全面地了解、接纳组织及其产品。因此，社会组织在沟通活动中必须认真对待公众，努力与公众寻找认同，通过自身真诚的努力，赢得公众的信任和合作；否则，组织的生存与发展迟早会面临危机。

（三）公共关系的手段是传播

1. 传播是社会组织与公众发生关系的中介

在社会组织开展公共关系活动时，将公共关系对象联系起来的是传播。社会组织针对公众进行传播活动，公众也会以传播的方式将自身的反应反馈给组织（见图 1—1）。通过这样的方式使社会组织与目标公众建立起联系，实现双方的沟通。

社会组织 ⇄ 传播 ⇄ 公众

图 1—1　传播的作用

虽然社会组织与目标公众均是通过传播来实现沟通的，但具体传播手段在运用时有很大差异。首先，社会组织往往选用大众传播媒介向公众发出信息；其次，社会组织会选择恰当时机采用人际传播方式与公众进行直接的交流；最后，社会组织会利用其他传播方式（如户外广告、社区公告栏、海报传单等方式）来与公众进行一般性交流。而公众对社会组织的反馈，则往往首选个人传播，即对组织发出的信息进行审慎的甄别与了解；其次，会通过人际传播（如电话、网上聊天等方式）在自己的社交圈内进行交流；最后，会通过大众传播媒介与自媒体（如微博、微信等）反映自己的看法或问题，同时也可能使用直接沟通的方式与组织进行对话交流。社会组织与公众传播方式的差异，如图 1—2 所示。

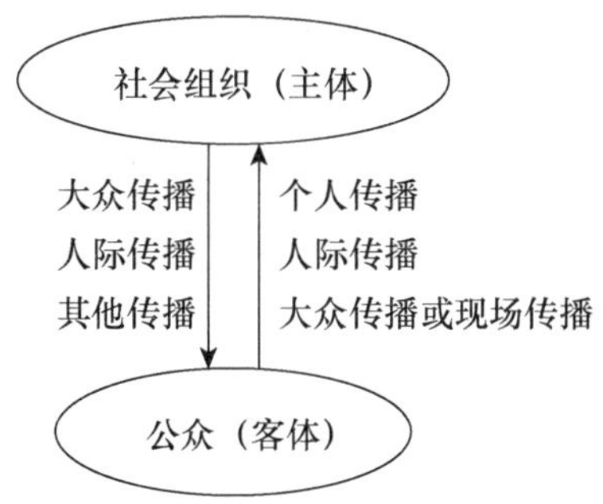

图 1—2　社会组织与公众传播方式的差异

2. 传播讲求效能

传播要讲究传播效果。从社会组织来说，如果利用大众传播媒介对公众开展公关活动，费用不菲；利用人际传播开展活动，人力、财力、物力都会有较大的耗费；利用其他传播手段与公众进行信息沟通活动，也需要有较大的投入。如果传播的内容、表现手法、媒体选择、传播时间等方面把握不好，传播效果就会打折扣甚至还会产生负面影响，造成劳而无功的结果。因此，社会组织在传播过程中必须要考虑效能性问题。如果选择恰当的传播工具和传播方式，公众的反馈会快速获得有效的回应，能够推动社会组织及时调整传播的内容与步骤，提高公共关系活动的效果。

从图 1—1 和图 1—2 可以看出，社会组织、传播与公众这三要素构成一个不断循环往复的过程，在一个具有良好公共关系管理工作的组织中，这三要素的有效互动会令组织处于一个良性的生存环境中，有利于组织快速、顺利地成长。

总的来看，在这三要素中，社会组织决定公共关系状态，在公共关系活动中起主导性作用；公众具有积极的反作用力，有着令社会组织高度重视的权威性作用；传播则成为主体与客体联系的中介，发挥着效能性的作用。社会组织要实现与公众的顺畅沟通，必须积极、巧妙地发挥传播的效力。

二、公共关系的特征

公共关系是一种对社会组织具有重要意义的战略管理，它与其他管理活动有明显的不同。其主要特征可以归纳为下述几个方面。

（一）主动营造环境

生存环境的营造是每个社会组织都必须面临的问题。在公共关系学形成之前，社会组织也有生存环境营造的任务，但不会设立专门的部门、配备专门的人员去实现它。公共关系学是研究如何使组织的生存发展遇到更少的阻力、能够更快前进的学问，从这个意义上说，公共关系也是生产力。有人说，塑造形象是公共关系的最大特征。当然，社会组织为了使自身发展得更快、令更多的公众对之关注，会注意塑造形象，增加媒体的曝光度，激发公众对组织的好感。但是，塑造形象仅仅是组织对公关认识的初级阶段，形象的塑造只是为了通过表面的粉饰短时期内在公众心中留下好印象，使组织有一个看似热闹的人气环境，塑造形象不是社会组织开展公共关系活动的目的。营造社会组织生存与发展的社会环境，奠定组织持续发展的基础，才是公共关系的根本目的。因此，主动营造环境是公共关系的重要特征。

观点链接

公共关系的环境

一些公共关系人员认为，公共关系的首要使命是“解决纠纷”。这一思路意识到存在于组织与其环境之间关系的众多重要的侧面，而这些关系就是公共关系的变形。也就是说，公共关系的环境是一种跨组织的环境。

这种跨组织环境的特征就是在冲突双方之间协商，这种协商需要广泛而全力的你来我往的沟通。

资料来源：[美] 詹姆斯·E·格鲁尼格等著，卫五名等译：《卓越公共关系与传播管理》，469 页，北京，北京大学出版社，2008。

（二）意在实现沟通

为了营造适宜组织生存的周边环境，社会组织要主动利用各种手段与公众进行交流沟通，以赢得周边公众的了解及接纳。在现代社会中，高度发达的大众传播媒介充当了社会组织信息发布的生力军。但是，无论是大众传播，还是人际传播，无论传播的速度快还是慢，最终要实现的都是社会组织与目标公众的真正沟通。公共关系为现代企业开启了一扇通向社会的大门，它使现代各种组织（尤其是工商企业）认识到，封闭自我、将自身独立于社会之外或试图逃避社会的监督是十分愚蠢的行为，主动、积极地传递信息给公众是组织顺利发展的明智之举，利用大众传播媒介、人际传播及其他传播手段，从各种渠道将组织需要公开的信息快速传播出去，会使组织较快实现与公众的沟通，赢得公众的了解、理解和认同，减少发展障碍，最终有助于推动组织顺利发展。这是公共关系具备的独特使命，因此成为公共关系的重要特征。

（三）尊重目标公众

现代公共关系产生于组织的平等观念。对公众的尊重是公共关系的特殊之处。对一个组织来说，不同时期、不同任务会确定不同的目标公众。目标公众就是组织当前面临的最重要的环境。与过去时代相比，现在的社会组织不能只关注组织自身的事情，不能在决策时我行我素而不顾及周围的情况。组织要营造环境、实现与公众的沟通，就要真正地尊重公众，认真研究与审视公众的利益，将自我真实的信息情况及时告知公众，以赢得公众的了解、支持与配合，这样才能实现组织的发展目标。同时，要注意对公众进行区分，确定真正的目标公众，认真研究目标公众的特点，真诚沟通，认真审视和高度重视目标公众。这是公共关系带给现代社会组织管理工作的重要启示。

（四）兼顾义利双赢

"以义生利"始终是企业经营的最高理想。在现代市场经济条件下，公共关系可以为组织实现这一点。所谓义，即社会公益，亦即社会长远利益；所谓利，即组织自身之私利，抑或以满足消费者需求而短期获取的利益。公共关系不是为直接创造组织自身经济利益服务的，它的宗旨是营造组织有利的生存发展氛围，为组织的长远发展提供铺垫。但是，公共关系又是可以为组织创造经济效益的，它在为组织营造良好环境的条件下，必然带给组织真正的实惠，且有可能超过那些直接创造经济效益的工作。公共关系关注的是努力实现与目标公众的相互沟通，因此它会为赢得公众的了解、理解和认同而以实际行动予以表现（如投身社会公益事业等），但不希求目标公众的现实回报。它的沟通目标是公开的、明朗的、有公益性的，获得的直接利益是无形的、远期的，从表面看是非功利性的。实际上，组织开展的公共关系活动既为社会承担了其应有的责任，传输了一些新思想、新观念、新信息，填补了社会的某些缺失或不足（如济困救残），又宣传了社会组织的名声，展示了组织的实力，体现了组织的诚意，拉近了组织与公众的距离，为组织经济利益的实现埋下了伏笔，最终结果是实现了组织的义利双赢。因此，一个成熟的社会组织绝不会小觑公共关系。

第三节 公共关系学的发展历程

一、公共关系的产生

公共关系产生于美国，第二次世界大战之后传播于全世界。公共关系的产生具有深刻的社会历史背景。

（一）诞生于政治需要

1. 最早的公共关系活动

1641 年，为了筹集哈佛学院的资金，由美国三个传教士组成的祈使团前往英国。抵英后，祈使团要求哈佛学院编辑一本适合于完成任务的宣传资料。很快，这本名为《新英格兰的第一批成果》（New England's First Fruits）的小册子在马萨诸塞州完成，并于

1643年在英国伦敦印刷，这就是日后无数公共关系小册子和宣传折页中的第一个。① 通过这本宣传手册，祈使团成功地影响了英国议院，为哈佛学院筹集到了发展基金，这是较早记录的有意使用宣传手段实现组织目标的典型事例。

2. 独立战争时期的宣传活动

独立战争之前，由于受到英殖民主义者的压迫，美国的政治独立与经济发展受到严重羁绊。为了达到推翻英殖民主义者的愿望，一些革命家进行了大量的政治宣传工作。他们利用各种手段进行反英宣传，逐渐造成强大的社会舆论，陷英殖民主义者于被动之中。这些早期革命家的主要做法是：

（1）建立相关的组织机构。如1766年成立“自由之子”社，1775年组建通信委员会，用于发动群众、宣传理论、制造声势。

（2）设置容易识别和能够引起共鸣的象征性标志——自由树，便于广泛宣传，扩大影响。

（3）将宣传的宗旨变成好说易记的标语口号，加快其传播的速度，从而形成舆论，其口号是：“没有代表权的征税就是暴政。”

（4）安排一些公益活动，吸引公众参与，借此进一步开展宣传，扩大影响，如定期举办波士顿茶会等。

（5）把握事件的优先解释权，对已发生的事件抢先在第一时间予以解释、宣传。

（6）利用一切可以使用的渠道开展宣传，如讲台、笔、符号、活动等，不间断地努力，持续向公众渗透反英新思想、新观念。

正是上述积极主动的宣传，为美国独立战争的爆发营造了一个极为有利的舆论环境，使“莱克星顿的枪声”成为值得宣传家讴歌的事件，同时，也为今后的政治宣传活动积累了经验。

3. 立宪宣传活动

美国独立后，为使宪法在全国得以通过，1787—1788年，政治宣传家亚历山大·汉密尔顿等人努力使85封联邦主义者的信件得以在报纸上发表，以此来鼓吹立宪，影响舆论，最终赢得全国性的认同，使宪法获得批准。美国历史学家阿伦·内文斯评价说，这是历史上最成功的公共关系工作。② 随后通过的宪法第一个修正案《权利法案》明确提出，法律不应该削弱演讲和新闻自由、人们和平集会的自由，以及为了获得对不幸遭遇的补偿而向政府请愿的权利。③ 由此，以说服和利用大众传媒影响他人的行为，受到法律的保护，公共关系实践活动从法律地位上被予以捍卫。

4. 总统美誉活动

在19世纪总统公开竞选与执政中，新闻记者出身的宣传家阿莫斯·肯德尔为总统安德鲁·杰克逊的良好声誉做出了十分出色的贡献。他创建了政府自己的报纸《环球报》，利用娴熟的报纸编辑能力，不断转载普通媒体的新闻稿，而这些被转载的新闻，大部分是肯德尔自己将所撰写的演讲稿、国情报告和讯息等变成新闻，然后“泄露”给新闻界的。

---

① ［美］斯各特·卡特里普等著，明安香译：《公共关系教程》，8版，84页，北京，华夏出版社，2001。

② 同上书，86页。

③ ［美］弗雷泽·P·西泰尔著，梁洨洁等译：《公共关系实务》，22页，北京，机械工业出版社，2004。

这些方式使杰克逊总统在任上始终拥有无可挑剔的口碑。

美国早期政治宣传家们的这些活动，为今后企业界的借用提供了十分有用的样本。

（二）发展于经济要求

公共关系能够在美国产生与发展，与该国的经济环境密切相关。独立战争取得成功以及南北战争之后，这个具有薄弱封建基础的国家，在资本主义制度下获得了极快的发展。到19世纪末期，美国经济进入了高度垄断、寡头分割市场的阶段。一些垄断资本家无视公众利益，公开巧取豪夺，广大普通工人的权益受到肆意践踏，劳资之间的矛盾日趋激化。同时，以报纸为代表的大众传播媒介在这一时期蓬勃兴起。报纸价格十分低廉，发行量很大，社会上出现了一批专门的报刊发行人（即新闻代理人）。报纸成为大资本家牟取暴利的宣传平台，也很快成为公众舆论监督的重要工具。这一时期，涌现了一位操纵舆论的典型代表人物菲尼斯·泰勒·巴纳姆（Phineas T. Barnum）。

巴纳姆是一个马戏团的老板。为了追求票房暴利，他利用报纸大肆制造一连串的谎言，诱使公众上当。例如，马戏团里有一个叫海斯的黑奴已达160岁，小矮人拉马车曾觐见英国维多利亚女王等。他的名言是“凡宣传皆好事”。有人评论他：能够做到大众想得到什么他就给什么，而且有能力指使他们去渴求他认为他们应该需要的东西。[①] 巴纳姆的谎言使他的马戏团火爆了很长一段时间。

职场链接

报刊宣传员的工作

报刊宣传员的宣传是创造具有新闻价值的故事和事件以吸引传播媒介的关心和博得公众的注意。

报刊宣传员的宣传在唱片公司、马戏团、旅游胜地、音乐会促销和以各种“中介人物”为首的商业企业中扮演着重要的角色。

…………

宣传员为了吸引公众的注意而工作，胜过与公众建立相互理解的关系。宣传是宣传员的主要战略，他们的主张以“议程安排理论”（现在大多叫“议题设置”）为基础，这种理论认为，大众传播媒介所报道的数量，决定列在公共议程表上的人物和话题的相应重要性。用一位老资格的宣传员坦率的话说，“我们什么卑鄙勾当都干得出来，但是，我们的工作人员（指客户）出了名”。一个音乐团体的收入能力，可能一半归于它的宣传员通过宣传建立的市场影响，一半归于它的音乐才能。

…………

大多数公关从业人员偶尔也做一点宣传员的宣传，为的是通过宣传来达到公众知晓的目的。然而，公众关系（即公共关系）比宣传员的宣传更重要。当宣传员们利用“公众关系”这个术语来形容他们所做的事情，或者给他们自己以及他们的代理机构一个更有威信的——即使是不大准确的——称呼时，混淆就产生了。

在这个时期，公共关系表现出如下特点：

（1）大企业主动利用大众传播媒介为自身服务，以获取暴利。

---

① ［美］斯各特·卡特里普等著，明安香译：《公共关系教程》，8版，88页，北京，华夏出版社，2001。

(2) 专门的新闻代理机构出现，有些人成为职业的新闻代理人，如巴纳姆雇用理查德·F·汉密尔顿 (Richard F. Hamilton) 作为自己的新闻代理人。新闻代理人的出现为公共关系的职业化奠定了基础。

(3) 对公众的愚弄和不尊重。企业为了获取私利，公然雇用专人，役使媒介，制造骗局，形成舆论。

因而，这一时期被称为前公共关系时期或公共关系黑暗时期。

(三) 形成于公众的觉醒

19 世纪末，美国很快赶超了英国与法国等资本主义国家，成为资本主义经济发展中的后起之秀。进入 20 世纪以来，美国政府限制高度垄断，规范市场秩序，连续颁布有关反不正当竞争的法律，为市场经济的完善创造了较好条件。同时，由于大资本家的垄断与对工人的剥削，工人与雇主之间的矛盾激化。在工人团体领导下，大规模的罢工和示威游行连续不断，争取基本的工作、受教育、休息权利成为广大民众的共识。大众传播媒介在这一时期对资本家的丑陋行径进行了揭露，发起了“扒粪运动”，报纸大量披露那些大资本家蔑视公众利益、疯狂掠取暴利的真实内幕，使广大公众逐渐开始觉醒。

公众认识到：无论是作为普通消费者还是作为雇员，都应该得到基本的尊重，应获知真实的信息，不应该被置于知情范围之外；应该与企业平等对话，而不是被放于忽视的地位；团结起来的公众力量是强大的，具有对有关事情的决策权；公众不是沉默的羔羊，而是有着发言权的真正主宰者。

公众的觉醒使政治家和企业主们开始注意调整自身的工作动机和态度，转变了原来对公众的不正确看法；他们所雇用的新闻代理人也在工作方法方面发生了转变，努力使其提供的信息及时而真实；他们对公众的重要地位予以认可，公众赢得了应有的尊重，公共关系由此开始步入正常、健康、快速发展的道路。

由此可见，作为现代公共关系，必须具备以下三个基本条件：

(1) 社会组织重视大众舆论并自觉地加以影响。社会组织认识到，控制社会舆论可以获得更大的利益。

(2) 社会上出现了一批专业的新闻代理人，他们善于使用大众传播媒介，建立公共关系，成为社会上最早从事公共关系工作的职业人员，由此标志着公共关系职业的诞生。

(3) 广大公众开始受到应有的重视与尊重，他们的地位有所提高，这为公共关系的健康发展奠定了基础。

从上述三个衡量标准可以看出，公共关系在美国产生的物质文化基础是：

(1) 美国的资本主义制度虽然建立得比较晚，但其基础十分牢固，没有冗长、沉重的封建制历史，经济发展速度快。在 20 世纪初，一系列的法律规章颁行之后，其市场经济的成熟度较高，企业间的市场竞争相对规范。这为公共关系的健康发展奠定了坚实的经济基础。

(2) 美国的大众传播媒介较其他国家发达。在“一便士运动”中，报纸极为廉价，发行广泛，而广播、电视也最早在美国被发明和使用，这种便捷的媒介手段，使新闻代理业得到了良好的发展，为公共关系的职业化奠定了物质基础。

(3) 由于美国的封建制度历史短，在美国独立战争和废奴运动中，“天赋人权”的民本思想得到了广泛、深入的宣传，人权的确立、对人的尊重和等级制度的淡化等都远甚于西欧和世界其他国家。因此，各类组织与社会公众的平等沟通交流成为可能，这为公共关系的形成与广泛运用奠定了重要的社会基础。

二、公共关系学的发展阶段

从20世纪初至今，在100多年的历史过程中，公共关系学经历了不断进步、不断完善的更迭，涌现了一批公共关系理论工作者和公共关系操作专家，公共关系学与公关实践体现出明显的阶段性。

（一）艾维·李的公共关系职业化时期

艾维·李原是一家报社的记者，从1903年开始从事专门的新闻宣传代理工作。他曾经多次处理企业的劳工纠纷，特别是成功地调解了宾夕法尼亚铁路公司和洛克菲勒公司的罢工事件，因而名声大噪。艾维·李不是第一个使用公共关系名称的人，却是第一个大规模运用免费宣传品将企业信息向新闻界公开的人。他最早提出了“公众需要被告知”的概念，其著名的“原则宣言”不仅对于新闻业务代理向新闻宣传的演进，以及新闻宣传向公共关系的演进带来了深刻的影响，① 而且标志着艾维·李成为职业公共关系人员的先驱。由于他在公共关系职业化方面作出了巨大的贡献，因此被尊称为“公共关系之父”。

职场链接

原则宣言（节选）

这不是一个秘密的新闻处。我们的全部工作都是开诚布公的。我们的目标是提供新闻。这不是一个广告公司，如果你认为我们送到你们企业办公室的文件资料有任何不准确的话，请不要用它。我们的工作务求准确，我们将尽快提供任何经恰当处理的主题的进一步细节，且任何主编在直接核对事实陈述方面会得到我们愉快的帮助。——简言之，我们的打算是代表企业和公共机构，坦率地、公开地向美利坚合众国的新闻界和公众提供迅速且准确的信息，这些信息涉及公众感到有价值和有兴趣的相关主题。

资料来源：［美］斯各特·卡特里普等著，明安香译：《公共关系教程》，8版，95页，北京，华夏出版社，2001。

艾维·李对公共关系职业化的贡献主要表现在以下几个方面：

（1）最早意识到新闻宣传工作必须建立在企业的真实表现和努力之上，企业表现决定新闻宣传的内容。

（2）认为企业应建立专门的新闻宣传部门（即后来的公共关系部），宣传顾问需进行训练和培训。

（3）认为新闻宣传不是纯粹的新闻代理，而是企业智囊团的重要组成部分。

艾维·李为公共关系的职业化进程作出了巨大贡献，这使他成为这一时期最具代表性的人物。

---

① ［美］斯各特·卡特里普等著，明安香译：《公共关系教程》，8版，95页，北京，华夏出版社，2001。

职场链接

艾维·李与洛克菲勒家族

执掌着美国遭受毁谤及误解最深的富有家族之一的约翰·D·洛克菲勒二世在1914年雇用了艾维·李。正如艾维·李的传记作者雷·埃尔顿·黑伯特所指出的，艾维·李为洛克菲勒家族所做的最大的贡献不在于改变其公司的方针，而在于使他们能更多地聆听公众的意见。例如，当洛克菲勒家族由于破坏了家族企业科罗拉多石油和钢铁公司的工人大罢工而受到公众的严厉指责时，该家族在艾维·李的建议下，雇用一名劳工关系专家，由他来负责处理那次造成多人死亡的事故。最终结果是成立了一个包括各方面成员的劳工管理委员会，负责调解工人在工资、劳动时间及工作条件等方面存在的诸多不满。洛克菲勒在多年以后承认，在科罗拉多的罢工中所取得的公关成果“是洛克菲勒家族历史上最重要的事件之一”。

在为洛克菲勒工作的时候，艾维·李试图使他们更加“人性化”，所以积极向外界展示他们真实的生活状态，比如打高尔夫球、参加教会活动以及庆祝生日等。艾维·李的最终目的很简单，就是通过对洛克菲勒家族日常生活的宣传，获得每一位公众的理解和欣赏。尽管多年以后社会上仍存在很多针对这个家族的批评，但是洛克菲勒家族毕竟已经成为美国慈善捐助事业的榜样。实际上，当今的很多亿万富翁，从比尔·盖茨到沃伦·巴菲特，再到特德·特纳，无一不在效仿洛克菲勒当年的慷慨与乐于助人。

资料来源：[美] 弗雷泽·P·西泰尔著，梁洨洁等译：《公共关系实务》，25页，北京，机械工业出版社，2004。

（二）爱德华·伯内斯的公共关系理论化时期

爱德华·伯内斯是整个20世纪在公共关系领域极有影响的一个人物。他不仅较早地与艾维·李一样从事新闻代理工作，而且是第一个将公共关系付诸理论著述并搬上大学讲坛的人。1923年，他的著作《舆论的结晶》出版，这是一本专业的公共关系著作。在这本书中，首次出现了“公共关系咨询”一词，并对公共关系人员有了一个更高的职业要求。伯内斯在他的开创性的著作中强调，影响公众舆论的公关人员，其能力的发挥应建立在比他的客户范围更大的社会职业道德之上。这在今天看来已是老生常谈，但在早期那是革命性的思想。伯内斯是第一位在大学开设公共关系学课程的人。1923年，他首次在纽约大学讲授公共关系学。他一生持续发挥著作者、演讲者、倡导者、评价者的多重作用，美国《生活》杂志在1990年的一期专刊中，将他列入“20世纪100位最重要的美国人”名单。

伯内斯对公共关系理论化的贡献主要体现在以下几个方面：

(1) 第一个将“公共关系咨询”从原始的新闻代理中区分开来，确定公关顾问的作用是劝告其客户在公关领域中取得积极的结果，并使之从不利和受伤害的状态中脱身。

(2) 认为公共关系具有两方面特点：一方面，公关人员要将其客户介绍给公众，把组织积极的形象传递给公众；另一方面，公关人员也要把公众的意见反馈给客户，告诉他们公众的需要和要求，并改变公司各部门的不适行为。

(3) 认为公关人员不仅需要智能和直觉，还需要了解心理学、社会学和其他能深入了解客户与公众的知识，以便掌握客户做事的方法和推动公众产生不同的行为。

在20世纪二三十年代，关于新闻宣传和舆论的书籍很多，但是，最具影响力的还是伯内斯的理论著作，这使他成为这一时期理论水准的代表。

（三）卡特里普与森特的公共关系程序化时期

随着20世纪上半叶公共关系实践的蓬勃发展，公共关系形成严谨、有序、系统的科学理论的条件渐趋成熟。1952年，体现公共关系鸿篇巨制的著作《公共关系教程》（又称《有效的公共关系》）出版，其作者是斯各特·卡特里普与艾伦·森特，后来又加上了格伦·布鲁姆。这部著作自出版之日起，每隔几年就修订一次，截至2006年，已修订至英文第九版。该书的影响力贯穿于20世纪整个下半叶。《公共关系教程》一书对公共关系实践进行较为完整的总结，并在基础理论上对公共关系学体系进行了全面的构建，其系统性、完整性、严密性达到了公共关系学研究的顶峰，因而这本书被尊称为“公共关系圣经”。

《公共关系教程》一书对公共关系学的理论建设与发展作出了巨大的贡献，其具体功绩有：

（1）在总结前人的基础上，对公共关系学的理论体系进行了完整的构建，使公共关系学具有了系统、全面的学科体系，为公共关系学的进一步发展奠定了重要的基础。

（2）在公共关系学理论上，其突出的功绩是提出了公共关系工作的四个步骤，即调查（确定问题）、策划（制定计划或方案）、实施或传播、效果评估。这一工作方法的提出，廓清了公共关系工作的思路，明确了公共关系工作的具体步骤或路径，对公共关系实践具有极大的指导作用，把公共关系理论和实践推进到了一个程序化的轨道，具有划时代的重大意义。

（3）对公共关系实践进行了全面的概括、总结，提出了一系列具有经验性的实务信条，其对实践部门的理论阐述，给予公共关系理论工作者与实践操作者以极大的启发。

该书的广泛传播使公共关系的正确思想得以深入人心，为教育与培养社会需要的合格的公共关系人才作出了贡献。

（四）格鲁尼格的卓越公共关系时期

20世纪80年代中期，著名的公共关系学者、美国马里兰大学新闻传播学院教授詹姆斯·格鲁尼格承担了国际商业传播者协会的研究任务，历时数年结出硕果，提出了“卓越公共关系”的新见解。这一思想的提出将公共关系学提升到了一个新的高度，也使格鲁尼格教授成为美国公共关系界的领军人物。

观点链接

格鲁尼格与卓越公共关系

卓越公共关系的课题研究是格鲁尼格教授公关学术研究生涯中耗时最长但也是影响最大的一个研究项目，它的时间跨度长达15年之久（始于1986年，原计划5年完成），预算高达40万美元，国际商业传播者协会（IABC）研究基金会作为这一研究项目的资助方，其初衷是寻求这样两个问题的答案：(1) 一个卓越的传播部门具备哪些特征？(2) 卓越的传播管理和公共关系如何能更好地促进一个组织的有效工作？它对组织的这种贡献有多少经济价值？可后来格鲁尼格教授和他的课题组成员实际上探讨和回答了如下更广泛的问题：(1) 如何确定和展现公共关系的价值？(2) 公共关系如何影响组织的声誉？(3) 战略性的传播实践是如何运作的？(4) 如何衡量和评价公共关系活动的效果？(5) 传播活动是否应该得以整合？(6) 行业的女性占多数的新现象对卓越传播如何产生影响？

在国外，判定一位学者学术地位的一个主要方法，就是看其研究成果（论文、论著）被他人引用的情况，而格鲁尼格教授的论文和论著无疑是当今公关界被人引用最多的。

资料来源：[美] 詹姆斯·E·格鲁尼格等著，卫五名等译：《卓越公共关系与传播管理》，北京，北京大学出版社，2008。

格鲁尼格在理论研究方面的成果主要包括以下几个方面：

(1) 战略性。组织的公共关系人员应参加组织的战略管理，帮助组织了解那些影响组织目的与任务的环境。公共关系工作应成为组织战略计划的一部分。

(2) 直接性。公共关系人员在组织的决策层中有发言权或向组织最高管理者报告的权利。高级公共关系人员应属于拥有实权的决策层或可以随时接近这个群体。

(3) 整合性。公共关系部门具有将组织营销整合的协调职能，使该组织更具效率。

(4) 独立性。如果公共关系部门从属于其他管理部门之下，公共关系工作就不能发挥其战略管理的作用。公共关系具有有别于其他管理功能的独立性，如此才能发挥其支持其他部门工作的作用。

(5) 专门性。公共关系工作须由专门的管理人员来承担，而不是由技术人员来承担。公共关系工作的首要任务是战略性地制定组织的传播沟通计划，进而完成传播沟通材料的技术工作。

(6) 平衡性。这是卓越公共关系最突出的特点。公共关系工作应建立在调查的基础上，社会组织要与公众平等沟通，不断增进彼此了解。它不仅要改变公众的行为，而且要改变组织的行为，这使卓越公共关系最终超越了公共关系历史上新闻代理、公共信息、双向非平衡三种模式，形成了双向平衡的第四种模式，而且是最好的一种模式。

(7) 内部民主性。在组织内部构建平等沟通氛围，使内部员工参与决策，实现组织的高效管理。

(8) 专业知识性。高素质的公共关系人员应具有足够的知识背景，系统掌握公共关系理论，同时还需要外部专家予以支持和指导。

(9) 多样性。公共关系人员应具有包容性，接纳不同种族、性别等的各类公共关系人员，以此完成与多类公众进行交流沟通的任务。

(10) 职业道德与责任感。在工作中忠实执行职业道德，并且自觉拥有社会责任感，同时监测组织对社会责任的落实情况。[①]

在公共关系发展的100多年的历史中，不同时期的杰出人物代表了不同阶段的社会经济发展水平，体现了公共关系理论与实践的进步轨迹。除了上述代表人物外，还有一些为公共关系事业作出了重要贡献的突出人物，如英国的弗兰克·杰弗金斯、萨姆·布莱克等。随着公共关系在全世界的传播与广泛应用，公共关系理论与实践的内容将会更加丰

① 郭惠明：《关于公共关系学若干基本问题的国际对话》，载《国际关系学院学报》，2000 (1)、(4)。

富、灿烂。

三、公共关系在中国

（一）古代中国的“公共关系”

在古老的东方大国——中国，从来不缺乏应用主动的宣传手段去影响他人的事例。如民间流传的大禹治水三过家门而不入的故事，对大禹后来的主政治国发挥了重要的作用；夏启、周文王的贤德，夏桀、商纣王的暴行均对王朝的建立或更迭发挥了重要的舆论导向作用。成语“约法三章”与“四面楚歌”对秦末楚汉之争的成败原因作了精彩的概括。而对于主动从事传播活动的准职业人员，则当推春秋战国时期的孔子与纵横家们。

1. 孔子的周游列国活动

春秋时期，在诸子百家之中，孔子是唯一将传播自身的学说思想作为职业的人。孔子早年做过管理婚丧祭祀的小官，中年后曾在鲁国担任地方官，最高曾代理鲁国宰相3个月，颇见政绩，但很快对政治失望，辞官离鲁。公元前497年，在56岁时，孔子开始了游说政见活动。他先后到过卫、曹、宋、陈、蔡、楚等国，在68岁时仍然未能实现宏图大志而郁郁回乡。回乡后孔子以讲学为业，5年后病逝。

在12年的游说活动中，孔子无疑是将宣传自身的政治理想作为一个职业（也可以说是使命）来进行的。其“克己复礼”的宗旨未能被诸国国君接受，不是因为孔子的学说思想有错误，而是因为这一理论已经不合时宜，难以解决诸侯小国当时的生存危机。孔子游说是由学生出资与相伴的，传播其思想主要靠亲自拜访（见）各诸侯国君主。由于诸侯们的拒绝，孔子最终无功而返，转而潜心修史与从事教育。

观点链接

《论语》（节选）

子曰：“学而时习之，不亦说乎？有朋自远方来，不亦乐乎？人不知而不愠，不亦君子乎？”

子曰：“巧言令色，鲜矣仁。”

曾子曰：“吾日三省吾身：为人谋而不忠乎？与朋友交而不信乎？传不习乎？”

子曰：“不患人之不己知，患不知人也。”

子曰：“人而无信，不知其可也。”

子曰：“德不孤，必有邻。”

子曰：“仁远乎哉？我欲仁，斯仁至矣。”

子曰：“上好礼，则民莫敢不敬；上好义，则民莫敢不服；上好信，则民莫敢不用情。”

资料来源：武晓花：《论语通译》，1、2、5、11、26、97页，延吉，延边人民出版社，2000。

2. 纵横家的游说活动

进入战国时期后，各国间的竞争十分激烈与复杂，对于优秀治国人才的需求极为迫切，有才学的人也纷纷跃跃欲试，希望一展才智于天下。在这样的形势下，涌现出一批以游说各国、“出售”才智为生的职业说客——纵横家。

其中最典型的人物当数主张“合纵”的苏秦和坚持“连横”的张仪。他们两人的共同之处，均是殚精竭虑地将自己的主张与见解贡献于所服务的国君，在纵横捭阖于诸国之间时，巧施计谋，动用自己的丰富知识和应变才智，求取存身之所。在他们的职业生涯中，常以某一国君主的代理人身份说服另一国君主，并游历于各诸侯国间任职。在辉煌时，他们确实展示出了令人赞叹的业绩，实现了一定的诸侯格局变化。但是，国君们对利益的权衡，常使纵横家们的苦心努力化为泡影，因此，他们的生活常陷于危险与不稳定之中。纵横家们的一生被后人所非议，其行为也不为人所称道。但事实上，他们的主张、见解及努力对推动秦灭六国、统一天下起到了不可忽视的历史作用。

3. 对中国古代“公共关系”的评价

从前文所述的现代公共关系应该具备的条件看，中国古代所谓的公共关系活动，距离真正的公共关系还有着很大的距离。

首先，中国古代不具备现代公共关系所要求的条件。现代公共关系的条件首先是公共关系主体——社会组织对大众舆论的重视及自觉运用。从春秋战国及以后的封建王朝的情况看，由于奴隶制和封建制度的集权统治，诸侯国君主或封建皇帝根本不会重视大众舆论，更不屑于去主动地利用人力操纵舆论。因为他们处于高高在上的位置，信奉的是“君权神授”，其行为动机考虑的是王朝或王位是否稳定，根本不考虑民意的向背。如果有影响王位的不稳定因素，就会采取极端手段根除之，如秦朝的焚书坑儒、雍正时期的文字狱等。国王或皇帝在决策时，一般是随意和单方面考虑的，纵使有些决策是体察民情而作出的，那也是为自身统治考虑，绝非为了赢得民意。另外，诸侯国君主或封建皇帝是世袭承继的，极少存在明显的竞争者，纵使有也十分短暂。因此，对大众舆论的反应几乎是麻木的，除非面临大规模的农民起义。在没有王位竞争的情况下，即使有明智之君，如唐朝的李世民、清代的康熙等，也多是利用人心以驭人，而非以善政来获取天下人心。作为当时社会组织的代表诸侯国君主或封建皇帝，其所发出活动的随意性，说明这个组织根本不重视社会舆论，也不会主动操纵舆论，他们不需要去针对自身公众——当朝民众来营造生存环境，如果有所谓的公关活动，那也只不过是为了实现其王朝霸业罢了，与现代意义上的公关——服务公众是根本不一样的。

其次，中国古代没有职业的公共关系从业人员。古代的职业游说者们并非真正意义上的公共关系从业人员。他们的行为动机，政治意义远大于经济要求。无论是孔子还是纵横家们，都期望自身的政治理想得以实现。其宣传的信息主要是他们的治国方略，这与现代咨询公司的经营活动完全是两个概念。在他们的游说活动中，极少采用当时的“大众传媒”如告示、传单等，主要是靠个人的语言才能；传播的内容十分狭窄，或是个人的政治见解，或如纵横家们那样只是适应诸侯之所思所想，使用一些鸡鸣狗盗之术，而不是致力于把国君的思想传达、解释给民众，或反映民众的意见。他们虽然也有自己的下属或谋划小集团如孔子及其弟子等，但绝大多数情况下，他们是单刀赴会、独步天下的。在他们的心目中只有国君、皇帝，而没有民众、天下，所谓现代意义上的公众的概念是根本没有的。中国古代崇尚的“民为重”的思想，其实质是“民可使由之”、“使民有时”。

最后，中国古代没有平等意义上的双向沟通。当时民众的觉悟程度很低，社会上只有极少数人掌握文化知识。从春秋的奴隶社会末期到漫长的封建社会，民众的社会地位极其低下，封建君主及其下属官吏掌握着劳苦大众生杀予夺的权力，民众对自身的命运没有能力掌握，他们中间的优秀分子纵使被“官逼民反”走上了争取生存权的道路，也最终不是被镇压就是沦为了与封建统治者一样称王称帝的结果，所谓希求公众被尊重和重视，仅是理想而已，没有追求的基础，也更不会有实现的可能。现代社会公众权威性的体现在古代中国是没有任何现实基础的。

总之，从上述的分析可见，中国古代的所谓公共关系活动，并不是真正意义上的公共关系。但是，毋庸置疑，中国古代确实创造了无数杰出的计谋良策，有些活动的策划也体现了一定意义的宣传效果，如汉代昭君出塞、三国时期诸葛亮七擒孟获、各朝代征服异族常用的安抚之策等。中国古代丰富的政治谋略与人际沟通的高超艺术为中国现代公共关系的发展铺垫了极为深厚的人文基础。

（二）现代公共关系在中国

1. 公共关系的传播与普及阶段（1981—1990年）

公共关系得以传入中国，有着特定的历史背景。在20世纪70年代中后期，新中国结束了历时10年之久“文化大革命”的迟滞发展时期，在1978年年底十一届三中全会之后，改变了自我封闭的发展道路，走上了对内改革、对外开放，以经济建设为中心的快速发展阶段。门户的开放使国外先进的技术和学说思想传入了国内。

公共关系最初是以一种先进的管理机制被内地接触的。1982年（一说1981年），广东省深圳市（一说广州市）一家内地与香港合资的酒店组建了公共关系部，随后其他城市的一些合资酒店也仿效建立了公共关系部。1984年9月，广州白云山制药厂建立了公共关系部，这是中国首家国有企业学习西方的管理理念建立的全新管理部门。这一举动引起了媒体的极大关注，《经济日报》于同年12月26日在第二版中介绍了这一情况，并配发了社论《认真研究社会主义公共关系》。从此，公共关系及公关职业引起国人的关注，公共关系以极快的速度由南向北传播开来。

 **职场链接**

如虎添翼

——记广州白云山制药厂的公共关系工作

11月下旬，广州“白云杯”四城市国际足球邀请赛正紧张进行。电视台每晚播放的比赛实况，吸引了羊城和海内外千千万万观众。参赛的3家客队实力雄厚：日本日产足球俱乐部队、新加坡国家队、香港海峰足球队。球赛结果：主队——广州白云山制药厂体协队夺得亚军。

一个2 000多人的企业，怎么会拥有一支水平如此高的足球队？这是怎么回事？

信誉投资

在宽敞、明亮的厂长办公室里，身穿西服的白云山制药厂党总支书记贝兆汉坐在皮沙发上同我们侃侃而谈。原来，白云山制药厂体协足球队前身是广州市体委管辖的广州足球队。一次，市体委负责同志请白云山制药厂“赞助”市足球队。贝兆汉随口说道：“那你们把足球队给我们算了。”说者无意，听者有心。事隔不久，市体委同白云山制药厂达成了协议：广州足球队改名白云山制药厂体协足球队，由白云山制药厂经济上承包，按月付给运动员工资、营养补贴和奖金。药厂承包足球队后，用经营管理手段抓足球队，制定了考核、奖励制度，使球队面貌焕然一新。在全国首届足协杯中，球队从国家乙级队跃居甲级队，进入前8名。

基于对公共关系的正确认识，白云山制药厂每年拿出总产值约1%的资金来从事公共关系活动，其中包括广告、社会公益活动等。他们把这笔费用称为“信誉投资”。我们问：“从经济效益上看，这笔投资值得吗?”回答是肯定的：“树立企业形象，提高企业声誉，在某种意义上就是提高企业的经济效益。我们花了几十万元的信誉投资，扩大了价值成百上千万元的产品的销路，这还不值得吗?”

知名度

知名度，这是白云山制药厂领导在谈论公共关系工作时常用的一个名词。而提高企业的知名度，则是他们开展公共关系工作的一个目标。

知名度提高了，生意就好做了。白云山制药厂为此做了以下几件事：

一是加强同新闻界的联系。厂里有什么新鲜事、新动态，及时告诉新闻单位；召开重大会议或举行纪念活动，盛情邀请新闻单位参加，甚至将体育、音乐、美术界的名流也请来。

二是实事求是、有的放矢，做好广告。白云山制药厂的广告既注意了内容上的实事求是，又保证了数量上的充分及时。比如，一个时期集中介绍“感冒清”，另一个时期重点宣传“痞病痊”，连广告的覆盖地区也有先后之分。

三是积极参加社会公益活动，既可以为社会服务，又能提高企业的知名度。承包足球队就是一例。

转向经营型

“在你们看来，企业的公共关系究竟意味着什么?”贝兆汉没有直接回答。他笑着说：“过去，我们的经济体制是政企不分，企业的产品是‘皇帝的女儿不愁嫁’。经济体制改革之后，企业作为一个相对独立的经济实体，情况就大不一样了，既管人财物，又抓产供销，还必须处理好企业同外界的种种公共关系。不处理好这些关系，企业有再大的抱负也是要落空的，因此，公共关系工作是企业从生产型向经营型转变的必然产物。”

正是基于这样一种认识，白云山制药厂从党总支书记、厂长到办公室、供销科的负责人都很重视公共关系工作。白云山制药厂的公共关系部便应运而生。

我们祝愿白云山制药厂这个现代化企业的猛虎，插上公共关系工作的翅膀，在社会主义现代化建设中展翅翱翔。

资料来源：明安香：《当代实用公共关系》，240～243页，北京，经济管理出版社，1991。

公共关系的传播通过下述三个渠道完成：

(1) 企业渠道。由于南方企业的示范作用，以及大众传播媒介的推波助澜（如1990年电视剧《公关小姐》在中央电视台的播出），许多企业对公共关系趋之若鹜，纷纷在自己的企业内部设立公关部，培养公共关系专业人员。公共关系部一时遍地开花。但是，由于许多人对公共关系学一知半解，似懂非懂，企业正处于向市场经济转制的变革时期，一些企业领导人组建公共关系部仅将之作为自身思想解放、单位改革开放的外在表现，因而公共关系部的运作处于十分初级的阶段，往往成为接待部、娱乐活动部等，随后就有一部分企业因公共关系部徒有虚名而将之取消。另外还有一些企业，特别是酒店和娱乐业，则把公共关系从业人员肤浅地解释为接待人员，公共关系的发展一时步入了误区。

（2）院校渠道。公共关系的广泛传播与普及主要是由高等院校完成的。1983 年，厦门大学在新闻传播系把“公共关系”列入本科培养计划内；1985 年，深圳大学文化与传播学系创办了全国首个公共关系专业，招收了第一届公共关系专业（专科）的学生。1986 年，科学普及出版社出版了国内第一本公共关系学教材《塑造形象的艺术——公共关系学概论》。此后，全国各大院校纷纷开设了公共关系学课程，具有明显西方色彩的公共关系学教材大量出版。1989 年，北京大学社会学系举办全国公共关系教师讲习班。同年，在深圳大学举办首届公共关系教学研讨会等。20 世纪 90 年代初，一些专门的公共关系学校建立了起来。1994 年，国家教委（现教育部）批准中山大学招收公共关系学本科专业学生。几年之后，大批了解公共关系理论、掌握公共关系操作程序的大专毕业生和高等、中等职业学校的学生开始走上了工作岗位。专业学生走上职场，对澄清公共关系的浊流起到了正本清源的作用。再加上 20 世纪 80 年代国外大型公司如博雅、伟达等公司在中国的运营，带动了中国公共关系公司的创建，使院校毕业的学生迅速充实到了公共关系岗位，推动我国公共关系行业渐成规模，公共关系全面普及开来。

（3）政府渠道。公共关系的传播与政府的推动分不开。1985 年 1 月，广东省深圳市总工会举办全国首个公共关系培训班。之后，国家一些部委也先后开设了大型国有企业领导干部公共关系培训班，个别省份、市、县还设立了专门的公共关系局，如湖南、山东等，使公共关系在政府部门逐渐开始主动运用。这为公共关系的普及创造了有利的条件。同时，大众传媒的宣传也发挥了十分积极的作用，公共关系在 20 世纪 90 年代已成为一个家喻户晓的名词，学习公共关系、运用公共关系成为人们的共识。中国公共关系的发展开始从低谷走出。

但对社会的一般人来说，在相当长的时间里，仍然对公共关系存在许多含混不清的认识，容易把公共关系与庸俗关系学混为一谈。

2. 公共关系的实践与深化阶段（1990—2005 年）

经过前 10 年的传播与普及，开展公共关系活动的市场条件和人才条件基本成熟。一方面，一些在竞争中脱颖而出的乡镇企业或个体工商企业开始注意运用公共关系来谋求更好的生存与发展之道；另一方面，一批具有综合素质的公共关系理论研究者开始主动走入企业，运用公共关系为企业服务。公共关系的发展步入实践运用层面。

（1）形象塑造热潮。20 世纪 90 年代初，对公共关系的运用主要是以形象塑造带动公关策划业的发展。由于我国企业是从计划经济体制下刚刚脱胎换骨而来，企业领导人绝大多数对公共关系到底是什么还不甚了解，而在理论界，有些人认为公共关系的目的是塑造形象，只要企业的形象好了，似乎企业的公共关系就万事大吉了。同时，西方国家的公关业正热衷于组织形象识别活动，即 CIS（Corporation Identity System），因此，国内很快形成了以塑造形象为中心的 CIS 热，涌现了一批成功的设计和策划 CIS 的专家，并带动了以策划为主业的公共关系咨询公司的产生。注重形象塑造，虽然有可能给组织带来偏重外在表现、注重短期宣传的副作用，但企业引入公共关系的管理思想较大程度地提高了管理者的经营理念和经营水准。很多企业开始注重对公众的了解和理解，对大众传媒的认识由敬而远之转为主动接近。而策划业的形成与发展，也使企业的一些公共关系活动逐渐摆脱了收买人心的功利行为，企业的社会公益活动变得更加务实，并产生了一定的社会效益，尤其是大量外资企业在中国良好的公共关系示范表现，为国内企业公共关系活动的开展提供了学习的榜样。我国大众传播媒介在这时期快速发展，“经过改革开放 20 年的发展，一个巨大的传媒市场已经形成”。如 1990 年的电视广告收入为 5.6 亿元，到 1997 年就达到 114 亿元。报业进入高速成长的跑马占地时期，① 互联网开始走进人们的生活，媒介发展的市场化转变，激发了社会公众自我意识的觉醒，公共关系实践活动在进入新世纪之前，向纵深层面发展。

(2) 诚信与公关危机。在我国市场经济体制进一步完善、全社会对公共关系的认识不断深化的趋势下，公共关系的实践从经营性企业步入到社会的各个层面。在公关形象热潮的影响下，城市形象塑造“工程”轰轰烈烈地展开。一些地方政府将很大的精力放在了“面子工程”上，大兴土木、改造城市形象，许多城市的面貌由此焕然一新；一些医院纷纷增加了导医人员，注意塑造“窗口工程”；而某些学校特别是高等学校，在世纪之交，纷纷举行百年校庆，大张旗鼓地向社会昭示自身的实力。由此，构筑市场经济最核心的内容——诚信问题作为一个十分尖锐的课题，摆在了所有社会组织的面前，即如何面对公众说真话，怎样实实在在地为公众服务？这一问题将组织公共关系工作引导到更深的层面，即社会组织应该如何与公众实现真正的沟通，以赢得公众的信任。恰在这一时期，国际、国内危机事件频发，尤其是 2003 年爆发的“非典型肺炎”、2004 年的“禽流感”等，使政府诚信、信息公开等公关危机问题成为全社会关注的焦点。社会组织如何强化内部信息管理，怎样将公众利益置于首位，如何恰当利用大众传播媒介将真实、正确的消息传播给公众等问题，引起政府、企业及社会各种组织的高度重视。2004 年，温家宝总理在十届全国人大二次会议上的《政府工作报告》中提出，“要建立政务信息公开制度，增强政府工作的透明度”。政府新闻发布制度开始受到重视，企业、医院、学校等也更注重通过大众传媒与目标公众沟通。

1999 年 5 月，国家劳动与社会保障部（现更名为中华人民共和国人力资源和社会保障部）正式将“公关员”作为一种新职业列入《中华人民共和国职业分类大典》，全国本土公共关系公司发展势头良好，以平均每年 50%的增长率快速成长。②

3. 公共关系的水平提升阶段（2006—2013 年）

(1) 政府公关领先。当中国顺利渡过“非典”、“禽流感”等危机事件以后，政府对公共关系的作用给予了高度重视，尤其是 2008 年第 29 届奥运会，极大地彰显了中国政府成熟运用公共关系沟通手段向世界传播中国文化的理念。奥运会 15 万多名志愿者的优异表现，为中国奥运会的成功打下了坚实的基础。许多中国企业在四川汶川地震、三鹿三聚氰胺奶粉事件中增强了社会责任意识。政府领导问责制的大力推进，为缔造诚信政府创造了极为重要的制度条件。在 2008 年年末影响全球的金融危机中，社会保障制度的有力推进、政府在大众传播媒介方面的积极运用，使中国社会安定，百姓对政府信赖度高。由此说明，中国政府在公共关系方面已走在了各类社会组织的前面。

(2) 公共外交初试锋芒。进入新世纪，中国国力稳步增长，国际影响力持续攀升，以

---

① 喻国明：《报业市场的发展空间还有多大?》，载《新闻实践》，2000 (2)。

② 余明阳：《中国公共关系史 1978—2007》，138 页，上海，上海交通大学出版社，2007。

展现鲜明公共关系特色的公共外交成为对外宣传的主旋律。2009 年年底，一则 30 秒的《中国制造》形象片登上北美、欧洲和亚洲的电视与网络媒体上；2011 年 1 月，时长 60 秒的《中国形象》（人物篇）在胡锦涛总书记访美之前播出于美国时报广场。2004 年开始创办的孔子学院到 2011 年已发展到“在 105 个国家建立了 358 所孔子学院和 500 个中小学孔子课堂”，中国的海外影响力进一步增强。在各界出访人员的积极参与下，中国对外交流更加广泛与深入，自主宣传中国文化的公共关系意识明显增强。中国人民和平友好的形象逐渐深入其他国家人民心中。

（3）互联网展示草根传播力量。当互联网成为传播媒介的重要组成部分时，网民——所谓草根的自媒体传播越来越发挥出不可忽视的力量，其作为社会公众的权威性作用正显现出来。来自网络的公众监督对改变社会不良现象起到了重要的震慑作用，而互联网也成为几乎所有社会组织展示自身信誉的最佳平台。随着互联网管理的不断加强与规范，公众的平等地位也会逐渐得到尊重。社会组织的公共关系活动将会更加具有社会公益性，会对社会的文明与进步产生十分积极的影响。

（三）中国公共关系展望

1. 基础薄弱，有待厚积薄发

中国是一个有着漫长封建历史的国家，实行完全的市场经济还不到 30 年的时间，与西方国家相比，商品经济发展的基础十分薄弱。公共关系是现代商品经济的产物，它的健康发展有赖于良好的法律环境、媒介环境和公众环境。这些年来，我国法律体系的建设得到了突飞猛进的发展，依法治国的理念正在成为全社会的共识。但是，在社会生活中，社会组织对法律管理的不适应、不习惯仍然会长期存在，大量的有法不依、执法不严、监管不力、行政不作为等现象很难在短时期内消除，各类组织开展公共关系活动的社会环境仍然有待完善。在媒介快速发展、深度介入人们生活的新环境下，如何规范传播行为、恰当发挥组织与公众的通畅沟通作用，在这个媒介影响人们生活历史很短的国家仍然是一个很大的课题。公众的主体意识实际上还十分薄弱，公众缺乏群体性自信会在相当长的时间里影响组织的公共关系发展水准，而组织对公众的人格尊重和对公众感受的重视，在理念上也需要假以时日来培养。因而中国未来公共关系发展在法制建设、职业道德建设、组织制度建设等方面任重道远。大众传播媒介队伍的职业道德需要进一步完善，社会公众的责任意识与整体素质还有待进一步提高，中国公共关系事业需要厚积薄发。

2. 底蕴深厚，必然卓有建树

中国是全世界最优秀的文明古国之一，历史文化博大精深，先贤智人为今人留下了大量极为丰富而宝贵的智慧计策，为公共关系的运用积淀了十分深厚的历史文化基础。公共关系是一门具有社会学、传播学、管理学、人际关系学等方面知识的综合性学科，是一门极具人文色彩的科学。因而公共关系在传入中国后，社会大众接受得快、运用起来得心应手、传播范围广且创新潜力巨大。近年来，在各级政府部门、企事业单位，自觉运用公共关系学，策划各种公共关系活动来帮助组织营造生存或发展环境的案例层出不穷，有些案例丝毫不让于国际一流公共关系公司策划的水准。公共关系在中国的运用正体现出极具本土特色的新特点。随着中国经济快速稳定的发展，随着政府、企业、事业单位对公共关系管理的积极探索，中国必然会对世界的公共关系事业有较大的贡献。

第四节　公共关系学与市场营销学

一、公共关系在市场营销中的作用

如前所述，公共关系是社会组织为了营造生存环境，针对目标公众，运用传播手段进行双向沟通的战略管理活动。在市场营销专业中，公共关系学一般被设置为一门主干课程，这与公共关系的自身特点和功能有很大关系。

（一）公共关系可以营造企业的营销环境

对于社会上的大部分组织，尤其是工商企业来说，了解公共关系，运用公共关系，营造其生存与发展的社会环境，会极大地推动企业市场营销工作的顺利开展，帮助企业处理在营销过程中发生的各方面关系，监测企业所处环境的各个方面情况，协助企业处理一些突发的问题，使企业在开展营销活动时，明确自身所处状态，集中力量解决营销问题，加快推动营销工作的开展。因此，有人把公共关系比喻为企业在市场营销工作中的监视哨、润滑剂和救火队，即监测组织所置身的环境状况，润滑协调组织与周围公众的关系，应对与处理组织遭遇的突发事件等。

（二）公共关系时刻关注目标公众——顾客和消费者

市场营销工作主要存在于工商企业中。对于工商企业来说，顾客、消费者是它们最重要的目标公众。公共关系人员有助于协助市场营销人员，解决顾客或消费者与组织及销售人员发生的矛盾与纠纷，通过大量耐心细致的工作，赢得公众对社会组织及其产品的了解、认可，强化组织在公众心目中的知晓度与信赖度。同时，公关人员还会在较大社会范围内，以积极的宣传手法，承担影响与引导目标公众、扩大组织声誉的使命，通过努力贯彻尊重公众、服务公众的正确理念，为企业的市场营销工作创造良好的人际氛围和社会环境。

（三）公共关系强调企业与公众的双向沟通

市场营销工作与公共关系工作的共同之处是二者均关注与公众的主动沟通。对于市场营销工作来说，没有了与公众的直接沟通，就不可能有成功的营销；对于公共关系工作来说，没有了对公众的尊重与重视，组织的生存环境就潜伏着巨大的危险。因此，在企业的市场营销工作中，公共关系的介入会极大地帮助企业更好地实现与公众的交融与了解，注意收集顾客和消费者的反馈，倾听他们的呼声，及时化解可能的危机，推动企业营销目标的实现。

（四）公共关系讲求在社会公益服务中实现营销目标

公共关系是一种为组织长远发展考虑的战略管理活动，它不仅会帮助组织实现眼前的销售任务，而且会通过巧妙设计一些公共关系活动，做一些实实在在的社会公益事业，吸引社会公众（特别是媒介）对组织有更加全面深入的了解，以帮助组织构建长远的发展目标。因此，在市场营销工作中引入公共关系，既会有力地提升市场营销工作的亲和力与非功利性，又可以在复杂性和多变性的市场情况下，以战略性的眼光，帮助企业完成生存与发展的重大战略规划。

综上所述，在市场营销专业中，公共关系学是一门极为重要的主干课程，市场营销专业的学生如果不懂公共关系，那么在实践中就难以将市场营销工作做好，可能会使市场营销工作陷入较为功利、只知生硬推销的状态。因此，把公共关系学作为市场营销专业的主干课程，会使市场营销专业学生的知识结构更加全面与完善。

二、公共关系学与市场营销学的关系

公共关系学与市场营销学是一对联系密切的学科。对于一个社会组织来说，有必要清楚地区分这两门学科的异同。

（一）公共关系学与市场营销学的联系

公共关系学与市场营销学均对一个社会组织的发展有极为重要的意义。公共关系学关注一个社会组织的生存与发展环境，无论是内部还是外部，对环境的监测与维护以及拓展和培育，均是公共关系学研究的主要内容。在一个社会组织的发展过程中，如果生存的环境出现问题，那么，这个社会组织就难以发展与壮大。市场营销学关注一个社会组织的产品生命与市场拓展，产品能否存活表面看是由市场做主的，实际上是由企业的营销工作决定的。没有产品的企业，就等于无源之水、无本之木。对于工商企业组织来说，只有优质的产品和良好的服务，才能在市场中赢得立足之地，而对于其他社会组织机构来说，也需要为社会提供过硬的产品或服务（如金融产品、劳动力产品、知识产品等），这样才能被社会所接纳，在社会中存在下去。因此，二者都对社会组织有十分重要的意义。

（二）公共关系学与市场营销学的区别

1. 二者的核心概念不同

虽然公共关系学与市场营销学都对组织有重要意义，但二者有明显的区别。在核心概念上，公共关系学的核心概念是沟通，即公共关系注重的是社会组织与目标公众之间的双向交流；市场营销学的核心概念是交换，即产品和服务“惊险的一跃”。因此，从社会组织角度来说，公共关系学研究的对象是人，即站在组织的角度来看与组织生存密切相关的公众；市场营销学研究的对象是物，即站在消费者角度来看决定组织能否在市场上立足的产品及服务。

2. 二者的关注点不同

从公共关系的概念可以知道，公共关系的关注点是社会组织的生存环境，它涉及组织发展中的方方面面；而市场营销的关注点是消费者和顾客，它影响组织能否在市场上立足和向更大的区域发展。组织在对生存环境的关注中，会注重与目标公众的沟通，这是公共关系的基本工作；组织在对消费者和顾客的关注中，会着力研究产品、服务及与之相关的手法和手段，这是市场营销的基本内容。因而，二者在研究的范畴上有较大差异。

3. 二者对组织的影响不同

植物的生长需要适宜的土壤与生存条件，而组织的生存发展也要求营造良好的生存环境，这是公共关系的目标。从这个角度讲，研究公共关系学对组织的意义是关系其能否生存与发展的问题。当然，一个组织能否发展，在一定程度上是市场说了算，亦即组织能否提供为市场接受的产品。如果组织的产品不能在市场上实现交换过程，组织的生存也就岌岌可危了。因此，从这个角度讲，研究市场营销学也对组织的生存与发展有重要意义。但是市场营销做得好与坏并不是组织能否生存发展的唯一要素。一个组织某一产品卖不出去，并不等于企业失败，但一个组织如果信誉丧尽，被公众唾弃，陷于恶劣的生存环境中，那才是真正的死亡。因此，有人说，今天一把火将可口可乐公司烧了，明天新的可口可乐公司又会起来。还有人说，“公关第一，广告第二”，道理就在这里。

观点链接

公共关系与市场营销

我们认为，市场营销理论对于公共关系而言是远远不够的，有如下几个方面的原因：

首先，一个组织为了销售其产品或服务，必须通过营销职能与市场进行沟通。而公共关系职能则关注于组织所有的公众。营销职能最主要的目的是通过扩大需求曲线的幅度为组织盈利。而公共关系职能的主要目的是通过与决定组织存亡的公众建立关系为组织节省成本或开支。

其次，尽管营销理论家常使用双向交换和消费者导向等双向对等的概念，但事实上，不对等的世界观在营销中比在公共关系职能中更容易发挥作用。

最后，市场营销中运用的战略，比如产品、价格和推广，在公共关系中很少派上用场，因此，它只为公共关系从业者提供了一套蹩脚的规范性理论。并且，大多数市场营销中的细分工具在公共关系中只能起很小的作用。它们只是补充，而不能替代公共关系自身的工具。

资料来源：[美] 詹姆斯・E・格鲁尼格等著，卫五名等译：《卓越公共关系与传播管理》，17 页，北京，北京大学出版社，2008。

三、市场营销专业的学生怎样学好公共关系学

对于市场营销专业的学生来说，公共关系学是一门主干课程，学好这门课程要注意以下几个方面。

（一）理清公共关系学科脉络，把握公共关系基本程序

公共关系学是一门系统科学，有着清晰的学科发展脉络。在学习这门学科时，市场营销专业的学生首先要将公共关系学的学科脉络理清，分清楚基本概念之间的差异，明确公共关系学在理论上的一些基本内容；其次，应把握好公共关系学在运用上的基本程序，了解公共关系运作的基本步骤和技巧；最后，要能够建立对公共关系学科的思维模式，拥有正确的公共关系意识。

（二）学习运用公共关系理论，体悟公共关系学基本信条

公共关系学是一门操作性较强的学科，在学习这门学科时，要求活学活用，不能拘泥于理论上的认识和理解。要在课堂学习的同时，增加实训课程内容，并在课外利用各种机会去尝试运用公共关系原理，实践公共关系工作程序，以此体悟公共关系学的基本信条。公共关系学的一些基本原理可以有效服务于市场营销的一些专业领域，如企业的广告设计、商务谈判、人员推销等。学习公共关系学，是为了运用公共关系，让公共关系为企业的市场营销服务。因此，市场营销专业的学生在学习的过程中要有意识、有目的地运用公共关系思想，从而快速提高自身的综合素质。

（三）善于将公共关系与市场营销相结合，又要明确二者的差别

在市场营销学中，专门有一部分内容研究促销策略，即如何运用公共关系手法进行产品的推销。这是公共关系与市场营销的重叠，也是易引起市场营销专业学生概念混淆的地方。使用公共关系手段，直接服务于企业产品的推销，这是今天许多企业青睐的营销手法，因而也使部分企业经营者误认为公共关系就是市场营销的一部分，仅仅是推销的一种

手段而已。实际上，公共关系学是一门独立的学科。公共关系为市场营销服务，仅是公共关系对企业很小的一部分功能，其真正的作用是营造组织良好的生存环境，为企业的长治久安而谋划。它关注的是组织内部与外部的生存状况，推动企业在市场竞争中立于不败之地。因此，市场营销专业的学生必须认真学好这门课程，注意区分学科之间的差异，为成为高素质的企业经营管理人员打下良好的基础。

本章小结

在公共关系的定义上，向来是见仁见智。我们认为，公共关系是为了营造对组织有利的社会环境的战略性管理活动，它针对的是目标公众，强调双向传播。社会组织、传播和公众是公共关系的三要素。公共关系的特征是主动营造环境、意在实现沟通、尊重目标公众、兼顾义利双赢。公共关系有着自身发展的历史轨迹，迄今已走过了 100 余年的发展历程，它的产生有着特定的背景和社会经济条件，在发展中也经历了职业化、理论化、程序化和卓越性的渐趋成熟的曲折过程。中国古代虽然没有现代意义上的公共关系，但中国深厚的人文积淀，为公共关系的发展铺就了广阔的道路，中国经济快速而稳定的现代化进程必将会对世界的公共关系事业作出应有的贡献。

职业实训

1. 案例剖析

从人际关系到公共关系

在处理各种关系时，化各种关系为生产力，是温州民营企业对人际关系升华为公共关系的一大特色。由“宁可三日不吃饭，不可没有驻京办”这句话，可以看出温州人对公共关系的独特见解。温州人非常注重搞好人际关系，在他们看来，良好的人际关系（更多指公共关系，编者注）是一种宝贵的资源。能把各种各样的人际关系变为生产力，大概要数温州人做得最好。从经验上来讲，会赚钱的人，大都是态度谦虚、老于世故的人。温州人正是这样的人。他们无论是面对熟人还是生人，大都很客气，态度谦虚，尽可能使每位相识的人成为生意伙伴或潜在的生意伙伴。温州民营企业处理各类公众关系确实有一套：对待政府公众，遵守各项法规，积极响应政府的政策和号召，配合政府的工作，主动为政府排忧解难；对待社区公众，慷慨回报，乐善好施，主动承担应尽的责任，积极参与社区文化活动；对待竞争对手，既竞争又合作，共创“双赢”局面；对待新闻媒介，广交朋友，坦诚相待，建立良好的媒介关系，利用新闻媒介机构和工作者的特性，争取舆论的支持，扩大企业的影响力。

1998 年，在一次展销会上，一位外商久久地徘徊在中国奥康集团（温州企业）的展台上，似乎有些疑问。奥康集团总裁王振滔忙走上前，热情地打招呼：“先生，欢迎您为敝公司的产品提意见。”外商拿起一双皮鞋，问：“这是真皮的吗？”王振滔答道：“敬请放心，绝对是真皮。”外商摇摇头，以老行家的口气说：“真皮做不出这种效果……”王振滔二话不说，找来一把剪刀，三下五除二，把那双皮鞋剪开，又递到外商手中：“先生，您是行家，您帮我鉴定一下，看是真皮还是假皮？”外商惊讶地看着他这一举动，接过鞋来，仔细品评一番，点点头说：“真皮！用真皮做出这种效果，了不起，我跟你们订货。”紧接着大批客商蜂拥而至。

资料来源：周行、徐飚：《公共关系的魅力——温州民营经济发展中的公共关系研究》，23、155页，北京，人民日报出版社，2004。

认真阅读案例，回答下列问题：

(1) 认真阅读该案例，分析“宁可三日不吃饭，不可没有驻京办”这句话的意思。这体现了温州企业家怎样的理念?

(2) 通过学习奥康集团的这个案例，你如何理解公共关系的特征?

2. 职场模拟

设置一个展销会的场景，请同学们扮演中商展台工作人员与外商，演示奥康案例。

外商久久地徘徊在中国奥康集团（温州企业）的展台前。

王振滔：“先生，欢迎您为敝公司的产品提意见。”

外商拿起一双皮鞋，剧情由此展开……

3. 能力训练

(1) 上网搜搜公共关系案例与市场营销案例，对比一下，看区别在哪里。

(2) 到本地大型超市调查采访一下，看看它们在促销活动中有没有进行公共关系活动。

(3) 判断下列行为是否属于公共关系的活动：

a. 为孩子上学而给某重点学校的校长送礼。

b. 经常请同学吃饭，期望在评先进时获得同学的支持。

c. 单位出资帮助社区建公园并通知报社报道。

d. 商场开展买一赠二活动。

e. 商场设置奖励顾客意见箱。

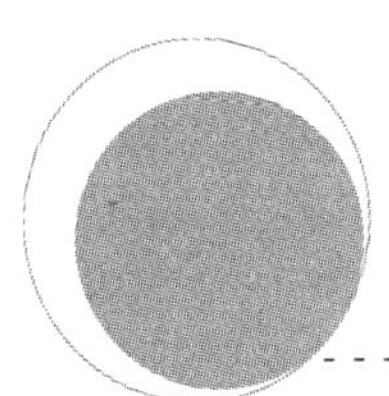

第二章 公共关系主体——社会组织

本章学习目标

通过本章的学习，你应该能够：

1. 了解公共关系的主体——社会组织。
2. 掌握组织内部公共关系部的工作内容。
3. 了解公共关系公司的职业道德。
4. 掌握公共关系从业人员的素质要求。

课前思考题

1. 公共关系部为什么是组织不可缺少的部门?
2. 公共关系公司的优势如何充分发挥?
3. 公共关系从业人员需要什么样的素质?

导入案例

中华文化扬威海外

国家中医药管理局海外立法游说案例

项目主体：中国国家中医药管理局。

项目执行：新洲国际集团（NICG）趋势中国传播机构。

获奖情况：国际公关类金奖。

中医几乎成为仅次于“孔子”的中华文化输出第二大品牌，但中医药市场100亿美元的销售份额中，作为中医药发源地的中国仅占其中的3%。在有些国家，中医缺乏民众的认知与合法的地位。作为我国中医药主要出口目的国之一，也是亚洲之外的第二中医药市场，英国的中医药年销售规模达1.5亿英镑，成为中医药在西方国家推广的突破口。

随着北京奥运的临近，国家中医药管理局和中国驻英大使馆敏锐地察觉到这个奥运前的最佳宣传时机，而中医药确立其在英国作为一门完整传统医学的合法地位也处于关键的立法工作阶段。促进英国对中医药顺利立法必将会对其他国家特别是西方国家产生极大的影响。

项目调研

经调研发现，中医在英国日渐受到民众欢迎并逐渐形成客观的产业需求。现每年大约有250万英国人采用顺势、中草药、按摩、正骨和针灸疗法，支付医药费用多达9 000万英镑，几乎每5名英国人中就有1人曾经尝试过中医药，并且认为中医药在个别病痛治疗上效果显著。但是，英国传统主流社会对中医药的认可度还很低，西医界对中医药有着抵触心理。在英国，中医药是作为食品补充剂、食品添加剂进口的，不能标注“功能主治”的字样。

中医药在英国立法的历史进程

2000年，英国上议院公布辅助医学报告，提议对草药医疗、针灸等辅助医疗进行立法管理。

2002年，英国卫生部成立草药工作组和针灸工作组。2003年，公布了各自的立法建议报告。

2004年3月，英国卫生部公布《草药与针灸立法管理议案》，并认同中医的整体性。

2006年6月，英国卫生部成立了针灸立法工作组、草药和中医联合立法工作组，下设草药、针灸和中医三个行业工作组。英国政府官员首次考虑确立中医的合法地位，这在欧美地区还是第一次。

中医药在英国宣传推广的难点

传统英国人主要认为中医药疗效神奇确切，但存在安全隐患，对中医药的了解缺乏亲身体验，而中医的博大精深、源远流长，难以被直观了解，也造成了很多歪曲理解。此外，中医业内不良现象时有发生，中医界鱼目混珠，中医师仍难以得到广泛信赖，个别低毒中草药的使用与现代医学使用要求不符，理念差异难以解释，而且中国官方对中医的介绍要么太学术，要么太文学，没有贴合英国普通公众的版本。

项目策划

选择合适的时间、地点，并充分考虑主题视觉的跨文化理解。基于活动的级别、藏品的珍贵性，以及得到了查尔斯王子基金会的协助，我们决定在2008年北京奥运会开幕之前，在伦敦的市中心英国皇家医药学会举办中医药周展览，并不以“中国医学”作为宣传的关键词，而是紧密围绕英国人对自然健康生活的高度关注。

活动主题和口号设计

养生文化：见证深邃的中华养生哲学（The Health Culture：See into China's Deep Understanding of the Natural World）。在视觉元素上，因英国人觉得针灸的疗效最为神奇显著，故选定了针灸铜人作为主要的视觉元素。

打造强大的资源整合能力，实现得道多助

由于中医药在英国的立法已经辗转8年，在奥运前的中华医学的这次亮相，主办单位国家中医药管理局的领导和中国驻英国大使馆的领导都非常重视，并得到了多方支持，如查尔斯王子基金会协调提供了伦敦的市中心英国皇家医药学会的标志性场地，议会跨党派中国小组特别安排“中医药周”在英国议会里进行了一次预展，在英国各中医药协会提供演讲、讲座、研讨会等丰富学术交流活动的支持，御生堂精选了530件最珍贵的医药文物。

依据医药展平台，寻求突破式游说沟通的机会

根据英国人参与文化展览活动和了解信息的习惯，我们特别寻求了英国议会跨党派中国小组的帮助，阐述本次中医药展的级别和作为“时代中国”重要压轴活动的地位，并于2008年7月15日晚在英国议会举行英国中医药周专场招待酒会。

规划多角度的媒体新闻亮点

策划高级官员沟通、文物展、系列讲座、学术研讨会、现场演示、议员问诊等多种形式的活动，为媒体的采访报道提供了丰富的素材。广泛吸引国内外主流媒体，在与记者采访沟通中注意传递中医药的正面信息。

项目执行

专家咨询及解决方案

专门邀请了英国维多利亚和阿尔伯特博物馆亚洲部中国藏品主任张弘星博士、英国48家集团俱乐部秘书长兼英国剑桥大学李瑟研究所 Alistair Michie 先生，于2008年5月9日在中国驻英国大使馆会见赵永仁参赞，就国家中医药管理局最新修改的布展方案提出专家建议，就布展涉及的主题、风格、影响等提出解决方案。

妥善安排嘉宾邀请工作

本次中医药周除了国家中医药管理局、中国驻英国大使馆、查尔斯王子基金会、北京御生堂中医药博物馆等主办、协办单位，更整合了英国议会跨党派中国小组、英国中医药学会（ATCM）、伦敦中医学院（CMIR）等十多家政府及NGO组织，因此制定了详细而严密的嘉宾邀请计划、行程安排及备用方案。

策划亮点活动

2008年7月15日，英国议会举行英国中医药周专场招待酒会，以 Traditional Chinese Medicine Week：the Health Culture Preview 为主题，以简单的布置、悠扬缓慢的传统中国音乐呈现低调、轻松、非正式的基调和气氛。同时采用有震撼力的大幅图片、现场PPT演示、知名专家交流、等离子电视循环播放等方法传递中医药形象及知识。为活跃现场气氛，现场安置中草药散发清香，让来宾对中药从嗅觉开始留下先入为主的良好印象。

项目评估

项目环节设置得当，档次令人印象深刻，使英国相关官员和议员能充分体验到中华医学的博大精深，并在赞赏的氛围中引导了关键人物的正面意见。活动得到了新华社、《人民日报》、《医药经济报》等媒体的高度关注，第一时间往国内发出消息引起大面积转载。

资料来源：中国国际公共关系协会：《最佳公共关系案例（第9届）》，85～89页，北京，企业管理出版社，2010。

对社会组织来说，让目标公众对一个新事物或新举措进行了解与支持，是一件比较困难的事情，必须要经过认真思考、用心策划。

第一节 公共关系的职能

从第一章的内容可知，社会组织是公共关系的主体，公共关系是社会组织的自主行为，其目的是营造组织生存与发展的环境。因此，研究社会组织，首先必须要讨论公共关系在组织中是做什么的，即公共关系的职能是什么。

公共关系的职能主要包括下述几个方面。

一、收集情报，监测环境

为了营造组织生存与发展环境，组织首先要了解自身所处的环境，收集与组织发展有密切关系的其他组织或群体的情报，以便充分了解周边环境。

情报收集的范围主要包括组织内部和组织外部两个方面。

（一）组织内部的情况

组织在经营发展中，内部的情况可能随时处在变化之中，组织必须始终及时了解自身，掌握变化的情况。概括起来，组织内部情况主要包括两个方面：一方面是相对固定的基本情况，如注册资金、机器设备、技术状况、人员数量、财务状况、供货情况、生产状况、销售情况等，这些基本情况虽然处在不断变化之中，但都是显性的，是可以通过直接收集而获得的；另一方面是比较不稳定的情况，即内部成员的思想状况，领导和员工的观念、态度、心态、看法，以及班组的积极性、团队的士气、对组织的信心等，这些都是隐性的，是不容易察觉或明确定性的，却又是较前者更为重要的。在组织的成员中，领导层的情况较员工层的情况更加关键，而员工层的情况较领导层的情况更加重要。公共关系的首要职能就是要随时了解组织内部的情况，及时将组织的变化动态告知决策层，以便组织在决策时参考。

（二）组织外部的情况

收集组织外部情况，主要针对的是对组织的生存与发展有高度相关性的各种外部公众，亦即组织的外部环境。首先要收集的是目标公众的情况，他们是组织当前最重要的环境因素；其次应该收集有可能成为组织目标公众的公众信息，在收集信息时，适当扩大调查范围，以便于应付一些突然的变化。

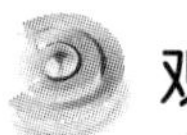

观点链接

调查的必要性

要想成功地开展公共关系工作和活动，一个重要的基础就是公共关系调查。调查是一种听取意见的形式。在进行任何一个公共关系项目之前，均必须收集资料、数据和事实依据。只有做好这一工作，才能有效地开展各种公共关系活动。

资料来源：国家职业资格工作委员会公共关系专业委员会：《公关员职业培训与鉴定教材》，196页，上海，复旦大学出版社，1999。

由此，组织可以建立一个情报库，长期对内部和外部的情况进行跟踪监测，对有关资料及时进行归类分析，便于了解组织所处的环境。在市场竞争日趋激烈的情况下，社会组织所处的环境往往存在很大的变数，随时掌握这些变化，才可能在竞争中居于有利地位。因而收集情报、调查研究就成为公共关系的基本工作。

二、沟通信息，建设环境

在现代社会中，公众对信息具有基本的知晓权，社会组织必须保证让公众享有对信息的及时了解权利。对社会组织来说，如何在复杂的竞争环境中争取公众、赢得公众，一定程度上取决于社会组织怎样处理信息、如何向公众提供信息。无论是内部公众还是外部公众，社会组织都应该打开信息通道，及时、恰当、准确地将组织的情况告诉公众，便于公众对组织了解与认知，使组织的环境处于被公众信任的状态。公共关系专门承担这一工作。组织在进行信息传播时，主要依靠以下三个途径：

(1) 大众传播媒介。这需要组织与社会上专门的新闻媒体进行主动的合作。

(2) 人际传播媒介。这主要靠组织的对外沟通人员，如组织的领导人、销售人员、采购人员、公共关系人员等与目标公众建立联系。

(3) 其他传播媒介。如组织的产品、宣传单、海报等，通过它们可以及时地向公众传递信息。

组织在传播信息的同时，还应该通过调查了解公众的反馈信息，掌握信息传递的效果。在与目标公众的双向沟通中，组织能够及时发现问题、解决问题，对自身的环境进行积极的建设，构筑适合组织生存与发展的人际氛围，这样才能称得上完全意义上的沟通。只有如此，组织才能在沟通中发展，在调整中前进，最终建立起一个和谐的生存空间。因此，信息沟通是公共关系的基本职能之一。

三、协调关系，维护环境

协调关系对每一个组织来说都非常重要，尤其是现代社会，社会组织与公众发生关系的机会较过去大得多，彼此之间的错觉与误解也随时可能发生，因此，协调好各方面关系就显得格外重要。公共关系对组织来说，是专门完成协调任务的。协调工作主要依靠公关人员的工作能力，同时更要借助于其他一些媒介条件，特别是大众传播媒介等。高质量的协调工作对公共关系人员的素质提出了更严格的要求。

对一个组织来说，公共关系协调工作主要包括三个方面：

(1) 利益的协调。这是一切协调工作的核心。无论组织内外，都会不断涌现大量的利益纠葛，这些矛盾如果不及时解决，就会严重影响组织的工作效率甚至声誉，因此，在开展公共关系工作中，必须注意以公平、公正、公开的方式把利益纷争协调好。

(2) 关系的协调。有人的地方就会有关系的产生，良好的内外关系可以为组织带来满意的工作效益与社会声誉，处理不好单位与单位、部门与部门、人与人的关系，则不是带来内耗，就是影响公众的口碑。因此，协调好各方关系是公共关系的重要工作内容。

(3) 流程的协调。不论是组织的内部，还是外部，工作顺序的安排极为重要，得当的工作流程是高效率的保证，不恰当的工作次序只会导致低效。因此，公共关系应高度关注组织内外流程的合理性与流畅性，注意协调各环节的关系。

一个组织的环境能否维护好，与协调工作能否及时、有效地进行有极大关系。有时，看似微不足道的误解，如果公共关系人员不能及时化解，就可能造成较大的隔阂，有时甚至会蔓延开来，使组织的生存环境迅速恶化。在今天，危机的发生十分频繁，任何组织都不能置身其外。因此，社会组织必须高度关注内部与周围环境的状况，及时协调各方面关系，以高效率的协调工作维护组织良好的生存环境。

四、出谋策划，拓展环境

公共关系不仅要通过收集情报来监测环境，还要利用情报为决策提出切实的参考意见或建议，以便为组织现存环境的进一步改善和拓展提出方案或思路。仅仅了解环境，建设、维护现有环境，是难以满足一个组织的发展要求的，组织还应该主动出击，通过一些有的放矢的活动，吸引公众注意，让更多的公众了解组织、认识组织，进而在新的区域形成良好的公众接纳氛围，利于组织主要工作的开展。

(1) 策划日常的公共关系沟通活动。在组织中公共关系的工作是定期或不定期地策划一些沟通活动，让内部或外部的公众对组织加深了解，增进对组织决策的理解，达成共识，赢得支持。

(2) 策划大型的公共关系宣传活动。在组织重大活动时，为组织精心策划，努力通过活动的开展激发社会公众对组织的关注与了解，对组织产生信心及信任。

(3) 策划重大危机事件的应对。当组织遇到危机事件时，能够及时进行危机应对，以公共关系的原则与手段，挽救组织，减少危机的破坏力。

公共关系是一项长远的事业，要将组织的事业做大、做强，就需要不断扩大组织的影响力，化解组织发展中的一些障碍，构建顺畅、和谐的环境。为完成这一任务，公共关系人员要积极地为组织出谋划策，选择恰当的时间、地点，以恰当的活动形式，将组织的信息传播出去。这就是公共关系的策划活动，它对组织生存环境的维护与拓展，会起到十分重要的作用。

五、教育宣传，培育环境

尽管组织所处的环境是多变的、不稳定的，但是，这个环境也是组织可以进行一定程度的影响的，是可以通过公共关系工作培育的。环境的培育依赖于长期的教育和宣传工作。一般来说，教育工作更多的是针对内部公众，宣传工作相对较多地用于外部公众。

(1) 内部教育。要营造组织良性的生存环境，首先要抓内部员工的教育工作，要对内部员工进行有计划、有目的的公共关系教育，使之形成正确的经营观念、公众观念、沟通观念、环境观念等，从而提高组织全体员工的整体竞争力。

(2) 外部宣传。在外部，组织应对目标公众开展各种宣传活动，及时传递组织的信息，主动向社会公众提供必要的科学知识和进步理念，提升社会文明与进步水平，担当社会责任，赢得公众的好感与认同。

组织的环境是一个无形而又有形的氛围，对它的监测、建设、维护、拓展和培育是一项十分宏大而又艰巨的工作，对一个组织的发展极其重要。公共关系的工作就是从点滴出发，通过长期的努力，为组织培植一个适于生存、成长的大环境，使组织发展得更快、更好。这一工作的使命将由公关部、公关公司、公共关系人员担当起来。

第二节　社会组织中的公关机构——公共关系部

一、公共关系工作在企业中的战略地位

通过了解公共关系的职能可以知道，公共关系对一个社会组织来说承担着监测环境、维护环境、建设环境、拓展环境和培育环境的任务，这一任务十分重要。因此，公共关系在组织中处于一个特殊的位置。它不像组织的财务工作主要负责资金的管理、市场营销工作主要考虑产品的销售、人事工作主要安排人员的使用等，公共关系工作是负责组织内外环境营造的。公共关系考虑的范围既涉及组织内部全体员工的问题，又覆盖外部多方面公众的问题，其工作的内容既有基础的调查工作，日常的宣传、协调、教育工作，又有重大问题的参谋、特殊活动的策划等工作。因此，公共关系工作不是一个组织中的普通工作。对公共关系工作是否重视，不仅体现了该组织领导人的生存和发展意识问题，还体现了该组织管理者对公众与媒介的态度问题。组织领导人应从战略的高度，对组织中的公共关系工作予以高度重视。

目前，在一些组织中，对于公共关系的认识存在以下问题：

(1) 社会组织营造生存环境的意识淡薄。一些从计划经济体制下脱胎出来的社会组织，市场观念比较薄弱，缺乏长期经营的思想。在市场经济初步建立后，各种组织的市场运作很不规范，每一个组织所面临的环境变数也极不稳定，因而对于内部环境的营造和外部环境的建设，一些组织缺乏必要的紧迫感和压力，将公共关系工作置于可有可无的地位。实际上，如果组织不把公共关系工作放在战略的高度，而只作为一般工作对待，则组织的生存环境问题就不可能引起全体员工的高度重视，环境漏洞则有可能导致组织的生存危机。

(2) 社会组织的大部分成员公共关系基础知识薄弱。公共关系在中国已经有 30 余年的发展历程，但较之西方百年的发展史，却是相当短暂的。社会上的很多人对公共关系仍然似懂非懂，把公共关系混淆于庸俗关系学。例如，一些人把公共关系理解为拉关系、请客送礼等社会不正之风，还有的人将公共关系理解为组织（特别是企业）的促销手段或仅是收买人心的功利行为，更有甚者，一些企业在竞争中利用虚假信息，在网络上大肆污蔑或诋毁竞争对手，鼓噪舆论，兴风作浪，以图达到自己的私利，还美其名曰“公关”行为。将公共关系置于社会组织工作中的战略地位，有助于提高组织全体员工对公共关系作用的正确认识，有利于维护组织在社会大环境中的生存与发展，也有助于整个社会环境的净化、美化。

(3) 公共关系工作对组织发展的重要性没有得到认可。公共关系的职能表明，公共关系工作对组织的进一步发展具有不可替代的重要作用。在公共关系传入中国之前，很多组织也在进行着与公共关系工作类似的活动，如监测环境、协调关系、一定的内部宣传等，但这些工作由于没有专门的公共关系部门以及没有系统的公共关系理论为指导，环境的监测、维护、建设等工作比较零碎和随机，缺乏完整性和系统性。在公共关系工作已具备完整的指导理论和系统的操作规范的情况下，运用公共关系对社会组织进行环境营造就显得十分必要。同时，对公共关系工作的重视并不会淡化对其他工作的倚重，而只会更加强化组织的各项工作，使各部门工作有机协调、配合，各自发挥出最大的工作效率。所以说，

将公共关系工作置于高屋建瓴的战略高度，会使组织对自身的生存环境问题始终有一个清醒的认识，有利于组织在发展中立于不败之地。

二、公共关系部门的位置

公共关系工作在组织中具有重要的战略地位，因而公共关系的职能部门——公共关系部在组织中就应该居于较为重要的地位，有其独特的位置。

（一）公共关系部的重要性应高于一般职能部门

无论是政府部门、事业单位还是工商企业，都有一些普通的职能部门，如人事部、财务部、生产部、技术部等。这些部门在组织中发挥着各自不可或缺的重要作用，但毋庸置疑，它们仅仅是着眼于组织的某一部分职能，不能对组织的发展大局产生决定性作用，而公共关系工作则对组织的生存与发展具有重要的战略意义。组织公共关系工作的成败，往往影响或决定着组织今后各项工作发展得顺利与否。因此，公共关系部的重要性要高于其他职能部门。在社会组织中，公共关系的工作性质决定了公共关系部具有立足全局、统筹分支的地位，公共关系部在职能的发挥上要高于其他职能部门，但同时，公共关系部又与其他部门处于相对平等的地位。所以，公共关系部的人员应低姿态地将自身工作完成好，积极地与其他部门协调好关系。

（二）公共关系部居于决策层之侧

公共关系部的位置比较恰当的定位是居于决策层之侧，这是由公共关系工作的性质决定的。因为公共关系工作的每一项都紧密涉及社会组织的生存与发展问题。比如收集情报，公共关系部相当于组织的情报部，情报的快速处理对组织的重大决策起十分重要的作用；信息沟通是组织内外和谐发展的重大问题，沟通的内容、沟通的效果对组织的未来发展会产生重大影响；各方面关系的协调对组织的发展会起到润滑的作用，协调工作处理不好，直接阻碍组织工作的向前推进；参谋策划工作更是影响组织决策层的紧要工作，参谋策划恰当与否会影响组织决策层的战略决断，更会影响组织未来的发展步骤。因此，公共关系部居于其他各职能部门之上，置于组织决策层之侧较为得当。

观点链接

公司声誉

要取得持续的商业成功，一个公司的声誉越来越重要，这种现象在以前是不曾有的。而在现今信息越来越公开的情况下，公司的声誉变得前所未有的脆弱。尽管一家公司的声誉可以远播全球，最初建立却是通过当地的公众和社会关系来取得的。尽管这个说法显得有些一概而论，但是注意培养当地公众对一个公司的兴趣对于公司的成功来说，重要性和关键性不亚于这个公司采取的任何其他的活动。

不管一个公司的本质是什么，也不管它是大型企业还是小型企业，它与当地公众之间的良好关系对于建立声誉是必不可少的基础，同时这种良好的关系也会带来长期的商业成功。建立声誉，稳固声誉，从而制定正式的公众关系策略，这样的步骤对于任何一个公司来说，都是一种里程碑式的经历。

资料来源：［英］安妮·格里高利著，张婧等译：《公共关系实践》，2 版，116 页，北京，北京大学出版社，2008。

三、公共关系部的工作内容

公共关系部的工作内容比较具体，主要包括如下几个方面：

（1）在组织内部和外部开展有针对性的调查活动，确定目标公众。

公共关系部的基本工作是开展切实的调查活动。没有调查就没有发言权。通过调查，发现组织在运行中的问题，及时确定问题症结，找到解决的方法，将影响组织生存与发展的环境问题消弭在萌芽中。

（2）整理资料或建立资料库。

公共关系部的调查工作不是临时性的突发工作，而是长期、固定的工作内容。因此，公共关系部需要建立信息资料库，对日常调查数据进行整理与归纳，形成完整的数据库，以备需要时查阅。

（3）将调查结果和建议报送决策层，并提出下一步行动的策划方案。

公共关系部在调查研究的基础上，形成详实的调查报告，提出有建设性的意见或建议，并且针对问题，提出改进的办法，必要的情况下，完成改变现状的重要公共关系活动的策划方案。

（4）负责接待反映意见或投诉的内部与外部公众。

公共关系部的一项重要工作是听取意见和投诉，并对意见反映或投诉者做好解释与安抚工作，代表组织虚心接受批评，并及时告知上级部门，改进问题，矫正错误，赢得公众的信任。

（5）迎来送往组织的重要客人。

公共关系部是组织对外接待的窗口，公共关系部应认真对待每一次的接待活动，精心设计与策划，给宾客留下良好的印象。

（6）编辑组织的宣传资料、对内对外刊物，制作专题片，建设组织网站等。

公共关系部负责组织内外宣传资料的编辑与发布，宣传组织的专题片的制作，以及组织官网的信息发布。通过这些工作，实现组织与内外公众的顺畅沟通，构建组织健康的生存环境。

（7）策划、实施组织重大的公关活动，将实施效果的评估报告提交决策层。

在组织重大活动时，公共关系部负责策划活动的开展，通过筛选创意，形成策划方案，安排人员实施，并监控活动效果，以评估报告形式对活动过程进行分析总结。

（8）进行内部职工的日常培训教育。

对内部职工进行日常性的公共关系培训教育，是公共关系部的主要工作之一，通过长期的教育，增强员工的沟通意识、品牌意识、长远经营意识、社会公益意识，以及民主意识等，为组织的持久经营打好基础。

（9）布置特定的内部环境宣传氛围，对内部公众施加长期的影响。

公共关系部应负责组织内部环境的布置，设计安排必要的宣传张贴物等，有条件的还可以布置雕塑、盆景等，以构建富有特色的组织文化对组织员工施加长期的影响。

（10）撰写新闻稿、专题报道等，安排记者招待会或新闻发布会等。

面对重要事件，公共关系部负责接待新闻媒体，召开新闻发布会，代表组织回答新闻媒体的问题等。

对不同的组织来说，公共关系部的职能会有所差异，公共关系部的组建也会根据组织的性质、业务的不同有不同的模式，一些组织会将公共关系部冠以其他的名称，如信息部、新闻中心、传播部、对外联络部等。只要适应组织工作要求，能够圆满完成组织的公共关系任务，叫法并不重要。不过，有些生产企业将公共关系部与广告部或者销售部合二为一，部门名称为广告公关部或营销公关部等，就容易将公共关系的工作附属于企业的广告或者销售工作之下，使公关工作的宽泛内容大大缩减，结果必然会使公共关系的独特功能难以发挥作用，会对组织的未来发展带来不利影响。

观点链接

公共关系非附庸

当人们考察市场营销管理的相关文献，特别是大学层次的教科书时，就会再次发现试图把公共关系归为市场营销名下一种辅助性技术角色的做法。这些市场营销教科书最为让人吃惊的一点是，缺乏对于公共关系相关文献的理解和考察。与试图了解公共关系的研究成果和最新的理论进展不同的是，许多教科书的作者似乎可以根据自己的爱好，天马行空地对公共关系作出解释。毫无疑问，最终的后果是公共关系活动通常被认为是产品宣传或销售推广的附庸，并被冠以市场营销职能下的角色。

一个组织必须监测其所处的社会环境，以判断环境中存在的威胁或机遇。威胁或机遇呈现在社会互动和社会关系中，机遇要求社会合作与协商，而威胁则反映出存在的冲突（混乱、分歧、矛盾）及缺乏协调。因此，社会环境对于公共关系比对市场营销意味着更多的东西。构成市场的人群只关注于产品的特点和可获得性，而公众则会关注于一个组织总体行为的一个或多个方面。所以，市场营销关注的是消费者，而公共关系则需要关注员工、股东、政府官员、社区成员等。在由消费者组成的组织环境中，市场营销和公共关系最具有互补性。市场营销集中于传递一个现实或潜在的产品及服务信息，而当出现不安全及不能让人们满意的产品，或产品及服务的提供过程出现了问题的时候——这会使人们组织起来形成公众，而非市场（比如消费者维权），公共关系就派上用场了。

资料来源：[美] 詹姆斯·E·格鲁尼格等著，卫五名等译：《卓越公共关系与传播管理》，292页、301页，北京，北京大学出版社，2008。

总之，公共关系部是组织的一个十分重要的部门，组织所处环境的好与坏，很大程度上有赖于组织决策层对公共关系的理解、认识及重视程度，有赖于全体员工公共关系意识的水平，更有赖于公共关系部工作人员的素质和专业水准。

四、公共关系部的工作原则

公共关系部的工作，对于组织来说十分重要，在开展工作时要注意把握好如下几个原则。

（一）求实而严谨原则

公共关系部无论是做组织调查工作，还是开展公共关系活动，都需要遵循实事求是的原则，不能造假，不能因怕苦而偷懒，在工作中要严谨而认真，提交的调查报告和评估报告要经得起推敲与验证，不能自欺欺人、粗制滥造。

（二）主动而坦诚原则

公共关系部的工作，不是消极坐等工作找上门来，而是要主动开展工作。面对组织内外复杂多变的环境，公共关系部要随时主动出击，积极开展公共关系工作，以坦诚的工作态度，代表组织向公众释疑解惑，沟通信息，把隐患和可能的危机消除掉。

（三）尊重公众及媒体原则

公共关系部是组织面对公众及媒体的主要部门，在应对公众的质疑或媒体的提问时，公共关系部要本着尊重公众及媒体的姿态，认真解答问题，说真话，不说假话，讲实情，不隐瞒真相。

（四）快速反应原则

公共关系部承担着组织对内对外环境监控的重要任务，公共关系部的工作人员在工作中要具有快速反应的素养，随时准备应对各种问题。这就要求公共关系部的工作人员在平时要练好内功，有周密的准备，对组织环境保持高度的警戒状态，工作不懈怠，遇事才不慌乱。

五、公共关系部的局限性

作为组织内部设置的、专门的公共关系部门，公共关系部具有了解组织情况、熟悉组织成员、懂得组织行业特点、把握问题准确等优势。但是，对于大部分的社会组织来说，公共关系部也具有自身难以克服的局限性。

（一）专业能力与经验不足

很多组织的公共关系部主要是由内部人员选拔组建的，虽然随着专业院校学生的加入增添了新生力量，但整体来说，在专业能力与素养、专业经验及专业精神方面，与公共关系公司还有一定的差距。在遇到重大公共关系活动时，公共关系部往往显得捉襟见肘，难以招架，需要请公共关系公司帮忙。

（二）媒体运作区域有限

在公共关系活动中，媒体的参加是重要的内容。公共关系部经常无法请到高级别的媒体参与，它们的媒体运作范围比较有限，能够影响的媒体基本限于本地媒体。而公共关系公司则在这些方面具有更大的优势。

（三）活动设备缺乏

在举办大型公共关系活动时，公共关系部会感到缺乏专业的活动设备，这直接影响活动的效果。但组织如果为此而购买，又会感到投入过大，成本过高；如果使用自有设备，则又难以派上用场。因而，大型公共关系活动时，公共关系部会为场地、费用而困扰。

（四）活动主旨受到干扰

在公共关系活动中，公共关系活动的主旨会被组织眼前的利益问题所干扰，公共关系活动可能成为组织其他活动的陪衬，如公共关系活动掺入产品促销、广告宣传、人情送礼等，模糊了公共关系针对公众进行沟通的主旨，影响公共关系活动的效果，令公共关系部的工作成效打折。

（五）因人情而致非客观性

作为组织内部的部门之一，公共关系部在工作中自然受到组织一些不良文化的影响，在问题的发现与处理上，会受人情所累，无法保持客观性。公共关系调查及评估报告等都可能因为顾及面子而轻描淡写、隔靴搔痒，最终导致问题依然存在，错误不断重复，到危机来临时，可能晚矣。

随着越来越多组织管理的正规化，以及大量公共关系活动的开展，组织公共关系部的专业能力会逐渐得到增强与弥补，它们与专业公共关系公司的距离会逐渐缩小。

第三节　专业公共关系机构——公共关系公司

一、公共关系公司的类型

公共关系公司是专门从事公共关系活动的经营性组织，其雏形早在 1903 年艾维·李创办宣传事务所时就出现了。公共关系公司历经了百年历史，其类型大致有公共关系顾问公司、专业公共关系公司、综合公共关系公司三种。

（一）公共关系顾问公司

公共关系顾问公司，又称公共关系咨询公司或公共关系咨询事务所等。今天，大部分的公共关系公司都属于这一类型。其主要职责是：为社会组织提供公共关系事务方面的指导，帮助其更好地制定公共关系活动的方案，处理组织面临的一些公共关系危机事务等。在社会上，有些公共关系专家以公共关系顾问的身份提供有关服务，实际上这也是顾问公司。公共关系顾问公司可以长期代理客户的公关业务，也可以短期提供服务，服务范围广泛，形式比较灵活。

（二）专业公共关系公司

专业公共关系公司是指提供某一方面服务的公共关系公司，如公共关系调查公司、公共关系策划公司、公共关系实施或者公共关系设备制作公司、公共关系评估公司、公共关系传播公司等。专业公共关系公司往往从事公共关系职能中某一方面的工作，具备较为雄厚的技术力量，能够较高质量地完成某一方面的公共关系业务，如公共关系调查公司可以提供较为全面的社会信息，公共关系传播公司可以为客户营造较为满意的公众舆论氛围等。只是目前由于行业的庞杂和社会评判标准的不一致，专业的公共关系评估公司发展较为迟缓，而普通的公共关系公司也难以提供有效的评估报告。

（三）综合公共关系公司

综合公共关系公司是指提供全面公共关系服务的公司。这种公司一般实力较为雄厚，信誉比较可靠，能够完成客户的多方面任务要求，公司规模也相对较大，公司内部分工比较细致。现在，跨国综合公共关系公司发展迅猛，纷纷登陆中国，这也带动了中国的综合公共关系公司的发展。1985 年，美国博雅公共关系公司与中国新闻发展公司合办中国环球公共关系公司，之后，一些大型综合公共关系公司纷纷落户中国，如希尔诺顿公关公司、伟达公关公司、福莱灵克公关咨询有限公司、奥美公关国际集团、安可顾问有限公司等。自 1993 年中国环球公关公司独自经营开始，一批较为优秀的本土公共关系公司涌现出来，如蓝色光标公关顾问机构、时空视点公关顾问有限公司、海天网联公关顾问有限公司等。但目前综合公共关系公司的发展相对集中于大城市，如北京、上海、广州、重庆等，相信不远的将来，综合公共关系公司必定会在中国更广大的区域快速发展。

观点链接

信任公共关系公司

很多公司与公共关系公司打交道往往是从缺乏信任开始的，至少在刚开始时某些管理人员是这样的，公共关系工作往往会被投以怀疑的眼光。究其原因，也许可以追溯到公共关系人员的前身——新闻宣传员的时期。他们被人们视作恶魔与骗子，会把所有能拿的统统席卷一空。

公共关系人员是专业人员，他们依靠的是所掌握的专业知识和技能。只要他们称职，就有权利享受专业人士应该得到的尊重。这并不是说，委托人应当不假思索地相信公共关系公司所说的一切，或支付公共关系公司索要的所有费用，无论其多么不合理也不提出任何问题。相反，其真实的含义是说，与广告公司、律师及其他服务行业一样，公共关系公司提供的服务，很多都是无形的。

资料来源：［美］伦纳德·萨菲尔著，梁洨洁等译：《强势公关》，180页，北京，机械工业出版社，2002。

二、公共关系公司的优势

公共关系公司与组织内部公共关系部比较，具有一定的优势。

（一）公共关系公司相对具有客观的视角

公共关系部是社会组织内部的公共关系机构，公共关系部的成员都为本组织的员工，他们与组织领导和其他部门的员工之间关系比较密切，往往还有一些利益关系，因此他们在看问题、提建议等方面，容易“不识庐山真面目，只缘身在此山中”，带有某种“见怪不怪”、感情因素的主观色彩。而公共关系公司身处局外，眼光专业，对存在的问题敏感，没有人事纠葛，因而自然“不畏浮云遮望眼，只缘身在最高层”。这样，相比之下，有时公共关系部的建议有隔靴搔痒之感，而公共关系公司则能一针见血。但是，从另一角度来说，由于公共关系部的特殊地位，其对内部问题的认识更加深刻，看问题更加细致，提出的建议更加慎重和具有可操作性；公共关系公司则可能对问题的根源不甚了解，提出的建议较为武断，有时缺乏可操作性。

（二）公共关系公司具有一定的经济性

就预算而言，一项公共关系活动如果由公共关系部来完成会比较省钱省事，如果由公共关系公司来进行，则花的钱较多；但从最后的效益来看，公共关系部完成的活动效果往往不如公共关系公司完成得好，特别是从社会效益和长远效益来看，更是如此。从这个意义上来说，公共关系公司更具有经济性。在决定聘请公共关系公司为组织赚钱还是动用公共关系部为组织省钱上，基本原则是：一般日常公共关系工作可由公共关系部完成；而大型公共关系活动则可以公共关系公司为主，公共关系部从旁配合。

（三）公共关系公司更具有专业性

公共关系公司是专业的服务公司，拥有专业的公共关系从业人员，在公共关系工作经验、制作技术、操作手法或技巧，特别是媒体传播等方面，都较组织的公共关系部要相对突出。公共关系部的人员组建，一方面会向社会招聘专业人士加盟，另一方面会更多地从组织内部选拔，特别是一般职员更是如此，而且公共关系部的业务较公共关系公司要少很多，公共关系操作的经验及有关设施配备也要相对薄弱，因此，公共关系公司与公共关系部相比较，前者更具专业性。

（四）公共关系公司具有媒体运作经验

公共关系公司由于长期与媒体打交道，因而对媒体的运作富有经验。它们能够清楚地知道用何种方式实现组织与公众的沟通，在与媒体联系、开展公共关系宣传活动时，公共关系公司更能准确把握传播的视角与形式，也能够联系到比较高端的媒体机构，便于组织在短期内实现媒体的曝光度，达到与公众相互了解的目的，从而实现公众对组织的好感。在这方面，公共关系部缺乏这样的条件与经验。但是，在某些专业性强的行业中，公共关系公司对行业特性的了解程度远不如公共关系部的人员。因而，在处理某些行业的特殊情况时，公共关系公司就会不如公共关系部，对此社会组织应有清醒的估量和评价。

职场链接

2013年中国公关公司十大品牌排行榜

1. 奥美公关（奥美公共关系国际集团）

1948年创建于美国纽约，国内最大的国际公关企业，隶属于WPP集团，世界十大专业公关公司之一。

2. 蓝色光标（北京蓝色光标品牌管理顾问股份有限公司）

中国本土规模最大的专业公关代理公司之一，上海口碑最好的公关公司之一。

3. 万博宣伟［埃培智市场咨询（上海）有限公司］

网络最发达的公共关系咨询公司，全球最大的广告及市场营销集团中的一员。

4. 伟达（伟达国际公关顾问公司）

1927年创建于美国，拥有世界上最大的国际办事处网络，是最早进入中国开设分公司的国际公关公司之一。

5. 罗德（罗德公共关系有限公司）

总部设于美国纽约，全方位公关服务的跨国公司，世界第二大独立经营的公关公司。

6. 际恒公关（际恒集团公司）

国内成立最早、规模最大的公关公司之一，隶属于法国阳狮集团，拥有强大的硬实力，极具市场竞争力。

7. 灵思传播（北京灵思远景公关广告有限公司）

国内极具规模与实力的营销机构，在公共关系市场具有很强综合实力的公关公司。

8. 迪思（迪思传媒集团）

国内较早成立的独立网络营销和体育营销公关传播集团，国内领先的市场营销顾问专业企业。

9. 宣亚国际（宣亚国际传播集团）

国内最具综合实力和发展潜力的专业整合传播集团之一，国内领先的全方位整合传播服务公司。

10. 嘉利公关（北京嘉利恒源公关顾问有限公司）

创立于1996年，本土最大和最具影响力的公关公司之一，中国最早成立的公关服务机构之一。

资料来源：http://www.bosidata.com/qtzzhsc1303/A25043KF4T.html。

三、公共关系公司的职业道德

一个行业的健康发展，有赖于这个行业中的成员对职业道德的遵守，只有集体遵守职业道德规范，才可能保证这个行业的健康发展和兴旺发达。因此，公共关系公司应自觉遵守从业道德，以自律原则从事公共关系工作，维护这一新兴行业的健康发展。

公共关系公司的职业道德主要包括下述几个方面。

（一）讲求诚信，重视信誉

这是维护公共关系行业健康发展的基本条件。诚信是市场经济条件下对社会组织的法律要求，同时也是企业立业的首要条件。在市场经济尚比较薄弱的环境下，公共关系公司要带头成为社会上的诚信企业。因为，公共关系公司以为客户打造信誉为基本目的，如果公共关系公司不讲诚信道德，则与公共关系营造组织长治久安生存环境的基本宗旨大相径庭，就会失去公共关系本色。要贯彻诚信理念，就应言必行，行必果，信守承诺，将信誉视为公共关系公司生存的根本。公共关系公司应坚决摒除社会上一些公司巧言令色、言而无信、轻掷诺言、诱人上当的行为，自觉地将诚信、信誉视为组织生存与发展的最高原则。

（二）公开公平，清廉自洁

公共关系公司的活动是正大光明的。公共关系公司应本着公开、公平的道德操守从事自身的经营活动。所谓公开，指公共关系公司不参与或不建议客户进行隐秘、不正当的私下交易，它所进行的任何活动都应是公开、正当的合法行为，即使是策划一些私人性的拜访活动、联谊活动，也是可以公之于众的。公共关系公司为客户策划的很多活动会借助大众传媒来扩大影响，因此，其公开性的特点必须保证其行为的正当、守法，以正当行为获取公平的收益。同时，公共关系公司面对社会中某些腐败行为，应谨守廉洁，不能同流合污或对不正当行为推波助澜。对公共关系公司来说，在社会上获一清廉声誉十分难得，得一污浊之名却十分容易，这是公共关系公司要格外注意的。

（三）坦言直陈，抱朴守真

公共关系公司在业务活动中最常使用的一种活动手段就是以客户的名义向公众传播信息。面对公众讲什么、如何讲，公共关系公司不能以客户的利益为指挥棒，而应该以事实为主，以对公众负责任的态度为前提，坦言或直陈事实是对公众、对社会负责任的道德要求，而绝非迫不得已或可有可无的事情。公共关系公司应以自身的道德水准影响客户，确立尊重公众、重视公众的正确观念，主动、及时、全面地将事实告知公众，如有过错，应勇于承担责任，以老老实实做人的态度处理公共关系中的纠纷或危机，这是维护客户声誉的明智之举，也是对客户负责任的做法，更是赢得公司业务及信誉的正确抉择。讲真话应是公共关系业界永久的信条。

（四）勤勉敬业，至尊客户

公共关系公司对自身应有一个较高的自律要求，应勤勉、敬业。公共关系工作是一项十分艰苦的工作，若没有勤奋、刻苦的精神，就难以完成客户委托的重任，同时它也要求公共关系公司能够对自我有较高要求，以高质量、高水平向客户交上满意的答卷。公共关系公司要将客户的利益放于首位，为客户保守秘密，尊重客户的隐私，对客户的额外要求予以最大限度的满足，让客户感受最好的服务，从而使公共关系业务顺利发展，使公共关系公司发展壮大。

职场链接

《公关咨询业服务规范》（指导意见）（节选）

第五十一条　公关顾问们应该严格遵守职业准则，养成良好的职业操守。特别应该注意以下10项从业原则：

——服务意识。公关顾问服务是一种专业服务，应该以客户为中心，以满足客户的专业需求为服务目标；在服务过程中，充分尊重客户，不以自己的专业技术而炫耀。

——教育引导。公共关系是一种对公众的教育和引导，应该从社会文明和社会进步的角度出发，有效、积极、正确地引导社会舆论和公众态度，不损公利己。

——公正公开。公关顾问们主要通过信息传播手段来开展工作，应该以公平、公开的态度对待客户、公众乃至竞争对手，创建良好的商业环境，促进社会进步。

——诚实信誉。公关顾问服务讲求诚信，依赖信誉，应该以诚实的态度服务客户和公众，准确、真实地传播信息；讲求商业信誉，将公众利益放在首位。

——专业独立。公关顾问服务是一种独立服务，应该充分运用专业技术和经验服务客户和公众，提供客观、独立的建议和服务。

——保守秘密。保守秘密是专业服务的一个普遍原则，也是本职业的立足之本，既不能泄露客户的任何秘密，也不能利用这些秘密为自己或其他客户谋求利益。

——竞争意识。专业技术需要得到不断提升，行业发展需要优胜劣汰，应该尊重平等的竞争，避免因竞争而损害竞争对手的行为发生。

——利益冲突。专业服务中不可避免会出现各种利益冲突，应该避免现在、潜在的利益冲突，个人利益服从客户利益，客户利益服从公众利益，建立广泛、持久的信任。

——社会效益。公关顾问服务除了创造经营利益外，应该考虑广泛的社会效益。在专业服务过程中，还应该考虑动用其专业所长促进社会文明和社会进步。

——行业繁荣。没有行业的繁荣，也就没有个体的利益，应该积极传播公共关系知识，不断提升专业技术，维护行业地位，促进行业繁荣。

注：该规范由中国国际公共关系协会于2004年在中国国际公共关系大会上发布，2004年7月1日起正式生效。

第四节　公共关系活动的操作者——公共关系从业人员

一、公共关系从业人员的工作内容

公共关系从业人员是公共关系活动的具体操作者，他们可能工作在公共关系公司或组织的公共关系部，也可能工作在组织的其他部门，但都从事着公共关系的一些具体工作。公共关系从业人员的工作领域比较广泛，因此，其工作的内容也比较多。

(一) 开展调查

对内部或外部的目标公众予以定期或不定期的调查，及时了解与组织相关的重要情报，监测组织所处环境的变化，将之及时收集、整理，形成报告，提交组织供决策时参考。这是公共关系人员的基础性工作，这一工作对组织的未来十分重要。

(二) 写作新闻

公共关系人员应具有敏锐的新闻意识，随时注意撰写具有新闻价值的稿件，及时将社会组织的发展情况传播给公众，引起公众对组织的关注与了解，有效地实现社会组织与公众的相互沟通，努力实现组织的公共关系目标。

(三) 编辑资料

将组织的重要信息进行有序整理，编辑成便于公众或社会组织了解情况的刊物、报纸、活页宣传单、广播稿、电视专题片、网页等，传递至内部与外部公众，使之经常关注组织的各方面发展情况，影响公众对组织的好感与积极倾向的看法，形成深度认识，从而实现组织与公众的良好沟通。

(四) 活动策划

进行活动策划，是公共关系从业人员的重要工作。公共关系人员在调查的基础上，开动智力，策划有创意的、能够有效传递组织信息的公共关系活动，争取引起公众的注意，加深公众对组织的了解，实现组织的公共关系目标。策划时要进行精心的活动主题设计，细致、周密地安排活动次序，使公共关系活动顺利完成。

(五) 协调关系

公共关系人员的工作内容之一是协调内外关系。首先要协调各部门、各层次、各环节上的不协调因素，及时理顺组织工作进程，调整工作心态，使各部门工作顺利、大部分人工作顺心，努力将组织的所有积极因素调动起来，提高整个组织的工作效率。同时，公共关系人员还要承担外部公众对组织的投诉与咨询工作。对组织的产品质量、服务承诺、法律纠纷等，要以真诚的态度做好理赔与解释工作，虚心倾听对方意见，将公众至上的理念落到实处。

(六) 安排交往

一个社会组织，平时会有大量社会交往工作，主要包括组织领导人的出访、重要客户的接待、外来参观者的观摩、新闻媒体的接待等，对此，公共关系人员既要进行有序的安排，又要有恰当的礼仪服务。公共关系人员要在工作安排上做到高效率，在自身素质方面做到高标准，通过自身的高质量工作，向来访者展示组织最佳形象。

(七) 传递信息

沟通信息是公共关系人员的重要工作。在组织内部，公共关系人员要及时将内部公众的情况，通过调查整理，传递至组织的决策层，并提出初步的看法；同时，更需要将上级的各种信息（如文件、会议、组织运行情况、对外交往等）传递至组织的基层，让组织上下信息通畅、工作透明、决策民主、同心同德，增强组织凝聚力。在组织外部，要以高度的负责精神，对重要的目标公众进行信息沟通，让他们及时知晓组织的各种情况，形成对组织有利的良性氛围。

(八) 教育培训

公共关系人员要在平时主动选取一些重要的课题，对内部公众（必要时也可以针对外部公众）进行宣讲、授课，将公共关系理念、公共关系礼仪、人际沟通技巧、组织品牌维护等教育培训工作长期不懈地抓下去，使组织的全体员工都成为训练有素的公共关系人员，从根本上增强组织的软实力，使组织拥有永久的可持续发展能力。

二、公共关系从业人员的素质要求

社会组织的公共关系工作策划、实施得成功与否，决定性的根本因素是公共关系人员的素质。一支训练有素、作风过硬的公共关系队伍，是一个社会组织公共关系活动成功的保证。

衡量公共关系人员的素质，什么是最重要的？第一是道德。它是组织向社会传递声誉时的最高原则，更是公共关系人员代表组织体现的最好素质。第二是心理素质。心理素质是公关人员的内在能力，拥有良好的心理素质，才可能将组织的各方面信息有效地传递给自己的目标公众，心理素质不好，在工作中会一事无成。第三是礼仪。讲礼仪是公共关系人员代表组织的外在表现，更是一个公共关系从业人员内在修养的集中体现。公共关系从业人员如果没有礼貌，公共关系工作的效果就可能会被销蚀殆尽。第四是能力。如果公共关系人员的公共关系能力不足，就完不成组织的公共关系工作，也就不符合一个基本的公共关系从业人员要求。第五是知识。知识是公共关系人员开展工作的基本要求，它是人的素质中的基础。如此，公共关系人员的素质可以按图 2—1 所示的次序来进行要求。

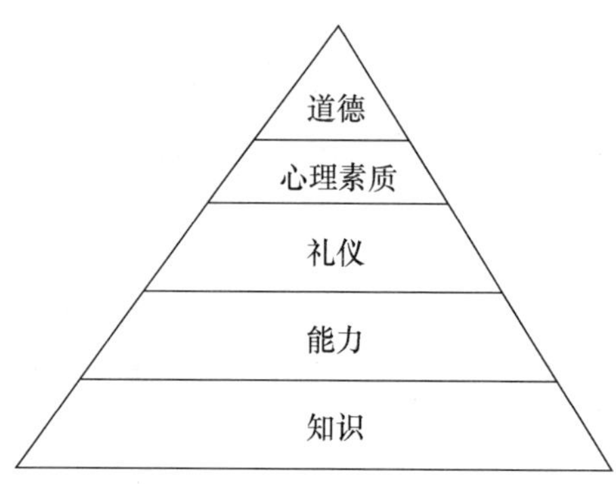

图 2—1　公共关系人员素质

（一）道德

在公共关系人员的各种素质中，第一重要的是道德素养。只有遵守严谨的职业道德守则，公共关系人员才有可能负责任地完成组织或客户交给的任务，实现最终的公共关系目标。

随着公共关系从业人员队伍的壮大，有关机构制定了针对公共关系从业人员的职业道德。1965 年 5 月，国际公共关系协会在希腊雅典通过了《国际公共关系道德准则》，又称《雅典准则》。

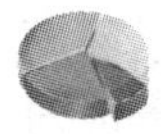
职场链接

《雅典准则》（节选）

国际公共关系协会成员必须竭诚做到以下各条：

(1) 为建设应有的道德、文化条件，保证人类可以享受《联合国人权宣言》所规定的诸种不可剥夺的权利作贡献。

(2) 建立各种传播网络与渠道，以促进基本信息自由流通，使社会的每个成员都有被告知感，从而产生归属感、责任感、与社会合一感。

(3) 牢记由于职业与公众的密切关系，个人的行为——即使是私人方面的——也会对事业的声誉产生影响。

(4) 在自己的职业活动中尊重《联合国人权宣言》的道德原则与规定。

(5) 尊重并维护人类的尊严，确认各人均有自己作判断的权利。

(6) 促使为真正进行思想交流所必需的道德、心理、智能条件的形成，确认参与的各方都有申诉情况与表达意见的权利。

所有成员都应保证：

(1) 在任何时候任何场合，自己的行为都应赢得有关方面的信赖。

(2) 在任何场合，自己均应在行动中表现出对所服务的机构和公众双方的正当权益的尊重。

(3) 忠于职守，避免使用含糊或可能引起误解的语言，对目前及以往的客户或雇主都始终忠诚如一。

所有成员都应力戒：

(1) 因某种需要而违背真理。

(2) 传播没有确凿依据的信息。

(3) 参与任何冒险行动或承揽不道德、不忠实、有损于人类尊严与诚实的业务。

(4) 使用任何操纵性方法与技术来引发对方无法以其意志控制因而也无法对之负责的潜意识动机。

资料来源：http://www.etest8.com/gongongguanxi/zhinan/298803.html。

1991年5月，全国省市公共关系组织第四次联席会议正式通过了《中国公共关系职业道德准则》。这一准则的制定与推行对我国公共关系从业人员行为的规范与职业队伍的建设，具有深远的影响。

职场链接

《中国公共关系职业道德准则》(节选)

(1) 公共关系工作者应当坚持社会主义方向，自觉地遵守我国的宪法、法律和社会道德规范。

(2) 公共关系工作者开展公关活动首先要注重社会效益，努力维护公关职业的整体形象。

(3) 公共关系工作者在公共关系活动中，应当力求真实、准确、公正和对公众负责。

(4) 公共关系工作者应当努力提高自己的政治水平、文化修养和公关的专业技能。

(5) 公共关系工作者应当将公关理论联系中国的实际，以严肃认真、诚实的态度来从事业公共关系学教育。

(6) 公共关系工作者应当注意传播信息的真实性和准确性，防止和避免传播使人误解的信息。

(7) 公共关系工作者不能有意损害其他公关工作者的信誉和公关实务。

(8) 公共关系工作者不得借用公关名义从事任何有损公关信誉的活动。

(9) 公共关系工作者应当对公关事业具有高度的责任感。不得利用贿赂或其他不正当手段影响传播媒介人员真实、客观的报道。

(10) 公共关系工作者在国内外公共关系实务中应该严守国家和各自组织的有关机密。

资料来源：http://www.jlnku.com/pryx/zhaoshenjiuye/ShowArticle.asp? ArticleID=73。

1999年，我国劳动和社会保障部颁文将公关员作为正式工种，提出了上岗资格要求，其中对公关员的职业道德规范作出了明确的规定，并实行一票否决制，即职业道德考试如不及格，则不予颁发公关员合格证书。由此可见，不论是国际还是国内，对公共关系从业人员的职业道德都十分重视，并有较高的要求。

对公共关系从业人员的职业道德可简要概括为如下几个方面。

1. 重承诺，讲信誉

在现代社会中，公众非常重视组织的工作人员所做的承诺。作为职业的公共关系人员，从事的是为组织缔造信誉的工作，因此在公共关系工作中既应该谨慎承诺，又应该遵守承诺。一旦许诺，则言必行，行必果，一诺千金，将维护组织或公司（指公共关系公司）的信誉放在重要的位置上，只有这样，才可能取信于客户，取信于公众，取信于社会。

2. 说真话，不欺瞒

“说真话”，这是“公关之父”艾维·李的信条，也是每个公共关系人员的从业信条。公共关系人员是组织信息的传播者，是大众传播媒介信息素材的提供者，是公众眼中社会组织的代言人。公共关系人员必须以对社会、对公众负责任的态度，说真话，讲事实，绝不提供虚假新闻，不有意误导公众、不欺瞒公众，要努力为社会组织营造一个诚信负责的社会形象。

3. 尊公众，不作假

重视公众，尊重公众，这是现代公共关系的鲜明标志。公共关系人员应将公众放在首要位置上，确立坚定的信心，忠实于公众，忠实于社会，绝不能营造虚假事实，引诱公众形成错误印象。实际上，尊重公众，就是尊重公共关系人员个人，重视公众，也就是重视组织自身未来发展的前途，公众至上是公共关系人员从业中必须时刻铭记的又一道德守则。

4. 唯敬业，不违法

公共关系工作是一项复杂、艰苦的工作。要完成公共关系工作，公共关系人员须尽职尽责、勤勤恳恳，以最优质量，奉献最佳工作业绩。同时，公共关系人员在完成本职工作中，应遵守国家法律法规，不做法律不允许的任何事情，廉正清明，光明磊落，不与他人进行私下交易，保守客户秘密，从事阳光事业，维护公关业的行业纯洁，使中国公共关系事业健康发展。

总之，唯有健康，才可强大，只有守德，才能胜人。

观点链接

道德如何适用于公共关系职能

符合道德的行为是我们担任公关专业人员的立命根本。我们必须以一种服务公众利益的责任来处理我们的业务，并要充分了解公众利益缺乏统一的定义，不同的人对公众利益的观点是明显不同的。因此，我们必须调整我们自己对各种利益的定义，并且公开宣传我们将采取的行动。

资料来源：[美] 弗雷泽·P·西泰尔著，梁洨洁等译：《公共关系实务》，83页，北京，机械工业出版社，2004。

（二）心理素质

心理素质是仅次于职业道德的重要因素。一位优秀的运动员，如果心理素质不佳，就会在国际大赛中一败涂地；一个公共关系人员，如果心理素质不好，公共关系工作也就不能高质量地完成。公共关系人员只有具备良好的心理素质，才能及时感知周边环境的变化，沉着、准确地将组织的信息传递给公众，才能从容处理可能遭遇的重大危机。

心理素质的培养从以下几方面入手。

1. 见微知著，随机应变

由于公共关系人员承担着监测社会组织环境变化的重任，因此应该有见微知著的细心和敏感，及时察觉环境的新动向，并在维护环境的过程中随机应变，善于随时调整既定计划，以坚持不懈的公关工作去培育、营造组织发展的社会环境。反之，一个粗心大意的公共关系人员就难以发现环境的变化，更谈不上随机应变，那么，组织环境的维护和建设也就无从谈起。可以说，公共关系人员的善于应变，是建立在对环境的敏感基础之上的。正所谓“世上无难事，只怕有心人”。

2. 自我控制，忙而不乱

公共关系人员在从事工作任务时，往往同时面临多种事项，有时千头万绪，一时无从下手。对此，公共关系人员应有良好的自我控制能力，始终怀着积极的心态去应对工作，尽力将工作安排得井井有条，忙而不乱，工作态度应自始至终亲切、和善，不把自己遇到的不愉快带给他人，带动整个团队以良好的心态高质量地完成工作，营造公共关系部或公共关系公司紧张、团结、高效的工作气氛。

3. 专注一事，兼及其余

人在做事时，最怕三心二意、心猿意马。公共关系人员在工作中，尤其是在重大活动时，更要求具备专心致志、各司其职的心理素质。由于公共关系人员经常参与策划并实施一些大型的公共关系活动，在大型活动中，事务繁多、人员复杂，对人的心理素质要求极高，因此，公共关系人员既要做到专注一事，同时又要能够兼及其他。也就是说，在将自己的工作做好、不受其他人或事干扰的同时，又能善于配合、衔接其他部门或人员的工作，有利于组织整体工作的顺利完成。

4. 沉着冷静，临危不惧

在组织的社会环境营造过程中，可能会遇到一些意外事故。这些事故可能就是组织要面对的危机。危机往往来得快、危害大、矫正难。对此，公共关系人员应具备临危不惧、沉着应付的心理素质：面对危机，沉着冷静，从容应对，及时沟通，不惊慌失措。公共关系人员面对重大危机时的心理素质既是经验的积累，又是自我的培养与训练。公共关系人员应该做到在危机中积极为组织寻求生机，以良好的心理素质主动与大众传媒及目标公众进行沟通，在及时传播组织信息的时候，善于倾听公众的声音，为组织参谋策划、化解险情。

职场链接

一个理想的公关人员应该具有哪些素质

（采访公关专家哈乐德·伯森）

今天的公关业务活动范围非常大，以至于很难对所有从事公关工作的人员制定出一套具体的规范。但一般来说，就我所认识的成功的公关人员来看，我觉得他们一般具有以下几种重要特质：

(1) 他们非常聪明、灵活，学习速度很快，只会提出正确的问题，一眼看上去就会给人带来信赖感。

(2) 他们知道如何与人融洽地相处。他们和其老板、同事及下属合作得很好，也能同他们的客户和像新闻媒体以及供货商这样的第三者良好协作。他们的情绪即便是在压力之下，也都非常稳定。他们经常用的说法是“我们”，而不是“我”。

(3) 他们充满活力与动力，这种动力也包括创造解决问题的办法。他们不需要任何人来告诉他们下一步该做什么，凭直觉他们就知道该怎么做。他们不怕从头做起。对他们而言，从头做起更是一种挑战和机会。

(4) 擅长写作，能以一种具有说服力的方式清楚地表达他们的想法。

资料来源：[美] 弗雷泽·P·西泰尔著，梁洨洁等译：《公共关系实务》，84 页，北京，机械工业出版社，2004。

（三）礼仪

礼仪是一个人的外在表现，但却是内在修养的自然流露。公共关系人员如果没有基本的礼仪修养，纵使有满腹经纶，亦无用武之地。对公共关系人员的礼仪要求主要包括以下几个方面。

1. 语言礼仪

语言的礼貌性，是公共关系礼仪的基础。公共关系人员在与上级或下级、外部的各类公众交流中，最常使用的是语言。用什么样的语言、什么样的语气、什么样的表达方式将信息传递给对方，这是极为重要的。冷言一句六月寒，热语一言腊月暖，由此可见礼貌语言运用的重要性。公共关系人员完全能靠礼貌的语言营造一个春风和煦的小氛围，让与你沟通的人感到春风化雨，身心愉快。公共关系人员应成为语言交流大师，善于交谈、善于沟通，以看似不经意的话语捅破人与人心理的隔膜，将组织的信息缓缓送于公众的心中。不礼貌的语言只会封堵社会组织与公众的沟通道路，继之而来的公关活动也就不可能顺利进行。

2. 面部礼仪

面部表情是人内心世界的反映。在礼貌语言的运用中，配合适当的面部表情，会收到更好的效果。人的身体中最富有变化的莫过于面孔，公共关系人员必须具备基本的表情礼仪，将组织的企业文化、组织的各种信息、公共关系活动的内容等，通过真诚的面孔及时生动地送达给公众。脸的表情是可以伪装的，但是始终如一的、诚挚的脸是伪装不出来的。公共关系人员应善于训练自己的眼睛、脸颊、眉毛、嘴巴甚至额头、鼻子等，将最热情、亲切的表情传递给目标公众，让公众见到这样一张脸就如春风拂面，感到舒心愉快。俗语“人无笑脸莫开店”恰恰反映了面部礼仪的重要性，恰当的面部表情是公共关系人员最基本的待人要求。

3. 身体礼仪

礼貌的表现是一个全面的整体，面部表情的礼仪同时要求身体礼仪的配合。如果言恭行倨或情恭而体倨，则会令对方感到不能接受。公共关系人员的礼貌应是内外一致、表里如一的。因此，在展示礼仪时，身体的各个方面都必须到位。在与公众沟通时，应该体现出公共关系人员仪态大方的待客之道，不能让人有生硬、傲慢或局促不安的感觉。在身体的倾斜度、肢体语言、平时的小动作等方面都要体现出谦和的姿态。在迎来送往的一些具体细节上，应周到地反映公共关系人员的尊敬之情，令被接待方体悟到接待方的真诚。公共关系人员在礼仪的培养上要注意身体礼仪与礼貌语言、表情礼仪的一致性，剔除不良的动作习惯。

4. 服饰礼仪

公共关系人员的服饰看似是一个外在的形式，却体现了内心对他人的尊重。公共关系人员在服饰上应符合基本的礼仪要求，让公众感到受尊重、受重视。服饰包含两个方面：一方面是服装，要求不同场合穿不同的服装，穿着恰当、得体，忌讳不分场合、不合时宜、穿衣不讲究；另一方面是服装本身的搭配与饰物的协调，兼顾民族性、宗教性等的特点，使服饰不仅为社会组织传递友好、亲切的信号，而且能够使公共关系人员以良好的精神状态去迎接公众。

（四）能力

公共关系人员应具备的能力与公共关系的职能密切相关，具体包括以下几个方面。

1. 调查能力

调查是公共关系人员的基本工作内容，因而每一个公共关系人员都应具备较强的调查能力。良好的调查能力要求有敏锐的观察力、洞察力、判断力，能从日常小事中发现变化的端倪，也要有事必躬亲的作风，能够及时深入现场，选择恰当的调查方法与调查对象，将调查结果整理出来，形成调查报告，提出解决问题的建议，发挥参谋决策的作用。

2. 沟通能力

公共关系人员应具备较强的与人沟通的能力，这在现代社会几乎成为基本的生存能力。沟通能力包括语言表达能力和人际交往能力。平时，公共关系人员要完成教育培训、宣传演讲等工作，在与公众进行交流时，要能在较短的时间里迅速与人拉近距离，赢得对方信任，这是十分重要的能力。语言表达能力并不是要求公共关系人员有巧言如簧的辩才，将活的说死、死的说活，而是指要善于表达，精于言语，能够恰当地实现传情达意的目的，给人留下较深印象。人际交往不是简单的语言运用，而是多种身体信号的综合体现。公共关系人员的沟通能力应反映其对公共关系思想的领悟与自身综合素质的水准。

3. 写作与编辑能力

这是公共关系工作要求具备的基本能力。公共关系人员在开展工作时，离不开传播手段。组织要求公共关系人员能够及时地设计问卷、撰写调查报告、捕捉新闻线索、投递新闻稿件、编辑出版物及制作其他宣传资料、撰写公关策划方案和评估报告等，以有效地实现社会组织与目标公众的沟通。因此，公共关系人员必须练就好的文笔，具有敏锐的新闻意识，及时捕捉新闻线索，从多角度、多渠道向公众传递信息。

 观点链接

写作能力是公共关系专家的基本技能

为某个活动撰写或散发新闻稿的公共关系人员所履行的职能会使一个组织受益。尽管我们知道不是所有的人在写作方面都具有很强的能力，但写作能力的确是公共关系专家必备的一项基本技能。有经验的公共关系危机处理专家一般都具有独特的专业知识与技能，因而收费也更高。从纯粹商业的角度看，在危机处理、形象与信誉管理、投资者关系和企业并购服务方面聘请专家的费用，比得上聘请一流的律师、金融顾问和管理咨询师的费用。

资料来源：[美] 乔·马可尼著，赵虹君等译：《公共关系实践与案例》，6 页，北京，电子工业出版社，2008。

4. 谋划能力

策划各种公共关系活动是公共关系人员的重要工作。因此要求公共关系人员必须拥有极具创意的思维能力，善于选择恰当的突破点，努力策划吸引媒体、吸引公众、展示组织良好声誉的公共关系活动，实现营造组织生存与发展环境的目的。公共关系人员要注意训练自身思想活跃、想象丰富、不拘一格、独辟蹊径的创意能力，在策划公共关系活动时，能够最大限度地调动公众的参与度或激发公众关注组织表现的积极性，使组织的公共关系活动取得最佳的社会与经济效益。

5. 组织能力

开展公共关系活动，需要公共关系人员具备良好的组织能力。好的策划方案，只有在严密的组织工作之下才能得以实现。公共关系人员在组织公共关系活动中，既要进行周密计划，选择合适的时间，保证公关活动效益的最大化，又要为意外的可能性准备必要的预案，预防百密一疏导致功亏一篑。公共关系从业人员需要在组织公共关系活动的实践中逐步地积累经验。

6. 管理能力

公共关系工作的庞杂性和复杂性要求公共关系从业人员对公共关系活动的实施人员进行培训和有效组织，并能够对公共关系活动经费进行详细预算，合理支配，恰当使用；而且在公共关系活动中从业人员要善于安排人员对所使用的物资与设备进行必要的养护和运载，这是保证公共关系活动成功的必备条件。因此，公共关系人员自然又是公共关系活动中的管理人员，必须具备良好的管理能力。

7. 协调能力

协调能力是公共关系工作中一项重要的能力要求。从表面上看，协调能力是语言表达能力的另一种表现形式，实际上，协调能力是一项较为艰难的统筹工作，它既要求考虑多

方面的利益和特殊情况，又需要具有倾听他人意见、充分理解他人立场的良好素质，更必须具备说服他人、听从统一调度的强制力量。有时协调能力也是对公共关系人员道德水准的潜在考验。很多情况下，做出必要的让步，在国家利益、组织利益、部门利益、消费者或合作伙伴等的利益中协调，会出现难以平衡的矛盾，因此，协调能力对公共关系人员的素质要求较高。

8. 应变与反省能力

面对日益复杂与深度关联的社会局面，要求公共关系人员必须时刻关注环境的变化，具有及时的自我应变能力，始终站在时代发展的前沿，否则就可能落伍。公共关系人员就如一个社会组织挺进市场（战场）的侦察兵，必须具有快速的自我反省能力，发现问题，及时应变，迅速调整工作节奏，反省自身沟通过程中的不足，进行市场所需要的全面的自我改变。因此，应变与反省能力是保证公共关系人员始终成为社会组织最得力人才的必备能力。

（五）知识

知识是公共关系人员素质中最基础的部分。公共关系人员在知识结构上，至少应该具备五大学科的知识。这五大学科指的是经济学、管理学、新闻传播学、社会学、心理学。

1. 经济学

经济学是研究社会有限资源有效配置的科学，公共关系人员学习与研究经济学，可以冷静分析判断大量社会经济行为，对国家经济、社会组织与公众的经济行为进行基本的实证分析与规范分析，为确定社会经济变化的态势及组织应对的基本思路奠定理论基础。

2. 管理学

管理学是研究社会组织的计划、组织、控制、决策等的科学理论和经验总结，也是研究管理活动一般规律的科学。管理学对公共关系工作有着重要的指导作用。一般认为，公共关系本身就是在组织中发挥的一种管理职能，因此，公共关系人员对管理学的学习，会极大提高公共关系在组织中管理职能的发挥。

3. 新闻传播学

新闻传播学包括新闻学与传播学。新闻学是研究职业人员利用社会信息通过传播媒体影响公众的科学，而传播学是研究人类传播行为发生、发展规律的科学。公共关系人员对新闻传播学进行研究，对于开展公共关系活动具有极大的指导作用，使公共关系人员在新闻手段运用、媒介关系处理、传播管理等方面有明确的思路，会有力地促进公共关系活动影响力的扩散。

4. 社会学

社会学是研究社会现象及存在的问题的科学，既包括社会结构、功能变迁、社会规律等宏观问题，又包括人口、家庭、犯罪等相对微观问题。公共关系人员对社会学的了解，可以有效指导其对目标公众的理解，从中寻求规律性，更具针对性地对公众开展公共关系活动。

5. 心理学

心理学是研究人的心理及行为的科学。它对人的感觉、知觉、意识、学习、记忆及思考等原理予以阐述。公共关系人员对心理学的学习，可以帮助其对公共关系对象——目标公众进行准确的分析和判断，有效地协调各方面的关系，维护社会组织内外良好的工作氛围，使公共关系工作发挥更大的效益。

 职场链接

要多做功课

在中国，公共关系还是一个非常年轻的行业，从业人员大都是20～35岁的年轻人。这样的人员构成使得公共关系行业非常有活力，但同时也导致了从业人员资历较浅、专业素质参差不齐的问题。这样的现实状况给媒体留下了不太好的印象。“每个人的时间都很宝贵，我们根本不爱搭理那些话都讲不清楚的小孩子。”《中国经营报》的一位记者曾经对我们说过这样的话。《IT经理世界》的记者也曾在讨论的时候和我们说：“公关人不但应该是一些nice的人，更应该是一些性情温和、思维清晰，又真有学识的人。”

对此，一些资深的公关人也有很深的感触。杨伯宁（时任摩托罗拉中国公司传播与公共事务部总监）在中国公关界可算是元老级的人物，他说：“中国公关业总体上来说越来越成熟了，但在多如牛毛的公关公司中，无论是公司还是从业人员的素质都显得良莠不齐。很多年轻人以为有一张漂亮的脸蛋儿，会说几句英语就可以做公关了，这显然是不对的。一个公关人虽然不是专才，但起码对自己所服务的企业及其所在的行业要有比较深刻的理解。要求更高一些的话，公关人要对所服务企业的发展有战略性的思考，要成为公司的思想库，起码是思想库的一部分。当然，即使是在国际性的大公关公司，也没有几个人能做到这一点。”

资料来源：大龙等：《中国式公关》，46～47页，北京，中信出版社，2006。

作为一个合格的公共关系从业人员，还应该具有较为宽泛的其他基础知识，包括市场营销学、广告学、谈判学、国际贸易学、会计学、价格学、消费学以及经济法等相关知识。公共关系人员应有深厚的中国文化积淀，对社会民生有深入的了解，并对不同民族文化有开放的包容心态。总之，公共关系人员应该掌握广泛的知识，具有深厚的文化修养，悉心了解社会风俗，感悟人情世态，拥有丰富的社会阅历，以负责任的人生态度对待工作、对待公众、对待社会。

第五节　公共关系工作与市场营销工作的比较

一、市场营销工作与公共关系工作的差异

区分市场营销工作与公共关系工作的差异，可以从二者的学科特点来入手。

（一）市场营销关注市场，公共关系关注公众

市场营销学理论指出，现代市场营销观念的标志是企业经营的着眼点从市场出发而不再从组织自身出发。市场营销工作是以市场为导向，针对顾客和消费者，以优质的产品和良好的服务，实现企业销售任务的过程。而公共关系工作则是以营造组织生存与发展的环境为目标，着重与目标公众进行沟通，消除组织生存中可能发生的摩擦和危机，及时处理各方面的社会关系问题。因此，市场营销工作重点放在市场上，公共关系工作重点则放在组织的社会公众上。

（二）市场营销与公共关系的职能不同

有些学者认为，市场营销的功能有交换、物流、便利、示向（预测）等。而公共关系的功能则包括监测环境、协调关系、沟通信息、参谋策划、教育宣传等。从这方面看，市场营销工作关注的是产品，即产品的购买与销售、产品的运输与储存、产品带来的现金流和信息流以及为产品的销售所做的调查与预测等。而公共关系工作则关注的是组织整体，即监测环境、建设环境、拓展环境、维护环境和培育环境等。①

也就是说，公共关系工作因为立足于组织全局而可以涵盖市场营销，即为企业的产品销售做良好的铺垫。做市场营销工作必须要先做好公共关系工作，不懂公共关系的营销是低级的营销。公共关系工作是企业市场营销工作的助推器。相反，市场营销工作却未必对组织的环境营造产生直接的影响，或者说产品卖得好，未必就等于处理好了市场所在区域的各方面关系。同时，开展公共关系工作必须要懂市场营销。在现代市场营销理念的指导下，公共关系工作会产生对组织更为有利的经济效益，有助于推动企业更快、更好地发展。

（三）从事营销工作与公共关系工作都要讲求专业性

对于市场营销学专业的学生来说，在将来的工作中，无论是从事市场营销工作，还是从事组织的公共关系工作，都要讲求从业的专业性，即能够将市场营销与公共关系的基本内涵搞清楚、掌握好，明确二者的不同，善于在不同领域恰当地使用市场营销手段或公共关系手法，将专业做精，将本职工作做好。这些年来，很多企业仅仅把公共关系作为促销手段的一种，将之运用到市场营销工作中，因此使一些从业人员混淆了公共关系与市场营销的专业界限，把二者混为一谈，甚至将公共关系视为不正当竞争的利器，扭曲公共关系的真正特性，这是市场营销人员要特别注意的。

观点链接

公关与营销

营销的含义是通过议价、分销和促销来达到销售服务或产品的目的，而公关的含义则是对组织的营销。如今，绝大多数组织都已经了解到，公关可以在营销中扮演更为广泛的角色，特别是在一些服务类公司和非营利机构的组织中，无法将个别产品的销售和组织本身的销售严格区分开来。

换个方式说，如果营销活动能为产品和服务创造并保持市场，那么公关活动则为组织创造和保持良好的运营环境。营销成果可能会因社会及政治力而遭受破坏，公关的介入可以有效应付上述危机，所以说，两者之间的密切关联是不言而喻的。

资料来源：［美］弗雷泽·P·西泰尔著，梁洨洁等译：《公共关系实务》，181页，北京，机械工业出版社，2004。

二、公共关系的职能部门如何为市场营销服务

公共关系的职能部门主要指组织内部的公共关系部和市场上独立经营的公共关系公司。它们的职能很明确，就是为营造组织的生存与发展环境而服务。由于市场营销的发展在一定条件下直接影响组织的生存和发展问题，因此，公共关系的职能部门必然在一定程

---

① 纪宝成：《市场营销学教程》，3版，18～20页，北京，中国人民大学出版社，2002。

度上包括服务于组织的市场营销工作。

（一）公共关系工作对组织的环境监控有利于市场营销部门对市场形势作出判断

公共关系部门进行的环境信息收集工作，在范围上会覆盖到市场上的消费者及顾客，这些信息的获得，会极大帮助市场营销部门分析当前区域市场中消费者与顾客的情况，便于营销部门有的放矢地制定市场营销策略，在市场竞争中占得先机。

（二）公共关系对目标公众的沟通有利于市场营销工作尽快打开市场局面

公共关系部门通过与公众的沟通来建设组织的生存环境，其选择的目标公众很多情况下会涵盖市场营销的目标市场，有时二者的目标是一致的。如一定时期电脑公司的公关部门会针对电脑用户进行安全使用网络、保护青少年身心健康的宣传工作，而这部分公众也恰是企业市场营销的目标市场。因而营造组织的生存环境，在公众中树立起组织的独特形象，自然会推动市场营销工作尽快打开局面，提升营销部门的销售业绩。

（三）公共关系对各方面目标公众的关系协调会减少营销工作的阻力

企业的市场营销部门在拓展市场时，往往会遇到一些市场以外的阻力，如地区割据、地方保护主义或绿色环保组织等。针对上述问题进行的关系协调并非是营销部门的力量所能单独完成的，公共关系部门的协调职能会及时弥补营销部门的这部分缺陷，帮助组织积极协商各方面关系，减少组织营销工作的阻力，使之顺利开展市场拓展工作。

（四）公共关系的策划活动会为市场营销工作打开新局面

对于一个有计划进行公共关系工作的部门来说，定期的大型公关活动策划无疑会对组织的销售工作起直接的或积极的作用。公共关系工作在短期内塑造组织的良好形象、传播组织的声誉，会为组织的市场营销工作创造一个有利局面，因此，许多企业已经开始利用公共关系工作进行市场的预热，并制定市场销售公关先行的策略来拓展市场。

（五）公共关系的教育宣传活动对培育潜在消费群起重要作用

公共关系部门在组织内外的教育宣传职能，具有一种“润物细无声”的有效作用，其效果远甚于大规模的广告狂轰滥炸之术。如牛奶企业对区域公众长期进行有关牛奶补钙、安神、长个子的健康教育，以后发制人的强大潜在力量培养了稳定的消费群，对形成市场营销的良好局面会起到至关重要的作用。

但有一点必须要明确，公共关系部门不是从属于市场营销部门的，它的工作比市场营销覆盖面要宽得多。它关注的不是组织一时销售额的问题，而是其长期生存与发展的社会环境问题，是组织长治久安的大事。公共关系部门不仅关心消费者与顾客，而且关心企业生存中可能与之发生关系的方方面面的公众。

三、市场营销人员与公共关系人员素质要求比较

在我们明确公共关系人员应具备的素质要求后，可以看一下市场营销人员应具备怎样的素质。

（一）道德

这是市场营销人员与公共关系人员共同需要具备的素质。市场营销人员在经营中如果没有基本的道德水准，那么必然会严重地影响所在组织的声誉，对组织的发展带来不利的影响。与公共关系人员相比，除应具备与公共关系人员同样的道德，即重承诺、讲信誉，说真话、不欺瞒，尊公众、不作假，唯敬业、不违法以外，市场营销人员还应该更偏重于产品制造中的诚信、市场竞争中对信誉的维护及产品对社会可持续发展的贡献等。

（二）心理素质

在心理素质的要求方面，市场营销人员不仅要有与公共关系人员同样的素质，即见微知著、随机应变，自我控制、忙而不乱，专注一事、兼及其余，沉着冷静、临危不惧，而且市场营销人员尤其应具备应变市场的良好心理。在市场营销工作中，市场的瞬息万变与残酷搏杀，要求市场营销人员必须具有敏锐的市场嗅觉和良好的心理承受能力，能够见微知著，随时应对变化的市场，及时作出正确的反应，在这一方面，市场营销人员的要求较公共关系人员更严格一些。

（三）礼仪

这是营销人员必须具备的基本素质。公共关系人员的礼仪要求，主要体现在语言、面部表情、身体和服饰等方面，市场营销人员则更应在团队合作、渠道管理和人员推销等方面，以周到的礼仪体现高素质的专业修养，从而团结与带动经销商，共同完成本组织的营销工作。礼仪工作看似微不足道、可有可无，实则带来的影响巨大。可以说，市场营销人员如没有礼仪修养，那么市场营销工作绝不可能取得成功。

（四）能力与知识

在能力要求方面，公共关系人员要具备调查能力、沟通能力、写作与编辑能力、谋划能力、组织能力、管理能力、协调能力、应变与反省能力等，而市场营销人员则强调在市场上的反应能力、谋划能力以及语言表达能力等。市场营销人员还应具备更强的应变力、观察力、筹划力和谈判能力，这样才能应对市场的要求。在知识结构上，公共关系人员要具有五大学科即经济学、管理学、新闻传播学、社会学、心理学的知识，而市场营销人员则更偏重于掌握上述知识中与组织经营业务相关联的产品知识、行业动态等，同时还应了解消费者所在区域的风土人情、消费心理等，做到知己知彼、百战不殆。

由于在市场营销学中，市场营销人员的素质会有专章论述，故在此仅点到为止。

本章小结

公共关系的职能是监测环境、建设环境、拓展环境、维护环境和培育环境，这就要求开展公共关系活动的操作者公共关系主体——社会组织（公共关系部）和它们的代理机构公关公司以及从业人员必须围绕组织的社会环境建设而工作，特别是对公共关系从业人员来说，应具备良好的综合素质，在职业道德、心理素质、礼仪、能力和知识等方面有比较全面的发展，能够真正履行公共关系职责，高质量地完成公共关系任务。另外，要区分公共关系工作和市场营销工作，处理好二者的关系，推动组织健康发展。

职业实训

1. 案例剖析

为什么海尔竞购美泰克会失败

2005 年年中，海尔公司宣布有意收购美国品牌企业美泰克，《得梅因纪事报》(Des Moines Register) ——美国当地的一家报纸的记者想要采访这一事件。在联系采访受阻后，该记者随即撰文直指海尔的公关问题。原文如下：

中国公司难以接触

约瑟夫·布卢门菲尔德是个有着包括中国在内20多个国家经验的公关专家。当他听说美泰克的一个可能的收购者海尔公司的行为后，他提醒海尔注意自己贫乏的沟通和公关技能可能使其购买美泰克——一家境况不好的艾奥瓦州家电制造厂的诸多努力变得复杂。

卡林·钟(Karin Chung)是海尔美国机构的一位女发言人，在上周的一个短暂的电话交谈中，她表示不能给出任何评论，只能把每天提出的问题交给上级公司。但Chung的老板并没有回电。海尔在南卡罗来纳州有一间工厂，Chung说她不知道这间工厂何时开业以及生产什么。

那么我们如何联系到海尔在中国的高层呢？她说她不知道。

与海尔作为美泰克的第一投标人的地位相比照的是，总部在纽约的瑞博伍德控股公司，其创始人及CEO蒂莫西·C·柯林斯则表现得平易近人，答应了记者的电话交谈和个人专访，回答记者关于这个国家知名品牌收购事件的诸多问题。

布卢门菲尔德的结论是，除非海尔在竞购美泰克的公关方面有惊人快速的改善，否则中国商界将集体得到教训，从而意识到沟通的重要性。美国公司面临的问题是，缺乏拥有亚洲经验的美国资深全球沟通专家。海尔的失误显示出问题是双方面的，中国也缺乏了解美国媒体战略性价值的睿智的沟通专家。除非中国公司意识到拓展睿智沟通的战略意义，否则中国企业的收购浪潮将长久无法实现。

备注：全球性舞台为我们走入国际市场的企业在传播方面带来了新的挑战。当我们的企业开始走向国外的时候，它们可能并没有想到它们突然之间被置于全球媒体和公众的审视之下。这个时候，任何小的疏忽和纰漏都可能在各地媒体的放大镜下和传声筒中被放大很多倍，重复很多次。海尔估计做梦也没想到会被《得梅因纪事报》这样的小报发难。

资料来源：大龙等：《中国式公关》，55～57页，北京，中信出版社，2006。

认真阅读案例，回答下列问题：

(1) 海尔美国机构的发言人在回应记者的采访要求时犯了什么错误？

(2) 在收购美泰克公司事件中海尔应对媒体做哪些工作？

(3) 沟通专家应具备什么素质？

2. 职场模拟

请同学分别扮演外国记者与海尔美国机构发言人Chung。

《得梅因纪事报》记者：你好，是海尔公司吗？

海尔美国机构发言人：你好，我是海尔公司。有事吗？

《得梅因纪事报》记者：听说海尔公司最近拟收购美泰克公司，我们想了解一些相关情况。

海尔美国机构发言人：哦，对这个事情我……不太清楚。

《得梅因纪事报》记者：啊，你们不是在南卡罗来纳州有一家工厂吗？

海尔美国机构发言人：这个……

《得梅因纪事报》记者：这家工厂在生产什么产品？可以谈一下吗？

海尔美国机构发言人：对不起，我不知道。

《得梅因纪事报》记者：那么，我们与谁联系可以知道一些相关情况？或者怎样联系海尔在中国的高层领导？

海尔美国机构发言人：对不起，这个我不能告诉你。

《得梅因纪事报》记者：是吗？那好吧，再见。

海尔美国机构发言人：再见。

3. 能力训练

（1）应对采访训练：

a. 如何接听记者电话。

b. 如何面对记者采访。

c. 如何召开记者招待会。

（2）到企业了解一下社会到底需要什么样的公共关系从业人员。

（3）参观一家企业的公共关系部或一家公共关系公司，或请一位公共关系专家做一场专业报告。

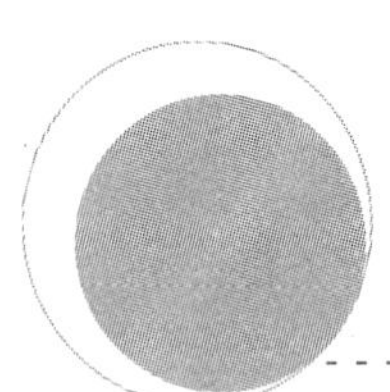

第三章 公共关系手段——传播及媒介

本章学习目标

通过本章的学习，你应该能够：

1. 了解公共关系活动开展的手段。
2. 把握公共关系传播中传播媒介的使用。
3. 明确传播媒介的有效利用对实现公关目标的意义。

课前思考题

1. 公共关系沟通与一般的沟通有什么区别?
2. 如何恰当利用非正式的人际传播?
3. 怎样发挥大众传播媒介的作用?
4. 公共关系沟通的附带要素有哪些作用?

导入案例

新加坡公立医院的 SARS 应对策略

2003—2004 年非典型性肺炎（SARS）蔓延亚洲乃至欧洲 20 多个国家和地区，造成 1 000 多人死亡，全球陷入恐慌。在这个案例中，将展现新加坡公立医院面对 SARS 这样的问题是如何从 PR 的角度设法应对的。

新加坡四大公立医院之一的 Tan Tock Seng Hospital（TTSH）被指定为 SARS 专门医院，关闭了最繁忙的急救部门（ED），因此造成罹患一般疾病的患者无法使用。当时对 SARS 的传染途径还不太明确，医疗看护（HCW）十分恐慌，导致无理由的差别对待。在这个案例中，新加坡公立医院如何克服上述问题，有效持续地对病患进行医疗救治和公关中的问题管理有关。

这个命名为“SARS 无声的战斗”的公关案例在国际公共关系协会（IPRA，总部设在伦敦）获得了 2004 年度金奖。

宏观的问题

新加坡是全球金融中心之一，也是一个旅游观光业发达的国家。因此，如果 SARS 问题处理不当，将可能给政治、社会、经济带来巨大的负面影响。

调查

(1) 为把握公众心理层面而实施调查，如心理医疗部门和医疗社工部门实施的针对医疗看护及患者的临床心理调查。

(2) 每天分析媒体对 SARS 的报道，了解公众认识的变化。

公共关系的目标

基于调查结果，设定如下 PR 目标：

(1) 养成对医院（TTSH）和保健系统的信赖感。

(2) 恢复对医院的良好印象。

(3) 使媒体对 TTSH 采取好意的报道角度。

(4) 提高医院职工的士气。

负责交流沟通的团队为了实现上述目标制定了如下原则：

(1) 在现场及时应对的同时，不仅仅视作地区的问题，而把问题考虑到全国规模。

(2) 坦诚、及时地提供正确的信息，不在暗地里做手脚企图遮掩。

(3) 使传达的信息、口号尽量简单。

(4) 说清事实，清除误解，避免猜疑。

(5) 培养和 SARS 的战斗是全民战斗的这种意识。

(6) 和国家的政策保持步调一致。

战略

(1) 对待公众的方针。

对本国国民，最重要的是让医疗看护获得理解和支持。为此，向新加坡政府医疗卫生部门申请财务、人员、器械及立法方面的帮助。对国际社会，要让大家信赖新加坡能够战胜危机，同时注意不能让主要投资方对新加坡投资环境的评价下降。

(2) 设定基本的公告信息。

1) 作为在医院之外战胜 SARS 的重要策略，提出“预防、发现、隔离”的口号，对全体市民反复宣传。

2) TTSH 是一个可以十分安全地进行 SARS 的诊断和治疗的医院。

(3) 设定沟通渠道。

为了使交流沟通顺利进行，设定了下列内部和外部的渠道（医院干部的公开和不公开的支持也是至关重要的）：

1) 内部渠道。

第一，最高经营责任人（CEO）每天用电子邮件通告情况。

第二，每两周举行一次会议。

第三，干部会议（每天）。

第四，临床报告会（每天）。

第五，展览从市民那里收到的感谢礼品。

第六，分部门讨论会。

2）外部渠道。

第一，媒体。

第二，面向外部机构的简报。

第三，卫生部的记者招待会（每天）。

(4) 在事态进展的每一个段落等容易引起关注的时刻举行一些活动。

1）母亲节。

第一，提高医院员工的士气，使大家获得从紧张的工作中暂时喘口气的时机。

第二，向占多数的女性员工致敬。

2）大学生基金会主办的康复者聚会。

第一，康复者以亲身经历鼓励病毒携带者。

第二，作为最初的成功战胜 SARS 的实例广告。

3）SARS 的相关纪念活动。

4）在护士日进行盛大的赞颂护士的活动。

5）CDC2（为 SARS 专门设立的隔离设施）的落成开放。

第一，今后再发生 SARS 的话，新加坡在 TTSH 之外有了专门的治疗场所。

第二，因为 CDC2 的落成开放，TTSH 可以恢复正常的医疗机能了。

6）市民对 SARS 的支援。

第一，新加坡国民送来了 8 000 多个感谢礼品，如祝福卡片、手工工艺品、广告板等。

第二，对收集到的礼品拍照制作成册，在各个医院展示。

7）SARS 报告书。

第一，针对 TTSH 的医疗看护，明确报告 SARS 的流行已经完全结束了。

第二，完成一份充满了战胜 SARS 危机期间的考验、困境后的喜悦的报告书。

实施

当 TTSH 发布公告时，必须注意防止各大媒体刊登关于市民或其他国家否定意见的报道。另外，随时注意海外媒体对 TTSH 公告的处理方式以及外国对 SARS 对策的批判等。

评价

(1) 国民对此事件的认识从忌讳转向称赞、尊敬。

1）从新加坡全社会收到了 8 000 多个感谢礼品。

2）医护人员获得了大规模的捐助。

3）SARS 过后，开展了各种各样的庆功会。

4）在新加坡各种各样的庆典上获得了许多荣誉。

(2) 市民支援的浪潮：通过大学生基金会收集到了为了支援献身 SARS 人员的 1 600万美元捐款。

(3) 没有导致员工人数的减少。

(4) 因为TTSH的成功公关，在医疗健康行业形成了辐射效应，2004年看护方面的新员工数创历史最高纪录。

(5) 病床占有率恢复到了2003年12月SARS危机以前的水平。

(6) 外来患者人数恢复到了2003年10月危机之前的水平。

资料来源：[日] 井之上乔著，陆一等译：《公关力：从避免崩溃到有效传播的战略要素》，159～163页，北京，东方出版社，2010。

通过这个案例可以看出，组织的传播工作是一件非常重要的事情，对组织未来发展会产生深远的影响。那么，社会组织的传播工作是怎么回事呢？

第一节 公共关系传播理论

一、传播与公共关系传播

(一) 传播

1. 传播的定义

传播是人类古老的精神活动。传播行为是人类与生俱来的，人类文明依赖传播而延续、创新，在没有成形文字的远古时期，在部族衰落之时，文化的传播通过口述与图画仍然得以继续。传播的内容为各种各样的信息，传播的过程是将信息共同拥有。不论怎样，传播需借助于一定的载体，如声音、语言、肢体、文字、图画或符号以及现代社会的大众传播媒介等，传播的结果是将信息有效地得以扩散和保存。

因此，传播是指人们通过一定载体将信息分享，使之扩散或保存的一种精神文化活动。

2. 传播的特点

(1) 共享性。传播活动的过程，就是将信息分享的过程。传播不等同于传递，传递是将某物送出去，而传播则是实现共同拥有。

(2) 信息性。传播一般具有一定的、明确的内容，即信息。信息可以是新信息，也可以是旧信息，但传播的信息必定被视为重要的信息。传播的过程是自然遴选的过程，传播者会选择自己认为重要的信息去传播。当然，一般来说，传播的内容经历的时间越久，离真实性就越远。

观点链接

传播

传播是缔造人类关系的素材。传播是一条溪流，贯穿人类历史，使我们的感官和信息渠道不断延伸。我们业已实现从月球到地球的宽带通讯，正在寻求同其他生灵进行“交谈”。传播是各种技能中最富有人性的技能。

在观察者眼里，传播似乎在社会机体里流动，就像血液在心血管系统里循环一样，为整个有机体服务，根据需要时而集中在这一部分，时而集中在另一部分，保障身体的平衡和健康。我们习惯于生活在传播的“汪洋大海”中，已经很难想象如果没有传播如何生存了。

资料来源：[美] 威尔伯·施拉姆、威廉·波特著，何道宽译：《传播学》，2 版，19～20 页，北京，中国人民大学出版社，2010。

(3) 无形性。传播的内容虽然是明确的信息，但这一信息往往只可意会，并非具体可视。正如古人所言："君之所读者，古人之糟粕也。"传播的信息如果渗透着深刻的思想或无形的机理，则需要被传播者，即信息的接收者具有一定的领悟能力。信息并非只是简单的语言、文字、图画等，还包括思想、规律或情感等。

(二) 公共关系传播

1. 公共关系传播的含义

公共关系，从本质上说是一种信息传播活动。传播是公共关系主体——社会组织开展公关活动、营造组织环境的手段。离开了传播，社会组织就难以与目标公众发生联系。

因此，公共关系传播是指社会组织针对目标公众发出信息以实现组织公关目标的活动。

2. 公共关系传播的特点

公共关系传播与一般的传播相比，具有很大的不同，其特点是：

(1) 主动性。公共关系传播是社会组织主动发出信息的活动。传播什么、向谁传播、传播方式都由组织自定，因而传播效果如何是对社会组织传播质量的检验。

(2) 目的性。公共关系传播是组织的自主活动，因此具有清晰的目的性，传播的目的决定了组织的传播内容和传播方式。传播的信息必然体现出组织要达到的目的，社会组织如果想通过传播活动实现多重目的，就需要提高其传播方式的难度。

(3) 明确性。公共关系传播不像一般的传播活动那样，具有复杂的表达方式或难以言传的内容。公共关系传播针对的是社会中的某部分群体，将他们作为自己的目标公众，其传播的方式公开，传播的信息明确，传播的内容通俗、简单、明白，不易产生歧义。总之，公共关系传播是社会组织针对目标公众实现公共关系目的的手段。社会组织在传播时，要把握好时机，明确其宗旨，使传播的内容简单、清楚，以便高效地实现公共关系目标。

二、传播要素与附带要素

(一) 传播要素

一个完整的传播活动包括以下几个要素：

(1) 传播者。即信息的发出者，又称信源。

(2) 信息。即传播的内容。

(3) 信道。即传播的载体，亦即传播媒介。

(4) 接收者。即受传者，又称信宿或受众。

(5) 反馈。来自接收者的反应，否则传播无法继续进行或就此终止。

(二) 附带要素

在传播中，还有一些要素与传播要素紧密联系，不可或缺，它们被称为附带要素。附带要素主要有以下几种：

(1) 编码。即传播者发出信息或接收者予以反馈时进行的工作，即将信息或反馈内容变为对方可以接受或理解的内容，这一过程影响传播或反馈的效果。

（2）译码。即接收者收到信息或传播者对于反馈予以领悟的过程，译码的准确性对传播的继续进行影响极大。

（3）干扰。这是传播过程中始终存在的一个因素，它会出现在传播中的每一个要素中，如信源在编码时的干扰、信宿在译码时的干扰、来自信道的干扰、信息本身的干扰等。排除干扰是加强传播效果的重要工作。

（4）共同经验范围。即传播者与接收者在多大范围内具有共同点。共同点越多，传播效果越好，没有共同点，则无法传播。

（5）社会环境。每一个传播活动都在一个特定的时代和文化氛围内进行，它会影响传播双方对传播信息的领悟和接受程度。

（三）公共关系传播要素

公共关系传播要素特指社会组织在传播过程中的基本因素。主要包括以下几个方面：

（1）社会组织。这是公共关系主体，是信息的发出者。在公共关系活动中，社会组织是信源，在特殊情况下，社会组织必须成为第一信源，否则组织会陷于被动。

（2）组织信息。这是公共关系传播的内容。社会组织收集信息、处理信息，然后向公众发出信息，是公共关系传播活动的主要工作。正确的信息、明确的表述、适时发出均体现了公共关系操作的高超艺术性。

（3）公众。亦即目标公众，是组织信息的接收者，他们一般处于无戒备状态，既可能接受社会组织的信息，也可能迅速忘记信息。

（4）媒介。这是社会组织传播的信道，社会组织需要借助于媒介将组织的信息传播出去。使用什么样的媒介、如何使用，是影响社会组织传播效果的重要因素。

（5）反馈。公众的反馈极为重要，如反馈少或没有反馈，则说明社会组织公共关系传播活动是失败的。公众的反馈是社会组织准确传播的依据，因而收集反馈成为社会组织的一项重要工作。

同时，反馈也发生在社会组织方面。当公众对社会组织的传播予以反馈时，公众也就转变为传播者，他们的反应或者投诉也需要社会组织予以积极反馈，社会组织的反馈是组织与公众加深沟通的重要过程。这一反馈的效果直接影响社会组织是否继续原来的传播以及传播的力度。

三、公共关系传播形式

（一）人际传播

这是传统的传播形式，指人与人之间直接的传播。

人际传播可以分为以下两种形式。

1. 正式的人际传播

通过正式的人际传播渠道传播信息，主要包括集会、正式谈话、当众宣读等。这是社会组织有计划的传播，公共关系传播在人际传播上大多采取正式的人际传播。

2. 非正式的人际传播

非正式的人际传播，即以非正式渠道进行的传播，如市井之中的飞短流长。这种传播又可分为个人传播与群体传播两种。

（1）个人传播。个人传播指单个人之间进行的传播，包括自身传播与亲身传播。自身传播指个人通过阅读、观赏（摩）等形式，实现自我提高。自身传播是人类传播的基础。

亲身传播指两三人之间进行面对面的传播。亲身传播具有隐秘性，内容往往不便公开，传播中反馈充分，传播内容完整。

(2) 群体传播。群体传播指个人与群体之间或小群体与小群体之间的传播。这种传播具有公开性，传播中会有一定反馈，传播的内容有一定隐秘性，但不一定完整。

非正式的人际传播，一般信息流传的速度快，其内容有一定真实性，并往往早于正式的人际传播，传播的效果某种程度上好于正式的人际传播，如社会上的谣传，在很短时间内会影响很大范围。

在公共关系传播中，如果适时利用非正式的人际传播，会取得胜于其他传播形式的效果，口碑的形成正是如此。

(二) 大众传播

大众传播是指借助于现代传播媒介针对广大公众进行的信息分享活动。它是现代社会组织开展公共关系活动最常用的手段。社会组织面对极为广大的社会公众时，往往难以利用人际传播完成公共关系任务，恰当地利用大众传播，可以起到经济而有效的作用。

大众传播较人际传播具有很大的不同，其特点是：

(1) 范围广。大众传播面对极为广大的公众，范围极广，有时这一范围可以扩散至全世界，因此大众传播是现代社会组织经常采用的公共关系传播形式。

(2) 经济性。由于大众传播覆盖面广，组织利用大众传播可以将信息传播至很广大的人群，较之人际传播效果要好，也更具经济性。

(3) 速度快。大众传播由于依靠现代技术，传播的速度十分快，可以在较短的时间内将信息送达至千里之外的广大受众，因此，社会组织在面对广大范围公众时，会更多使用大众传播完成其信息传播的任务。

(4) 条理而严密。大众传播是由专业机构利用专业技术来制作完成的，因此传播的信息较之人际传播更理性，条理性更强，更加严密，而人际传播则随意性强，更感性一些，条理性上相对也弱一些。

(5) 反馈较慢。大众传播面对无数的公众，通过大众传播媒介来进行，不是直接与传播对象——受众接触，因此，获得受众的反馈要慢，尽管现代科技的发展已使这个差距大大减小，但较人际传播则要间接得多，获得的反馈也更迟滞、更不确定。

社会组织在利用大众传播手段进行传播时，要格外注意利用其长处，规避其不足，提高社会组织传播信息时的效率，从而实现其公共关系目标。

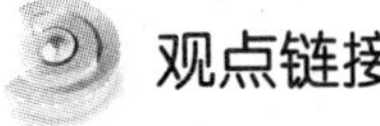

观点链接

公关从业人员的职责

面对可供选择的传播媒体日益激增，尽管大众传播媒体可能会因此丧失了相对较大的影响力，但一个不变的事实是，通过媒体来获得有利于组织的宣传，始终是公关实务的核心。

…………

正如我们知道的，获得民众的正面关注比广告更有可信度。为获取正面关注，就需要同媒体建立良好的工作关系。但这说起来容易做起来难。在21世纪，文字媒体记者要面对来自于广播和互联网记者的巨大竞争压力，这些文字媒体的新闻记者中，多数人变得非常积极主动、冲劲十足，有些甚至在辩论时咄咄逼人。

…………

公关从业人员在面对媒体时的首要职责就是：在大好形势之际，帮助推进有利于组织的宣传；而当组织受到攻击时，要协助组织辩护，避免受到伤害。要做到这样，就必须对新闻媒体的运作动力及常识有透彻的了解。

资料来源：［美］弗雷泽·P·西泰尔著，梁洨洁等译：《公共关系实务》，263页，北京，机械工业出版社，2004。

（三）实体传播

实体传播是指以实物或具体活动为传播载体开展公共关系活动的一种形式。实体传播的形式主要是商品或服务。

商品是工商企业可以采用的一种公共关系宣传形式，即将社会组织（工商企业）的公共关系活动内容印在商品的包装物上，随商品的出售而传播到广大的目标公众（消费者）那里，由此发挥宣传效果。对于其他以提供公共服务为主要表现形式的社会组织，则可通过提供具有自身特色的服务内容来传播组织的公共关系理念，缔造组织良好的生存与发展环境。

（四）其他传播

其他传播是指以广告标牌、传单、海报、流动广告（如在公交车、自行车、轮船等上面做广告）等为载体，传播组织的公共关系信息，它适用于所有的社会组织。以这种形式传播社会组织的重要信息，实际上是一种公共关系广告。在越来越多的社会组织公关意识增强，而同时广大公众自我意识觉醒的今天，采用户外公关广告的形式宣传组织的重要信息，不失为一种经济有效的公共关系传播形式。

四、影响传播的因素

在公共关系传播中，有多种因素会对传播效果产生重要影响，根据其重要程度可分为社会文化因素、心理因素、干扰因素和时空因素等。

（一）社会文化因素

社会文化因素是指一个国家或地区的民族，由于历史、地理因素的影响逐渐形成的、特有的生活风俗习惯。约定俗成的生活习惯根深蒂固而鲜有变化，在社会组织进行信息传播的时候，要格外注意这一因素的影响。

社会组织在与目标公众进行传播沟通活动时，首先要了解公众特有的文化风俗习惯，使组织的传播内容适应公众的接受习惯或倾向，并使用公众习惯的表达方式将公关活动内容传递给公众，以期达到最大的传播效果。否则，违背了目标公众的文化风俗习惯，有可能导致公共关系活动事倍功半或弄巧成拙，甚至带来恶劣的后果。

（二）心理因素

心理因素是指公众在面对社会组织的沟通传播时所特有的情绪或态度倾向。人的心理是复杂和微妙的，也是十分隐秘的。当社会组织针对目标公众进行交流时，公众可能有多种心理状态，最具代表性的有两种，即先入为主和无戒备接纳。

1. 先入为主

（1）先入为主——接受。即目标公众在面对组织的传播沟通活动时，对组织抱有好感，故而对组织的行为持积极的响应态度，这是组织传播时最期待的效果。

(2) 先入为主——拒绝。即目标公众在面对组织的沟通行为时，已对组织或委托进行活动的组织抱敌视、怀疑或排斥态度，故而对组织的宣传持消极或拒绝的态度。组织面对公众的这种心理反应，会感到有很大困难。这既与目标公众自身的心理有关系，又与公共关系传播的内容、形式甚至公共关系人员的个人素质有密切的关联。

2. 无戒备接纳

无戒备接纳的心理状态是指社会公众对于组织的沟通行为处于事先无明确态度取向的状态。这种状态会形成以下两种情况：

(1) 消极接受。即在公众没有表示拒绝的情况下，被动接受了社会组织的沟通传播活动。这种具有某种混沌状况的接受，其效果难以测定。最后结果既可能是公众逐渐接受和了解，也可能是公众根本没有接受，他们实际上是心不在焉、毫不在意的。

(2) 积极接受。即当组织针对公众进行传播沟通时，他们表示出愿意了解组织的兴趣，这对公共关系人员是一个良好的信号。但这还需要公共关系人员进一步解释，使公众真正能够领悟组织传播的内容，最终实现目标公众对社会组织的理解与认知。

(三) 干扰因素

干扰因素存在于传播的过程中，在社会组织开展传播沟通活动时，来自公众的干扰是传播过程中的一个重要隐患。这些干扰主要有下述几个方面。

1. 亲友干扰

亲友干扰是影响传播效果最大的干扰。当组织针对公众进行传播沟通时，来自亲友的反对意见会立即使受众（亦即公众）改变合作的态度，弃组织而去。社会组织在开展公共关系活动时，要注意沟通方式、沟通的针对性与传播沟通内容，还要进行长期不懈地沟通努力，逐渐减少来自亲友方面的传播干扰。

2. 网络干扰

在目前，越来越多的人依赖网络寻求基本的帮助。当社会组织开展公共关系活动时，网络上网民的评价对公众的态度取向起重要的作用。有时，他们宁愿相信网民所说的话，而未必相信自己亲眼看到的情况。因此，注意在网上排除干扰，及时监测网络舆情，对维护组织公共关系活动效果，会起到重要作用。

3. 竞争者干扰

这也是一个重要的干扰因素。当组织针对目标公众进行沟通交流时，其竞争者也恰好以相近内容对公众进行宣传。这时，传播的内容、传播技术、公共关系人员的工作方式与态度等成为争取公众的关键因素。同时，面对竞争者的模仿，社会组织也要提前防范，寻求积极的解决办法，展示组织的核心竞争力，以减少竞争者的干扰。不论怎样，只要社会组织真正站在公众的角度考虑问题，就一定会在与公众的沟通传播活动中排除干扰，赢得公众。

4. 其他公众干扰

有时，其他公众的拒绝态度会对社会组织的沟通活动带来一定干扰。从众心理是人们普遍存在的心理现象。在与公众交流的现场，由于社会组织的操作问题或公众自身的原因，会使一部分公众采取强硬的排斥沟通态度，他们的情绪极容易影响那些持观望态度的公众。因而及时发现公众中异己者，公共关系人员积极进行诚恳的请教与耐心的解释，以实现平等的沟通交流，就显得格外重要，否则可能影响更多公众拒绝组织的公共关系传播。

5. 突发事件干扰

这也是传播中常遇到的干扰，主要表现为突发的天气变化、政府新政策的出台、民间组织的抵抗、公众之间纠纷、突发的意外伤害以及其他一些难以预测的事件。另外，当社会组织面对公众进行沟通交流时，如果组织不当，也可能导致现场秩序混乱，会给正常的传播活动带来干扰，严重时可能导致宣传活动的终止或被外力强行干预终止，并且可能对整个组织的声誉带来不良的影响。传播活动是一个复杂工作，组织必须进行认真的准备和安排，对突发事件未雨绸缪，保证传播沟通活动的顺利进行。

（四）时空因素

任何一个传播活动都是在一定的时空条件下进行的。时间与空间上的准确把握对传播效果影响很大。

1. 时间

组织开展公共关系活动时，在传播的内容和形式上要注意时间的选择，尽量将目标公众的特点与特定的季节、节日、时间段等协调一致，以发挥事半功倍的良好效果；如在不适当的时间进行公共关系传播活动，即使传播过程没有问题，也会造成传播效果差或没有功效，甚至还可能导致不良后果。社会组织在进行传播活动时，必须选择恰当的时间，努力发挥传播的最大效果。

2. 空间

这里的空间主要指传播者与公众沟通交流的场所，这在人际传播中显得极为重要。会面地点可以直接影响沟通双方的情绪与态度。双方在令人愉悦的场景下进行接触，沟通就会很顺利；如在不适当的地点见面交流，甚至是令对方产生过激心理反应的地方，则可能会使一方情绪消沉，甚至反感进行接触，就可能导致双方的沟通变得艰难。因此，社会组织在进行公共关系传播时，必须要悉心选择合适的场所，积极推动社会组织与公众的顺利沟通。

第二节　公共关系传播媒介

在现代社会中，组织进行公共关系的传播沟通活动必须要借助于各种传播媒介。根据组织公关活动的目标和对象的不同，传播媒介主要可以分为三大类：大众传播媒介、组织传播媒介和个人传播媒介。

一、大众传播媒介

大众传播媒介指由专业技术部门制作、具有公共服务性质的、针对社会上广大公众进行传播的机构。

大众传播媒介根据其载体和表现形式的不同，可分为两大类，即电子类与印刷类。

（一）电子类大众传播媒介

1. 电视

电视是现代社会中最具影响力的传播媒介，其特点如下：

(1) 声、色、画兼具，具有生动性与表现力，可以真实地反映事物的面貌，令人有身临其境之感。

(2) 速度快。电视可以在很短的时间内将千里之外刚刚发生的重大事件如实表现出来，电视新闻成为最具看点的内容。

(3) 信息量大。电视可以通过剪辑或处理，将大量的信息汇集于短时间里播放，其对信息的高密度处理，是其他媒体难以与之相比的。

(4) 受众广。电视是公众最喜闻乐见的媒介，几乎没有任何介入的限制，即使是未经翻译的外国节目，观众也可以看得津津有味。许多人对电视甚至产生了依赖心理。

(5) 保存性差。电视的高信息量和生动性使受众往往陷于被动的接受之中，留给受众的思考余地很小；其瞬息变化的速度使受众保留的记忆往往是碎片状的，很不完整。

(6) 挑选性差。电视节目是由编辑们事先制作安排好的，受众无法选择，即使可以挑选频道，也只能听凭排定的节目档期安排，要看想看的节目，可能还要忍受广告的“轰炸”。

(7) 物质局限。电视对物质条件有一定要求。例如，要有电、频道中转站（或频道服务提供者)、电视。这三个条件缺一不可，况且电视不便于携带，如在漫长的旅途中，就很难从电视中接受信息。

(8) 传播费用高。由于电视是接受面最广泛的媒介，因此，社会组织利用电视进行信息的传播，其成本相对于其他媒介要高很多，再加上竞争激烈，更使黄金时段的费用令人望而却步，这无形中增加了社会组织（主要是企业）传播的成本。

社会组织在进行公共关系宣传时，可以利用电视的优势来传播组织的重要信息。但要注意规避其缺陷，慎重选择电视媒介和档期，更多地关注其效果。

观点链接

可控传播

所有的公共关系努力都应当有特定的目标，它与受众、信息本身、适时的因素以及预算等共同决定了媒体选择。我们一般采用媒体组合，但同时要考虑到如何选择可控与不可控媒体。

告示板是典型的可控媒体，你可以完全控制它的内容和外观，甚至控制它的放置地点，因为你买下了一个特定空间。电视是典型的不可控媒体，虽然你可以控制信息的内容(因为这是一则广告或公共服务告示)，但无法控制它所在的背景（如信息播出前后的节目场景、节目内容)。尽管如此，广告和公共服务告示仍可视为可控传播，因为信息制造者可以控制它的内容。还有一些传播方式是不可控的。例如，新闻发布会或奠基典礼的电视转播，公共关系人员无法控制摄像头的角度，因此不能保证以期望的角度和聚焦方式记录发生的事件。

资料来源：[美] 道·纽森等著，于朝晖等译：《公共关系本质》，9 版，319 页，上海，复旦大学出版社，2011。

2. 广播

广播是比电视历史更悠久的电子媒介，在电视之前，它曾经是媒介中的宠儿。其特点如下：

（1）使用方便。广播是以声音来实现传播的，因此，听广播可以兼顾其他活动，这是广播独有的优势。当收音机的体积变得小巧便携时，这一特点更加突出。

（2）信息明确集中。广播没有电视色彩与画面的干扰，受众对信息的接受集中而明确，接受信息的效果良好。

（3）物质限制小。广播的使用只需要几节电池，接收广播的收音机十分廉价（与电视相比），也很耐用；除了语言方面的限制外，没有其他的介入障碍，不论男女老幼，均可以使用，尤其在物质条件极特殊的情况下（如战争或地震等），唯有广播还可以便捷使用。

（4）传播速度较快。广播没有电视的现场感，但传播的速度很快，重大消息往往整点就可以播出，并能进行一定的现场播送，对信息的传送有较好的效果。

（5）保存性差。广播的特性使信息的保存很困难，这一点与电视有相近之处，因而广播节目逐渐增强了娱乐性、消遣性，以持续的信息传播来增强其影响力。

（6）选择性差。这一点较电视更甚，听众一般也接受了这一点，静候电台对节目的安排。

（7）收听人群集中。电视媒介的兴起，使广播退居并不重要的地位，收听广播的人群渐渐集中在某些群体上，如退休职工、司机、外来务工者、青年学生等，这使广播的传播对象更具有针对性。

社会组织对广播的利用，要根据广播的特点，把握受众群体生活与职业习惯，努力获取公众反馈，实现双向沟通，强化传播效果。

观点链接

收音机

收音机具有一层看不见的外壳，这一点和其他任何媒介相同。它以人与人直接打交道的私下的亲切的形式出现在我们面前，然而它其实是一种具有魔力的、能扣动早已忘却的心弦的共鸣箱，这才是更紧要的事实。

…………

耳朵和中性的眼睛相比是非常敏感的。耳朵没有宽容性，它是封闭的、排他性的，而眼睛却是开放的、中性的，它富有联系机制。

…………

如果坐在黑屋子里谈话，话语突然就获得了新的意义和异常的质感，这种质感甚至比建筑物的质感还丰富。

资料来源：［加］马歇尔·麦克卢汉著，何道宽译：《人的延伸——媒介通论》，358～359页，成都，四川人民出版社，1992。

3. 互联网

互联网是兼具传统电子媒体与印刷媒体二者之长的新兴媒介，其发展势头十分迅猛。其特点是：

（1）信息全面、查找方便。互联网媒介以电子媒介为载体，行印刷媒介之实，使信息的查找十分便捷，能随时将信息下载储存，便于进一步保存或使用。互联网的出现使工具书走向没落。

（2）图文并茂，处理便捷。互联网的许多内容不仅可以找到相关的文字资料，还可以找到有关的图片或视频资料。它与报纸的功能类似，较报纸生动；与电视媲美，但较电视方便，甚至还可以利用软件进行再加工与处理。

（3）在线沟通，价格低廉。这是互联网独有的优势。互联网可以在很大程度上实现直接的对话沟通。微博的兴起使每个人具有了信源的功能。在线沟通不仅可使用文字、图片，还可以面对面视频对话以及留言（微信），且费用十分低廉，由此赋予互联网不可抵挡的影响力。

（4）资料杂乱，真假难辨。互联网查阅信息较为方便，在瞬间即可涌出成千上万条相关资料，这为选择信息带来较大的时间成本，且网上各种信息过于繁杂，信息真假难辨，对于阅读有用信息会造成一定干扰。

（5）物质条件有所限制。要上互联网，必须配有必要的硬件设备，如电脑、电缆、网线等，有时还会遭遇黑客或病毒袭击，具有较大风险。

（6）监管困难，言论无序。互联网的产生带来了一定的负面影响，有些人迷上了网络，沉醉于网络游戏或网上聊天，有些人将网络资料剽窃为自己的成果，进行科研作假，还有人在博客上进行人身攻击或语言发泄，更有人专门传播对他人或组织的不良信息，这些对社会组织的公共关系传播都会带来一定的威胁，需要组织高度关注。

（二）印刷类大众传播媒介

1. 报纸

报纸是最早的大众传播媒介。其特点是：

（1）价格便宜，便于携带。报纸从其产生时起，就为大众所共享，其价格低廉，收入微薄者也能购买得起，而且报纸轻薄，便于携带，有利于随时随地阅读，不增加额外负担。

（2）信息量大，传播速度较快。报纸的信息量虽然没有电视那样密集，但可以涵盖当时公众的需求，传播的速度也很快，一般本地报纸当天就可以读到，异地报纸在 2 至 3 天内也可以读到，信息的传播比较及时。

（3）信息便于保存、传阅，有一定深度。报纸是印在纸上的，内容可以反复阅读或传阅，甚至可以保存几十年或更长的时间。报纸对某一问题能做深度剖析，进而产生较大的社会影响，这是电子类媒介难以做到的。

（4）购买麻烦。报纸与电子类媒介的一大区别是，电子类媒介是一次投资永久使用，而报纸则需订阅或天天购买，若是后者，则容易使读者不胜其烦，影响阅读。

（5）受文化水平限制。虽然读报只需有小学文化水平就可以了，但还是会限制一些习惯于接触电视或广播的人，而且对于小学生和中老年人来说，读报看字会比较吃力，这容易使他们舍弃报纸这种媒体。

对于社会组织来说，利用报纸可能是首要选择，因为报纸便于传播阅读、利于保存，但由于报纸便于携带，易于成为包装物，所以也往往使组织精心制作的信息版面毁于一旦。

2. 杂志

杂志也是重要的印刷媒介，它与报纸具有同样的功能，但较报纸容量大。其特点如下：

（1）内容专业，分类明确。杂志内容多，一般具有明确分类，在内容上主题集中，可以进行纵深报道，信息比较集中，便于选择阅读。

（2）理论性强。杂志的理论性强，适用于专业理论研究者，也可锁定一批目标公众，但会因此造成进入的难度，无专业知识的人通常无法介入。

（3）阅读周期长。杂志具有深度特性，其对某些问题，特别是一些重大事件、科技成果等，均会进行全面报道和深度剖析。杂志的周期较长，通常较短的有周刊、半月刊，长的则有月刊、双月刊、季刊、年鉴等，这使杂志具有资料库的作用。

（4）便于保存。杂志较报纸更容易保存，杂志很少被当作包装物使用，其本身的特性使其能够被保存相当长的时间。

（5）购买订阅略烦。杂志需要分期投资，这一点与报纸相同，但较报纸要贵，这限制了其发行的数量。现在有些杂志装帧精美，内容信息量大，但它与书籍一样，价格不菲，使一些人欲读而又不舍得购买。

在公关传播中，社会组织可以利用杂志的特点，对组织某一方面的信息进行全面、纵深报道，使公众可以全面、深入地了解组织，起到深化宣传的目的。

3. 书籍

书籍是古老的印刷媒介。其特点是：

（1）内容完整。书籍一般是就某一方面的问题进行全面综合的论述，一本书读完，对某一问题就基本了然于心了。

（2）观点鲜明。书籍的作者少则一人，多则十几人，往往在书中鲜明体现着著作者的观点。通过读书，可以使读者茅塞顿开。

（3）深刻生动。书籍由于内容包容量大，可以极为深刻地论述某一事件，对之进行多方面的阐述，还可以进行细节描写，其生动性不亚于电视，且具有电视及其他媒体难以媲及的震撼力，往往容易给人留下持久深刻的印象。

（4）时效性较差。虽然现在书籍出版的速度已大大加快，但与其他媒介相比还是较为迟滞的，对于重大问题，书籍通常进行事后的综合论述和总结。

（5）价格高。较其他印刷媒介来说，书籍的容量大，价格也因此要高一些，这使某些人望而却步，他们往往会去书店读书而不买书。

对于社会组织来说，可以利用重大活动，编辑出版一些关于组织发展历史或重要业绩的书籍，使公众能够深度、全面地了解组织，发行的方式以赠送为主。

二、组织传播媒介

组织传播媒介是社会组织利用自身条件，主要针对内部公众开展公关宣传的重要手段。它可以分为两大类：电子媒体和印刷媒体。

（一）电子媒体

1. 闭路电视

社会组织利用现代传播技术，建立组织内部的电视网络，针对组织内部公众进行传播活动。其特点是：内容短小精练，信息及时，针对性强，传播效果好，但制作技术初级，播放时间短。

2. 内部广播

由社会组织自己设立的广播站与广播喇叭（或音箱）完成这一工作。其特点是：广播内容及时，针对性强，传播速度快，覆盖面集中，但收听效果难以测定，与内部公众的互动性弱。

3. 局域网

社会组织自设网络中心，通过互联网的形式传播组织信息。其特点是：便于查阅，信息全面，不受时间限制。有条件的组织已经进行全面的信息化管理，组织内部可实现在线沟通，但受文化因素的影响，一些人对网络传播方式尚有顾虑，许多内部职工不接受这种沟通方式。

（二）印刷媒体

1. 内部报纸（简报）

内部报纸是组织自办的印刷媒体，主要登载组织的新闻、消息、报道、通知等。其特点是：时效性强，信息量大，能起到很好的沟通信息的作用，但一般容量很小，鲜有深度。

2. 内部刊物

内部刊物是指组织针对内部情况，不定期出版的杂志。内部刊物主要登载一些重要活动或科技动态，也发表一些有深度的文章。这些刊物也对外发行，上送主管领导，下传普通外部公众。其特点是：内容集中、较全面，有一定深度，写稿者多为内部员工，可阅读性强，便于保存，对员工的指导作用大，但发行量小。

3. 海报与活页传单

海报与活页传单是社会组织为某一事项针对内部和外部公众发出的通知性信息。其特点是：内容简单、明了，时效性极强，阅读率高，但不易保存，难以令受众留下长久记忆。

4. 公告板

公告板在今天已成为很多社会组织不定期发布组织重要事项的重要媒介。它虽然不是印刷出来的，但类似于印刷媒体。其特点是：内容新颖，时效性强，主题明确，可读性强，阅读率高，但内容简短。

职场链接

几个传播工具

不管你看哪个意见调查，它都会显示人们更偏爱面对面交流。但是实际情况如何呢？有些经理对内部传播并不适应，他们感觉没空做这些。理由总是“我有一大摊子事要做”，事实上他们也不懂怎样处理反馈和听取其中的一部分。这些虽然不是无法克服的障碍，但是他们确实需要方法，不仅仅是那些需要训练与团队有效交谈的经理。

面对面或初级传播包括：

（1）高级经理简报。

（2）高级经理的路演和午餐。

（3）雇员论坛。

（4）焦点小组。

（5）奖励体系。

焦点小组似乎已经过时了，但是这一方式确实为雇员提供了在“安全的”环境下反馈的机会。

次级传播的工具，即非面对面的工具，包括：

(1) 电子邮件。

(2) 企业内部网。

(3) 雇员出版物。

(4) 视频和声讯会议。

(5) 调查和问卷。

任务不同，适应的工具也不同。电子邮件和企业内部网是快速传播的极佳工具。

资料来源：[英] 安妮·格里高利著，张婧等译：《公共关系实践》，46～47 页，北京，北京大学出版社，2008。

三、个人传播媒介

今天，个人传播媒介极为普及，社会组织针对公众开展宣传活动，要全面了解个人传播媒介的特性，从而提高组织与个人传播沟通的效果。

1. 电话

在社会组织与公众的交流中，要善于利用公众个人电话进行追踪沟通，提供个性化的指导与服务，加深公众对组织的了解，给公众留下深刻印象。

电话在组织沟通中的特点是：

(1) 以声音取长。电话只闻其声，未见其人，声音的作用很重要。因此，公关人员以什么样的语言与公众（接听者）交流显得格外重要。

(2) 内容鲜明、集中。通电话的内容应该引起公众的兴趣，使公关人员可以在有限的时间内完成沟通任务。

(3) 时间短。直接与公众通话是一件较冒昧的事情，会随时遭遇拒绝，故而通话时间必须控制在较短的时间内。

今天，手机短信已经使用得十分普遍，如果适当利用发短信的方式进行传播，也会取得较好的效果。

2. 信件

社会组织通过某种渠道（如商务活动或顾客档案）获知公众的通信地址，进行书信往来，这也是一种效果较好的沟通方式，对年龄较大的顾客公众来说比较适合。

信件在传播中的特点是：

(1) 针对性强。信件必须有明确的通信地址。接到组织寄来的信件，有时会让一些公众感到意外，也会比较重视写有自己名字的信件。不管怎样，他们都会亲自打开信件。

(2) 阅读率高。公众对收到的信件一般都会阅读，所以对信件的质量应有较高的要求。

(3) 印象深刻。信件是文字的形式，可以被反复阅读并保存，也会使公众保持较久的记忆。

(4) 贴近感情。信件可以寓理性和情感为一体，能有效拉近组织与公众的距离，不失为一种较好的沟通方式。

(5) 有一定盲目性。对寄出的书信，组织无法测定阅读的效果，反馈的比率很低，难以形成固定的沟通通道。

随着互联网的深入传播，信件已经成为稀缺媒介。电话、短信、电子邮件等已逐渐取代信件，使这种传统的沟通方式变得落伍。

3. 电子邮件

电子邮件是利用互联网实现双方沟通的一种形式，其特点是：

（1）传递速度快。互联网的便捷使电子通信变得方便而经济。

（2）交流沟通及时。组织与公众可以在互联网上进行接触，畅所欲言，沟通比较便捷。

（3）覆盖面较小。使用互联网主动与组织进行联络的人并不是很多，主要是一些有特别要求的公众（主要是顾客或客户等），组织通过电子邮件来影响内部公众的作用较大，影响外部公众的效果要差一些。

职场链接

电子邮件日益普及

电子邮件无疑已经成为组织之间最普遍的沟通工具。在大多数的组织内部，电子邮件还被用来发送时事、通讯和公告等。

很多管理者不乐意直接与员工进行面对面沟通，通过电子邮件更有利于彼此敞开心扉进行交流，可以收到比传统的方法更及时和有效的反馈。电子邮件如此快速省力，管理人员可以在不离开办公室的情况下表达对下属的表扬与关怀，所以，电子邮件极大地改善了组织内部的沟通状况。

…………

用电子邮件向包括消费者、投资者和媒体在内的外界发送时事通讯的做法也相当受欢迎，并且非常有效。

电子邮件与原来的印刷刊物相比，主要的区别有以下几方面：

（1）不能超过一页。

（2）提供内容的相关链接。

（3）定期分发。

（4）鼓励反馈。

资料来源：［美］弗雷泽·P·西泰尔著，梁洨洁等译：《公共关系实务》，242页，北京，机械工业出版社，2004。

4. 礼物

社会组织通过赠送礼物的手法与目标公众实现沟通，也是一个好办法。以礼物作为媒介，具有下述特点：

（1）礼轻人意重。送礼物容易给对方留下深刻印象，也能较快建立良好的关系，如果礼物寓意深刻，则效果更好。

（2）礼物化解疑虑。以礼物作为引子与公众沟通，可以使对方较快了解社会组织或化解对社会组织的成见、疑虑或戒心，便于双方的坦诚沟通。

（3）覆盖区域小。送礼给公众，往往仅针对重要的公众，难以有较大辐射面。此外，如果送礼的对象选择不当，则往往事倍功半。

（4）选择礼物困难。选择礼物是一件较困难的事情，选择恰当的礼物送给重要的公众，体现了公共关系高超的操作技术。

第三节　公共关系活动中的人际沟通

在公共关系活动中，针对目标公众，既要使用大众传播媒介，又要使用人际传播的一些形式。在公共关系活动中，人际传播的目的是通过社会组织中公共关系人员与公众的直接沟通，营造组织良好的生存与发展环境。

在公共关系的各种活动中，公共关系人员会在多种场合与目标公众直接交流。总的来看，大致分两种情况：一种是正式场合的人际沟通，另一种是非正式场合的人际沟通。

一、正式场合的人际沟通

（一）会议

在社会组织举行的各种各样的活动中，最常见的活动形式就是会议。通过举行会议，组织可以与目标公众直接认识、了解，并实现认同。会议是社会组织的一种极为重要的人际沟通方式。

会议这种人际沟通方式的特点有如下几个方面。

1. 沟通直接

举行会议时，到会的代表多是组织的目标公众，通过这种井然有序的会议过程，可以创造与目标公众面对面了解、认识的条件，组织有机会与他们进行直接的沟通交流。组织的公共关系人员也可以逐渐结识会议来宾——目标公众，有利于在短期内拉近与公众之间的距离。

2. 确立重要公众

会议的举行，一般都有主题发言。发言人有两类，一类是邀请的重要嘉宾，另一类是主办方的主要领导人。重要嘉宾有上至国家部委领导人、部门主管、协会（学会）主席等，下至著名企业家、专家学者、海外友人等。这些嘉宾具有意见领袖的影响力，是组织需要争取的重要公众。在会议中，通过主题讲话，使与会的目标公众对会议的组织者——社会组织及组织的主要领导人有了一个基本的了解，同时，组织可确立重要的公众，创造与重要公众接触的机会。

3. 深化了解

随着会议的进行，往往安排小型的会议形式如专题讨论或者是参观活动。这使会议的组织者（公共关系人员）与参会者（目标公众）较频繁地接触。通过这些活动的举行，得以使双方有进一步的接触与了解，特别是在某些重要问题上，组织的公关人员能够直接获得目标公众的意见或建议，取得其他沟通方式所达不到的效果。

4. 增进感情

在会议召开与结束时，接待和收尾工作也是公共关系人员与目标公众交流沟通的重要时机，尤其是在送别时，结识新朋友、告别老朋友。公共关系人员可以利用这一机会与目标公众进行更多的感情交流与沟通，有利于强化组织在公众心目中的印象，对实现组织的公关目标有积极意义。

实际上，社会组织举办会议的根本目的是获得组织与目标公众直接沟通与了解的机会。从严格意义上说，参加会议的人只是组织目标公众的代表，社会组织利用会议这一形式，可以实现充分的人际沟通，将组织的重要信息通过参会代表传播出去，为目标公众提供直接了解组织的机会。会议之后，组织还需要配合大众传播媒介的宣传工作，针对真正的目标公众进行持续的公共关系传播活动。

（二）谈判

谈判也是社会组织与目标公众代表的一种直接接触，谈判较会议的范围要小，主题更加集中。具有公共关系性质的谈判，其主要目的是构建双方之间的了解与认识，实现彼此的接纳与认同。

谈判这种人际沟通方式的特点有如下几方面。

1. 沟通直接

谈判是社会组织就某一问题与目标公众进行的直接沟通。仪式往往简单明快，一般是开门见山，直入主题，很快揭开双方接触、了解的序幕。

2. 主题集中

谈判是社会组织与目标公众就某一问题进行的切磋，往往主题集中，双方只就某一问题进行深度探讨，借此进行进一步了解。

3. 涉及利益

谈判大部分情况下会涉及利益问题，这一问题虽然属于组织某一部门的问题，却会影响组织未来的生存环境。不管社会组织与目标公众对利益问题如何看待，谈判从根本上看是为了组织未来的顺利发展。

4. 构建长远发展环境

谈判的结果无非两种，即达成协议和不欢而散。从公共关系的意义上说，无论成败，组织与目标公众之间仍然应构建一种较为和谐的友谊关系，奠定双方进一步了解的基础，起码不能成为组织今后发展的障碍。社会组织应从长远角度考虑，利用一切条件，增进与目标公众的了解与认同，为组织的环境营造作出努力。谈判的结果应通过大众传播媒介传播给谈判方所代表的目标公众。

职场链接

谈判的组织工作

谈判的组织工作主要指的是与对方取得联系，确立谈判的内容、时间、地点、人选和方式等。

(1) 谈判的组织者应设法选择对自己有利的时间。身心处于低潮的时刻、节假日后的第一个早上、连续紧张工作之后、身体不适之时等都会影响谈判的正常进行。

(2) 选择有利的地点。要选择自己熟悉的地点，还要善于利用对谈判程序的安排、房间的装饰、谈判场所的好坏等因素去影响对方的谈判心境。

(3) 做好各种预备性工作。如设定谈判座位、安排对方住宿、布置会场等，做好文字工作（如谈判通知、文本、谈判记录）、谈判保密与保卫工作、交通准备工作等。

资料来源：国家职业资格工作委员会公共关系专业委员会组织：《公关员职业培训与鉴定教材》，90～91页，上海，复旦大学出版社，1999。

（三）宴乐

在会议与谈判的间隙，组织会安排一些正式的宴请与娱乐活动，为双方增进了解、加深感情创造条件。社会组织要充分利用这种场合，使之在与目标公众的沟通中发挥重要的作用。

宴乐的特点有如下几方面。

1. 沟通气氛轻松

当严肃紧张的会议结束之后，步入餐厅或娱乐场所时往往会使人的精神放松，彼此之间感到轻松，友好的气氛也很容易形成。社会组织应该借此机会积极地与目标公众进行沟通，以增进双方的多方面了解。

2. 沟通目的明确

社会组织举办宴会、舞会或其他娱乐活动，不是简单的吃饭或游乐，而是利用这样的机会，了解目标公众，也让目标公众更多地了解组织。因此，宴会和舞会中的主题应更多地集中在向目标公众介绍组织的情况上，如谈一些筹备会议或谈判的过程、组织活动中的小故事等，话语轻松，但主题明确，使目标公众以轻松的心情去了解社会组织，为组织的下一步工作做好铺垫。

3. 增进广泛认同

以宴乐的形式与目标公众进行沟通，还可以获得更多会议或谈判中无法获得的信息，如关于目标公众的个人情况、会议或谈判中的准备及双方所持有的基本态度取向等，这就为相对机械和刻板的会议或谈判安排增加了一些人情味，彼此之间即使未能在某一问题上取得一致意见，也会由此成为朋友，为以后的合作埋下伏笔。

4. 化解误解

安排宴乐，从公共关系工作的角度看，可以起到补充工作中疏漏与不足的作用。在会议和谈判中，社会组织与目标公众往往神经都比较紧张，对事情的要求原则性有余、灵活性不足，在某些方面易造成双方的误解。但是在宴席上或娱乐活动中，双方的隔阂则容易化解，某些方面的不足也可以得到及时的补救，双方的交流会更加深入和融洽，有利于社会组织与目标公众之间形成良好的沟通氛围。

虽然宴乐针对的只是目标公众的代表，但他们往往会成为组织目标公众的意见领袖，影响真正的目标公众的态度取向，因此社会组织在公共关系传播活动中，必须要做好正式场合的人际沟通，使之发挥促进公关活动的积极作用。

二、非正式场合的人际沟通

在非正式场合，组织的公共关系人员与目标公众的代表（下略为目标公众）也可以进行进一步的沟通交流，这些场合的活动对赢得目标公众的了解与认同发挥着重要的作用。

（一）游览

浏览是社会组织在与目标公众人际沟通中常会进行的一项活动，其特点包括如下几方面。

1. 以活动促沟通

安排游览活动，会使目标公众心情愉悦，印象良好，但若活动安排不合适，也会令目标公众大为不快，快快离去。因此，安排恰当、巧妙的游览活动对促进双方的沟通和了解作用很大。

2. 借景传情

带领目标公众游览风景，不是简单的游山玩水，而是通过这样的活动强化目标公众对组织的好感，增进目标公众对组织的了解。因而公关人员应充分利用这一机会更多地介绍组织及相关情况，将山水之景与组织的未来发展联系在一起，使目标公众乘兴观景，对目标公众借景传情。

(二) 散步

散步是社会组织与目标公众在不经意间创造的沟通机会。其特点包括如下几方面。

1. 轻松地增进了解

散步是一种良好的运动，在散步时人的精神是放松的。当社会组织的公关人员与目标公众偶遇同行而散步时，可以借此营造轻松自然的谈话氛围，令彼此感觉随意而不刻意去了解，谈话内容形散而神不散，构建组织在目标公众中的良好印象。

2. 充分地交换意见

在散步中，双方的交谈可以涉及一些主题，如了解目标公众的看法、建议，征求对方意见等，也可以充分地交换意见，向对方阐述组织的思路与规划等，加深彼此的了解。组织与公众交流的基本宗旨是平等地交换看法，努力寻求认同，让目标公众对组织留下良好印象。

(三) 聊天

聊天也是一种加深相互了解的较好途径。虽然聊天属于非正式场合的沟通，但在组织与目标公众缔结良好关系方面会起到重要的作用。其特点包括如下几方面。

1. 增进感情

社会组织的公关人员通过与目标公众聊天，很可能会了解有关目标公众的许多个人情况，如家庭状况、个人成长经历等，同样，也会使目标公众更多地了解组织的公关人员，使彼此之间的感情自然地交融和贴近。这对于强化目标公众对组织的感情，具有十分重要的作用。

2. 深度接触

通过聊天，组织的公关人员有机会与目标公众进行深度接触，更多地进行双向沟通，如了解某些事情的全部情况，对公众所持有的立场、观点有一个更全面、准确的把握，有利于组织的公关人员以恰当的方式与目标公众沟通，赢得对方的信任，从而实现组织的公关目标。

对社会组织来说，虽然非正式的人际沟通并不显眼，但十分重要。社会组织在开展宣传活动时，应关注这样的一些渠道，使目标公众代表与社会组织进一步相互了解。

第四节 市场营销活动中传播的应用

一、市场营销活动也是传播活动

我们知道，传播是公共关系三要素之一，是公共关系的手段，也被称为中介，它将公关主体——社会组织和公关客体——公众联系在一起。

市场营销活动从本质意义上来说，也是传播活动。理由如下。

(一) 产品在市场上的交换过程是企业对顾客的无声传播过程

对于大部分企业来说，产品的销售不是通过推销人员上门推销来实现的。顾客购买产品不是从企业的推销员手里购得的，而是从市场上许多同类产品中选择自己满意的产品来购买。顾客选择哪家企业的产品，除了柜台促销员或营业员的介绍外，最终的决定权在顾客。顾客确定购买产品的过程正是企业通过产品与顾客沟通的过程。这一过程是否成功，就在于企业的产品说明是否清楚，产品的外形、包装、装帧、色彩甚至字体等是否传播到位。产品向顾客的无声传播是营销中最重要的传播内容之一。

（二）产品定价是企业针对顾客的直接传播过程

价格是顾客购买过程中最敏感的因素。企业的产品定价是对顾客的直接传播，它传递给顾客的是产品的价位、品质、吸引力及心理满足程度等信号。通过价格向顾客传播企业的有关信息，印象往往直接、深刻。定价高会传播给顾客高档、华贵的印象，定价低则传播给顾客平易、亲近的感觉。企业如对产品实行稳定的定价手法，则会强化企业在顾客中的信心与印象。企业要善于使用价格策略，有效地针对目标市场传播企业的营销信息，从价格上塑造组织可信赖的印象。

（三）渠道选择过程是企业与中间商的传播交流过程

在企业的营销工作中，与中间商的合作至关重要。企业在选择中间商以及与中间商的合作过程中，其营销人员也在传播着组织的理念、经营宗旨和经营风格。企业与中间商合作得成功与否，实际上就是这一传播活动进行得顺利与否。如果彼此交流通畅，并能够很快达成共识，那么合作就可以进行下去；如果中间商对企业传播的理念不理解、不接受或不认同，那么双方的合作就会终止。

（四）产品促销过程是企业对顾客的针对性传播过程

在一些市场营销理论工作者看来，促销过程就是企业针对目标市场的信息传播过程，它鲜明地体现了营销中的传播特色。在促销过程中，一般使用广告、营业推广、人员推销和公共关系等手段。广告和公共关系会更多地借用大众传播媒介来进行，营业推广和人员推销则主要是企业与消费者面对面的传播过程。对某些企业来说，企业的营销过程更多地体现在促销的手法上，而这一过程又主要看企业的传播技巧和传播效果。有效的促销手段可以在短时间内完成企业与目标市场的沟通，改变企业的市场竞争局面。因此，传播工作对企业的营销活动具有极为重要的意义。

二、市场营销活动应恰当使用大众传播媒介

在企业的营销活动中，大众传播媒介的使用比较频繁，尤其是广告宣传，某些企业将之视为营销活动中最重要的甚至是唯一的手段。在目前中国的市场中，这一手段短期内也确实有一定的效果，但在使用大众传播媒介为市场营销服务时，应注意下述几个问题。

（一）使用报纸媒介时，应增强内容与版面的吸引力

报纸媒介是许多企业使用频繁的大众传媒，无论是对于产品的介绍还是大型促销活动的宣传，报纸媒介都比较有效。但使用报纸媒介容易出现的问题是：若版面过大，则成本增加；若版面太小，又缺乏吸引力。因此，企业在使用报纸媒介时，既要考虑版面大小适中，又要斟酌版面内容。报纸版面内容不应仅仅局限于产品广告或促销价格的宣传，而应更多地使用有效的劝说宣传内容，把潜在顾客的眼球吸引到宣传企业的版面上，令其反复阅读，甚至剪辑收藏。这就需要版面内容能更多提供对消费者有用的知识和信息，而不仅仅提供有利于企业销售的信息。

（二）使用杂志媒介时，应避免唯美倾向

目前，许多企业选择杂志媒介来宣传企业产品和开展营销活动。在使用杂志封面、封底或扉页时，容易陷入唯美的陷阱中，这就有可能淡化企业的营销宣传效果。有些企业请广告公司设计广告，利用杂志广告优良的纸张条件，过多地凸显明星形象或产品带来的感观享受，而忽视或冲击了对产品或活动本身特点的宣传，使企业投入的资金难以实现最大效益。对于杂志这种便于长久收藏的媒介，企业必须把握传播的要素，真正针对目标公众进行传播宣传，找准他们的需求点，将企业要传递的内容切实传递过去。画面不能太过华丽，要突出组织要传递的内容；内容不能过浅，应有一定的回味余地，让潜在顾客有所收益、有所感悟，愿意留存，保持持久印象。

（三）使用广播媒介时，应注意选择时段

广播媒介在今天虽然不如电视媒介那样受大众的关注，但仍然有许多群体是广播媒介的忠实听众。如果企业针对某一年龄段或职业的公众开展宣传活动，广播媒介可能是其营销活动的首选媒介。在确定广播的某一频道后，重要的问题是选择节目播出的时段。这需要企业认真把握好目标市场的特点，把要传播的信息有效地传达到潜在消费者的耳中。如果节目播出的时段选择得不好，恐怕企业的营销费用就付诸东流了。同时，也要适当注意传播内容，既要努力达到内容简单、易记，又要通过高重播率提升传播效果。

（四）使用电视媒介时，忌进行“狂轰滥炸”

电视媒介是今天接受人群最广的媒介，也是企业付出宣传成本最高的媒介。在使用电视媒介时，最忌讳的就是进行“狂轰滥炸”，导致电视观众产生视觉疲劳和听觉疲劳。如果企业电视广告次数过多、时间过长，对受众的视觉和听觉进行反复的冲击，观众就会对广告熟视无睹、充耳不闻，甚至起到使观众一见就换台的反作用。电视具有独特的吸引力，但如果不深入研究其特点，只求“混个脸熟”，那对企业来说是一个不小的损失。企业营销人员在确定电视的传播内容和频率上，应站在受众的角度，考虑如何给潜在顾客和消费者传递他们需要的知识和信息，而不是站在企业自身的角度自卖自夸，以浮躁的心态炫耀自身的实力。

（五）使用网络媒体，吸引公众点击

在网络媒体越来越被公众看重的时代，社会组织要充分利用网络来宣传组织的产品与服务。在网络上，各企业的宣传活动竞争十分激烈。组织的宣传是否被关注完全取决于公众的自主性，因此，组织必须在产品品质、包装、定价、销售渠道、组织经营理念、组织文化等方面来吸引公众，引起公众的兴趣。只有公众愿意点击进去，组织传播活动才有可能成功，如果没有点击率，那组织的宣传活动连序幕都还没有拉开。

总之，企业在使用大众传播媒介时，应把顾客与消费者的需求放在第一位，把企业的利益及销售额放在第二位，真正贯彻以消费者为中心的理念，努力与目标市场建立长久的依赖与信任关系，营造企业发展的良性环境。

三、市场营销活动中人际沟通具有公共关系意义

在企业的营销活动中，人际沟通是企业与目标市场进行传播活动的又一手段，它虽然没有大众传播那样快捷和广泛，却更具有针对性和高效率。有效的人际沟通具有鲜明的公共关系意义。

（一）有效的人际沟通可以快速缔造组织良好印象

利用大众传播媒介对企业的目标市场开展传播活动，毕竟是利用了一定的现代媒介载体，企业与目标市场彼此仍然存在一定的距离，相互之间不能真正地了解。只有利用人际沟通手段进行传播，企业的营销人员才与目标市场真正实现了面对面的无障碍交流。这种双向传播是传播中最直接有效的方式。它可以让潜在的顾客或消费者在短时间内对企业有一个全面、真实的了解，能够快速缔造组织良好印象。

（二）有效的人际沟通可以为潜在顾客留下深刻印象

俗话说："耳听为虚，眼见为实。"通过大众传播获得的对企业的了解往往是支离破碎的，也是难以保持的，而直接从企业营销人员的宣传中得到的信息则是完整的、真实的，记忆也比较深刻。当营销人员向潜在顾客或消费者介绍企业的产品时，留在潜在顾客和消费者心中的往往不仅是对产品的了解，更是对企业的看法，这种看法会因为营销人员的表现而印象深刻，会对企业未来的发展带来长久的影响。

（三）有效的人际沟通可以实现与潜在顾客的深度交流

企业营销人员与潜在顾客的接触，有时不仅仅涉及产品和企业的问题，而且可能将话题引入顾客个人的生活中，如生活常识、保健知识、健康理念以及心态调整等。这种自然的深度交流，会让潜在顾客对营销人员所在的企业有更深的认识，彼此的关系会递进为朋友之交。

（四）有效的人际沟通可以扭转企业的不利局势

在企业因产品等方面出现的问题陷入危机时，有效的人际沟通会更快、更具体地通过企业营销人员的传播活动扭转形势。虽然大众传播媒介在改变不良舆论环境问题上会起到十分重要的作用，但是，如果事情的发生仅仅是在较小的范围内，那么使用人际沟通手法则更加有效。俗话说："千里之堤，溃于蚁穴。"企业不良影响往往发端于某一地区、某一个人或某一方面，如果使用人际沟通并及时解决，就会尽快扭转企业的不利局势，防止不良舆论的扩散，对企业的长远发展具有十分重要的积极意义。

在讨论以上诸问题时，必须有一个前提条件，那就是企业有一支高素质、高质量的营销队伍，既有现代营销理念，又有公共关系意识，能够深刻领悟企业市场营销活动对组织的公共关系意义，否则，人际沟通或许会适得其反。

本章小结

传播是公共关系活动开展的手段，是人类古老的精神活动，是人们通过一定的载体将信息分享使之扩散或保存的精神文化活动。传播不仅有传播要素，还有附带要素。公共关系传播具有主动性、目的性、明确性等特点。公共关系传播要素主要指社会组织、组织信息、公众、媒介和反馈。公共关系传播更多地体现在传播媒介的使用上，一方面是大众传播媒介，包括电子类和印刷类媒介，另一方面是人际传播媒介，亦即人际沟通手段。在公关活动中，人际沟通作用的发挥对公关活动目标的实现十分重要。同样，传播也在企业的市场营销领域发挥了重要的作用。

职业实训

1. 案例剖析

推广低钠盐——改变中国人五千年吃盐习惯

20 世纪 80 年代初期，湖北云梦 1114 厂根据国际市场的信息，开发生产了低钠盐，因为企业没有进行必要的广告宣传，消费者对产品的保健作用不了解，商家对低钠盐的市场不看好，也不热衷于销售，低钠盐市场始终难以打开。

通过调查发现，市场难以打开的原因主要在于：

(1) 产品特点与人们消费习惯的差异。许多人认为低钠盐口味太淡，一时难以改变习惯，不愿意接受这种新产品。

(2) 科普知识宣传力度不足。当时许多人保健意识不强，缺少获取信息的渠道，对低钠盐的作用不了解，不愿意接受低钠盐。

(3) 新产品的保健作用与价格之间的矛盾。低钠盐中添加了许多对人体有益的矿物质营养素，价格要比普通食盐贵好几倍。一些人因为不了解低钠盐所含有的矿物质营养素成分，误认为是普通食盐在变着法涨价，产生了抵触情绪。

(4) 只靠一家企业无力面向社会进行公益宣传。社会公益事业需要社会各界共同支持。推广低钠盐是一项公益事业，需要广泛进行科普宣传。仅仅依靠一家企业来承担，实力不足，难度很大。

(5) 市场拓展形成了恶性循环。新产品进入市场，商家见消费者不接受，就会产生抵触情绪，预测市场拓展难度大，也就不愿意经销；销售商不积极，市场上销售点很少，消费者在市场上见不到低钠盐，对商品的作用就更不了解，市场拓展的机会就更少。

针对存在的问题，从以下几个方面考虑方案的制定：

(1) 广泛进行低钠盐产品的科普宣传，增强人们的保健意识。只有改变陈旧的观念，才能改变几千年传统的食盐习惯。

(2) 介绍低钠盐的科学配方和内含的多种矿物质营养素，讲明价格较贵的合理缘由和道理，逐步让消费者接受。

(3) 发动媒体共同宣传推广，灌输低钠盐造福全民族的理念。媒体对这项有利于全民的公益推广，应当主动承担起社会义务和责任，反复宣传科普知识，支持企业拓展低钠盐市场。

(4) 选择市场突破口，主动联系销售商，逐步在国内建立销售网点。

(5) 低钠盐的科普宣传与市场拓展同步进行，变恶性循环为良性循环。

具体方案如下：

(1) 提高全民健康观念，改变人们几千年的食盐习惯。利用全国 12 家经济报协作会的宣传优势，组织媒体共同进行科普宣传，展开宣传攻势。通过持续掀起宣传高潮和新闻效应发挥的作用，大力宣传低钠盐的保健作用。

(2) 深入开展科普宣传，为市场拓展做准备。人民日报社《市场报》组织专版，从健康知识、产品保健作用、国际市场现状、市场前景等角度进行全面宣传，为低钠盐拓展北京和全国市场做好前期的准备工作。

(3) 帮助沟通销售渠道，推动产品进入北京市场。与北京盐业公司联系，使之帮助企业拓展销售渠道。选择文化程度和整体素质较高的北京人群作为首选的推广对象和市场拓展的突破口，进行重点推广。

(4) 宣传推广和市场拓展相结合，以新闻效应带动市场拓展。在北京人民大会堂举办低钠盐新闻发布会，力求见到实效。

(5) 选择受众面广的电视媒体与栏目，持续进行科学宣传。如联系中央电视台“为您服务”节目组进行低钠盐科普知识专题宣传，扩大宣传的力度和广度，尽快向广大消费者普及低钠盐对身体健康有利的知识。

广泛宣传要与重点宣传相结合，力求最佳效果。《市场报》组织“保障健康，造福人民”的专版，进行低钠盐重点宣传和推广工作。在专版宣传中，首先对1114厂的技术实力、产品质量等方面进行介绍，再从低钠盐的保健作用谈起，阐述低钠盐含有的矿物质营养成分，介绍低钠盐和国际市场现状，论述低钠盐在国内市场将逐步替代普通食盐的趋势。专版中还刊登了医学专家的权威结论：过多摄入钠将会导致冠心病。《市场报》的专版宣传，重点突出，内容全面扎实，科普宣传力度较大。

为了确保低钠盐顺畅地进入北京市场，经与北京市宣武区副食品批发公司联系与商谈，对其说明了低钠盐市场拓展的社会意义和责任，阐述了低钠盐的市场前景与拓展市场的方法，从而改变了经销商的观念，使策划方案得到了商家的支持。经过对多种因素的分析与研究，海淀区中关村、人民日报社所在地段设立了低钠盐专卖点，然后分阶段逐步向全北京拓展。一切准备工作就绪后，1988年5月，在北京人民大会堂举办了“推广低钠盐，造福全民族”的新闻发布会，邀请商业销售单位和新闻记者参加，将低钠盐的宣传推广和市场拓展工作同时进行，相互结合，互为推动，力求快速见到实效。考虑到如果电视台参与科普推广宣传效果会更好，于是又在中央电视台“为您服务”节目中进行了低钠盐的专题知识性介绍。该节目以对话和讲解等形式，深入浅出地介绍了低钠盐的科普知识。节目播出后，收视率很高，反响也很好，效果十分显著。有些城市的经销商主动与企业联系进货，也有不少观众来信询问在哪些地方能够买到低钠盐。为了进一步深化宣传，记者还专门采访了1114厂厂长任善纪，以人物专访的形式，撰文在《人民日报》上刊登，介绍这位“制盐将军”为保障人民健康所作出的贡献。通过电视与报刊的反复宣传，老百姓终于对低钠盐逐步有了认识，低钠盐在国内的市场拓展工作也见到了实效，原先堆积如山的产品很快销售一空。

资料来源：崔秀芝：《中国策划经典案例：崔秀芝专辑》，95～102页，深圳，海天出版社，2006。

认真阅读案例，回答下列问题：

(1) 推广低钠盐都使用了什么传播手段？

(2) 这些传播手段各发挥了什么作用？

(3) 低钠盐的公共关系宣传活动有哪些成功经验？

2. 职场模拟

(1) 将班里学生分成5个小组，小组1模拟销售人员，演示市场初期公众对低钠盐的抵触心理和1114厂的销售惨淡状况（只有卖者，没有买者，没有人相信销售人员说的话）。

(2) 小组2写一篇关于低钠盐的宣传稿。

(3) 小组 3 模拟新闻发布会。

(4) 小组 4 模拟电视专题访谈节目“为您服务——低钠盐走进生活”。

(5) 小组 5 写一篇关于厂长的先进事迹的报道。

3. 能力训练

(1) 了解本校有多少种传播媒介，它们的作用发挥得怎样?

(2) 通过班团活动，对人际传播类型进行感知：正式的人际传播与非正式的人际传播特点及效果分析。

(3) 课堂辩论赛：网络媒体与电视媒体哪一个对社会组织的公共关系传播活动效果更好?

(4) 到报社或电视台、电台了解媒介与企业的关系。

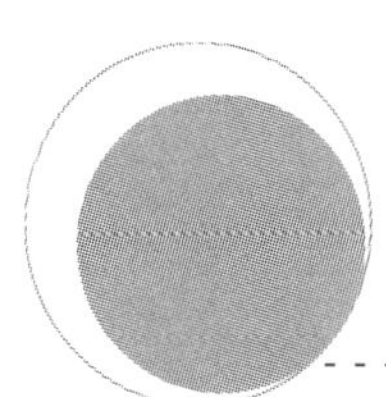

第四章

公共关系客体——公众

本章学习目标

通过本章的学习，你应该能够：

1. 理解公众的概念、特征及分类。
2. 理解内部公众的含义，掌握内部公共关系工作的方法。
3. 掌握建立良好顾客关系的策略。
4. 了解政府公众、媒介公众、社区公众、名流公众公共关系工作的内容。

课前思考题

1. 公众的特点是什么？
2. 如何做好内部公众的公共关系工作？
3. 怎样建立良好的顾客关系？

导入案例

苹果的“傲慢门”

从2013年3月25日起，《人民日报》连续5天刊文质疑苹果。而中央电视台继“3·15晚会”曝光苹果公司售后“中外双重标准”的问题之后，又连续在《新闻联播》、《焦点访谈》等节目中保持对苹果公司的曝光。两家在中国有着巨大影响力的媒体，先后密集发声，让苹果公司陷入进入中国以来最大的舆论危机之中，也让这个多少人心目中神圣的品牌第一次出现了裂痕。

25日　自我表扬应付质疑

3月25日，《人民日报》发文质疑苹果公司在中国售后服务的双重标准，以及被媒体曝光后的消极应付。

文章指出，被央视“3·15晚会”曝光售后服务“双重标准”之后，苹果公司只在官网发了寥寥200字的声明：“苹果公司致力于生产世界一流的产品，并为所在市场的消费者提供无与伦比的用户体验……我们的团队一直努力超越消费者的期望，并高度重视每一位消费者的意见和建议。”这份被网友称为是“官方回复假大空的经典范文”的声明，满篇充斥着自我表扬，丝毫没有歉意，更没有提供任何解决办法。

26 日　霸气苹果伤了啥

3 月 26 日，《人民日报》报道称，消费者在保修期内去苹果店维修 iPhone 4，被告知除后盖外要整个换掉，且换的是翻新手机。这篇名为《霸气苹果伤了啥》的文章指出：“一些维修商在承诺换新时未告知消费者所换部件、产品的真实情况，侵犯了消费者知情权和自主选择权。在三包期内如确需更换整机，依法必须是新机，而不应该是翻新机，否则是严重违法行为。”

该文还指责苹果在售后方面存在“更换强制留旧件”、“三包期限缩水”、“修理拖延时间长”等问题，均违反中国相关法规。文章指出，苹果长期在中国市场实施与国外不同的售后政策，不仅伤了消费者的心，而且让品牌信誉受损。

27 日　打掉“无与伦比”的傲慢

除了“中外双重标准”外，“傲慢”也是媒体指责苹果的“罪名”之一。3 月 27 日，《人民日报》时评的标题为“打掉苹果‘无与伦比’的傲慢”。

文章指出，苹果公司在中国，一直以励志片的面目出现，乔布斯恨不得成了创新的楷模。近些日子，这部苹果励志片忽然有演变成烂片的趋势：无视中国消费者、售后服务分三六九等、涉嫌偷税漏税、被抓到错处还死不认账……甚至还好意思自我称许“为消费者提供无与伦比的用户体验”。

文章分析，要想保护中国消费者应得的权益，唯有加强监管一途。让苹果因为“得罪”了消费者而付出高昂的代价，其才有可能乖乖就范。

28 日　苹果到底躲了多少税

这篇名为《苹果到底躲了多少税》的稿件指出，《纽约时报》一篇报道揭露，苹果将大约 70%的利润，通过在低税收地区设立分支机构等手段转移到海外，每年避税高达数十亿美元。为了解这种“合法避税”在中国是否存在，以及容易“避税”的苹果应用在华的销售额、利润及缴税情况，记者给苹果总部发了一封邮件，苹果总部很快把信转给了苹果中国。

两个小时后，苹果中国公关部门的吴女士打来电话说：“由于这篇文章写于一年前，已经很旧，因此苹果总部不便发表评论。”而对于苹果公司的应用商店是否纳税、向谁纳税的问题，苹果并未直接给出答复。

29 日　维修条款换汤不换药

售后问题引发不满、维修条款受到批评后，苹果公司在其官方网站上公布了修改后的维修条款。

3 月 28 日，中消协律师团团长邱宝昌对苹果修改前后的条款作出详细点评。他认为，总体来看，这些改动是换汤不换药，改前问题很多，改后问题仍然不少，在减轻自身责任、增加消费者责任这一点上没有太多改变，部分条款仍然涉嫌违规。邱宝昌还说，不管是修改前还是修改后，条款文本都十分晦涩，这就让苹果有了任意解释的空间。他认为，条款应该使用简洁明了的说法。

12 年前，东芝用“给美国人美金，给中国人补丁”的双重标准应对笔记本故障，由连续四年的中国市场冠军滑落出市场份额前十名。5年前，惠普因笔记本产品质量问题被央视“3·15晚会”曝光，中国市场份额由16.6%连续下跌至5%。

现在，正处巅峰的苹果是否会因这些质疑而砸了招牌?

苹果中国公司公关负责人对《新京报》记者表示，在此次事件中，公司的公关部和其他部门进行了紧密沟通，这在以前是不可能的。该负责人说：“换做以前我们可能都不会出声明，我们也在努力改变。”

央视《新闻联播》报道称，“3·15晚会”曝光苹果产品售后服务采用中外双重标准后，包括《人民日报》、《光明日报》等百家主流平面媒体都对此进行转载和报道，全国30多家平面媒体的总编辑撰写了50多篇评论。

苹果的回应再遭指责

苹果公关要做的事情就是“存在”，让媒体能找到他们。

实际上，“傲慢”这个词已不是第一次与苹果发生关联。苹果此前处理公共关系的方式一直遭到媒体及用户的诟病。

例如，此次面对媒体的指责，苹果的反应一如既往——只有简短的声明，没有更多的沟通。

3月15日，被央视“3·15晚会”点名后，苹果当日做出回应，称公司“重视每一位消费者的意见和建议”。

3月23日，苹果在其网站上发布了“关于售后服务致消费者的声明”。苹果在这则声明中表示：“鉴于iPhone 5的独特设计，在绝大多数情况下，我们都会根据苹果的政策提供整机更换服务。”同时，苹果还表示：“中国消费者享有苹果最高标准的服务。我们的政策完全符合本地法律法规。苹果在中国所提供的保修政策和在美国及世界各地大致相同。”

这样的声明未能“灭火”。《人民日报》时评文章称，这样的声明属于“自我表扬、回避采访和回避问题”。

苹果公关“最悠闲”

在这一事件中，一些消费者对苹果感到失望甚至不满。

在诸多涉足消费品领域的大公司中，苹果公司的作风常常显得较为不同——在中国，苹果很少与媒体沟通，几乎不公开发布公司的信息。

因此，“低调”与“傲慢”是中国媒体对苹果公司最多的评价。这一评价最有力的体现是，直到乔布斯逝世，库克接任苹果CEO后，苹果才终结“高管从不访问中国”的历史。

知名网络评论者Keso曾评论称，苹果可能是对消费者和新闻媒体态度最恶劣的公司之一。

此前，苹果中国的公关部门被国内媒体评为“最悠闲的公关”，因为他们不会向其他公司那样，为所谓的负面报道四处“灭火”，也不需要费心策划公关事件，吸引媒体注意。有从业者评价说，苹果公关要做的事情就是“存在”，让媒体能找到他们，耐心等待媒体抛出一堆问题后，微笑着说：“亲，这个事情我们不做评论。”

即使苹果在中国的业务遭受全球媒体指责的时候，他们的公关策略也从未改变。

从2010年苹果在华最大供应商富士康员工跳楼事件，到代工厂员工患“怪病”，到2011年“毒苹果”事件，再到2012年“血汗工厂”事件，苹果一直与媒体保持着足够的“距离”。

实际上，国外媒体及消费者也常常指责苹果“傲慢”。2012年10月，苹果联合创始人史蒂夫·沃兹尼亚克接受采访时表示，苹果已经变得傲慢。

“傲慢”程度下降

或因来自市场竞争的巨大压力，苹果2013年年初首次释放出了改变的信号。

虽然仍被指傲慢，但苹果的态度已发生了微妙的变化。

随着中国区业绩的极速攀升，以及新任CEO库克的频频访华，苹果2013年年初首次释放出了改变的信号:“今后我们跟媒体进行更多主动的沟通。”

不仅在中国，在主要市场，苹果都开始重视公关部门。苹果希望通过这一部门的调整，将公司内部的信息更好地向外界传达。

对于苹果公关态度的转变，媒体认为这是竞争对手对苹果施加的压力太大所致。

金融调查机构汤森金融的最新调查显示，苹果2013财年第二季度利润或出现10年来首次同比下滑。

对于“回应遭指责”，苹果中国公司公关负责人表示，他们也没有想到其官方回应会被“误解”:“我们的回应是以跟消费者说话的口吻写的，都是针对央视质疑的基本回应，但没想到被误解得这么严重。”

该负责人告诉《新京报》记者：“苹果自己也没有想到会在中国市场获得这么大的成功，任何一个企业在迅速增长的时候，都不可能做到完美。我们在一些地方确实需要改进，经销商的管理也需要加强。但我们最根本的原则是，不伤害消费者的利益。”

一位苹果中国员工表示，苹果在售后服务方面做得比国内的同行要好。他说：“苹果在中国是严格遵守中国法律的，包括《三包法》和《消费者权益保护法》，但《三包法》和美国、欧盟等地区有很大的差别。”

部分消费者不买账

在这一事件中，一些消费者对苹果感到失望甚至不满。

记者随机采访了几个苹果手机用户。一位女士表示：“放到屁股口袋里，坐一下屏幕就会弯掉，现在售后竟然还搞双重标准。”和她随行的一位男士表示：“iPhone 5本身就有质量问题，虽然屏幕更清晰了，但很脆弱。”

但也有消费者表示，其实苹果的售后服务很好，自己的手机过保修期了，拿到苹果店，苹果最后也给做了保修处理。

质检总局要求苹果改正违规行为

国家质检总局相关负责人表示，关于消费者反映“苹果服务商告知MacBook Air笔记本电脑主板只保修一年”的问题，苹果服务商的做法违反了我国《微型计算机商品修理更换退货责任规定》，必须予以改正；否则，将由行政执法部门按照有关法律法规予以严肃处理。

苹果发布致歉信

2013 年 4 月 1 日，苹果中国官网发布 CEO 库克致中国消费者的道歉信，称由于对外沟通不足而导致外界认为苹果公司态度傲慢，今后对中国维修和保修政策进行深刻反思。苹果公司将改进 iPhone 等设备的维修政策，使其符合中国的“三包”规定。

信中表示，苹果正在实施以下四项重大调整：

改进 iPhone 4 和 iPhone 4S 维修政策；在 Apple 官方网站上提供简洁清晰的维修和保修政策说明；加大力度监督和培训 Apple 授权服务提供商；确保消费者能够便捷地联系 Apple 以反馈服务的相关问题。

资料来源：http://www.bjnews.com.cn/finance/2013/03/28/255424.html。

社会组织要针对公众开展一项重要的活动，必须要赢得公众的支持与配合，否则就无法实施下去。那么，什么是公众？他们有哪些特点呢？怎样针对公众的情况开展公共关系活动呢？

第一节 公众概述

一、公众的概念和含义

（一）公众的概念

公众是公共关系的客体，亦即唯一的工作对象，一切组织行之有效的公共关系工作，都是围绕着公众而开展的。组织依靠公众的支持与合作得以生存发展，因此公众问题成为公共关系工作的首要问题。而做好公共关系工作，首先必须要了解和研究公众。

就公关关系的一般意义而言，公众指与公共关系主体利益相互影响和相互作用的个人、群体或组织。公众这个概念涵盖了公共关系工作的所有对象，凡是公共关系传播沟通的对象都可被称为公众。因此，公众是公共关系对象的总称。

公众是一个特定范畴，它有别于“社会大众”、“人民大众”、“老百姓”等概念。公共关系意义上的公众是指面临着某一共同问题，存在着共同的利益而联结在一起的群体。他们与特定的公共关系主体发生着直接或间接的互动效应，成为组织传播交流信息的客体。

（二）公众的含义

一般来说，公共关系中的公众至少包含以下几层意思：

（1）公众是公共关系主体传播沟通的对象的总称，它与人民、群众、人群、大众等概念是有区别的。

（2）公众是相对于特定组织而存在的。一个组织诞生了，意味着与其息息相关的内外部公众形成了；一个组织消失了，意味着与其相关的公众消失了。当然，这种消失对公众而言是指其承担的特定组织公众关系对象身份的消失，并不是指公众人身的消失。实际上，个人、群体或组织必然同时具有多重的公众身份。

（3）公众是因共同的利益、问题等而联系在一起，并与特定组织发生联系或相互作用的个人、群体或组织的总称。组织在具体的公共关系活动中，面对的既可能是分散的个人，也可能是由个人构成的群体或组织，但这些个人、群体或组织只有因共同的问题或利益而联系起来，并与特定组织发生了关系或相互作用时，才可以称为公众。公众既是个集合性概念，又是个具有指向性的概念。

(4) 公众是客观存在的。公众作为主体的作用对象与主体存在着客观的、不以主体的主观意志为转移的关系。

二、公众的特征

公众的基本特征主要表现为以下五个方面。

(一) 整体性

公众不是单一的群体，而是与某一组织运行有关的整体环境。它是组织运行过程中必须面对的社会关系和社会舆论的总和。比如一家企业，既有内部的职工公众、股东公众，又有外部的社会公众；外部的社会公众不仅包括市场上的顾客、销售商，还包括社区、政府、新闻界、文化界、体育界等有关的团体、组织或个人。对其中任何一种公众的疏忽，都可能导致整个公众环境的恶化，公众环境的恶化必然影响组织的生存和发展。因此，组织应该将其面对的公众视作一个完整的环境，要用全面、系统的观点来分析自己面对的公众。

(二) 共同性

公众不是一盘散沙，而是具有某种内在共同性的群体。当某一群人、某一社会阶层、某些社会团体因为某种共同性而发生内在的联系时，便成为一类公众。这种共同性指相互之间的某种共同点，比如共同的利益、共同的需求、共同的问题、共同的背景等。这样一些共同点，使一群人或一些团体和组织具有相同或类似的态度和行为，构成组织所面临的一类公众。比如，表面上看相互之间并没有联系的许多个人或团体，因为同处在一个社区，都面临着某家工厂的污染威胁，从而使他们的态度和行为具有内在的联系，不约而同地或有组织地针对该家工厂采取某种共同的行为，从而对该工厂构成一定的公众压力、舆论压力。可见，公众总是和某一特定的共同点联系在一起的，共同点的性质决定着公众的性质。界定公众首先要界定公众所面临的共同点。因此，了解和分析自己的公众，必须通过相应的共同点（比如共同的问题）去了解、分析其内在的联系，这样才可能化混沌为清晰，从公众整体中区分出不同的对象来。

(三) 相关性

公众的共同点不是抽象的，而是具体的，与特定的组织相关。公众总是相对于一定的公共关系行为的主体（组织或个人）而存在的。一群人之所以成为某一组织的公众，是因为他们的共同点与该组织具有一定的相关性、互动性，即他们的意见、观点、态度和行为对该组织的目标和发展具有实际或潜在的影响力、制约力，甚至决定组织的成败。同样，该组织的决策和行为也对这些公众具有实际或潜在的影响力、作用力，制约着他们利益的实现、需求的满足、问题的解决等。这种相关性是组织与公众形成公共关系主体与客体相互关系的关键。寻找公众、确定公众很重要的一点就是寻找和确定这种相关性，选择自己的对策和行为方案。例如，学校的主要公众是教师和学生，工商企业最主要的公众是顾客和员工等。

(四) 多样性

公众的存在不是单一的，而是复杂多样的。“公众”仅是个统称，具体的公众形式可以是个人、群体、团体或组织。日常的公共关系工作对象，包括各种各样的个人关系、群体关系、团体关系、组织关系等。即便是同一类的公众，也可以有不同的存在形式。比如，媒介关系的具体对象，可以是一个记者，也可以是记者协会或新闻学会，还可以是某个新闻单位，如报社、电视台等。对于不同形式的公众，组织要选择不同的沟通渠道和不同形式的沟通手段。公众形式的多样性，决定了沟通方式和传播媒介的多样性。

（五）变化性

公众不是封闭僵化、一成不变的对象，而是一个开放的系统，它处于不断变化发展的过程之中。任何组织面临的公众，其性质、形式、数量、范围等均会随着主体条件、客观环境的变化而变化。有的关系产生了，有的关系消失了；有的关系可能扩大，有的关系可能缩小；有的关系越来越稳固，有的关系越来越动荡；有的关系甚至发生性质上的变化——竞争关系转化成协作关系，友好关系转化为敌对关系等。公众环境的变化，必将导致公共关系工作目标、方针、策略、手段的变化。反过来，组织自身的变化也会导致公众环境的变化，这种变化可能对组织产生影响和制约作用。

从整体性、共同性、相关性、多样性和变化性五个方面来把握公众概念的具体含义，可以帮助我们理解这一概念与人民、人群、群众、受众等相关概念之间的区别。

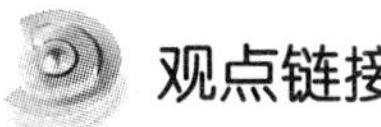

观点链接

辨别和确立公众

辨别和确立公众要注意以下几点：

（1）辨别所有与某一公关项目有关系的人。

（2）在预算和自然范围确定优先次序。

（3）选择传播媒介和方法。

（4）准备易于接受的并具有影响力形式的消息。

否则，可能导致如下后果：

（1）力量和资金被不加区别地分散在企图达到的过多的公众中。

（2）发表没有针对性的消息，而不顾其对不同人群的适用性。

（3）工作将不会有计划地按时进行，使得人力、时间、物资和设备不能得到最有效的使用。

（4）目标将不会实现。

（5）管理部门将会对缺乏成效失望。

资料来源：天行：《公关艺术》，28页，广州，广东旅游出版社，1999。

三、公众的分类

现代社会是快速发展的社会，组织所面临的公众千姿百态、千变万化。因此，我们在分析公众时必须抛开其具体形态，抽出其共同性，从不同角度、按不同标准对公众进行分类。

公众可以分为以下几种类型。

（一）非公众、潜在公众、知晓公众和行动公众

公众是一个生长体，它与组织的关系有一个由远及近、由疏而密的发展过程。根据公众发展过程的不同阶段，可以将公众划分为非公众、潜在公众、知晓公众、行动公众四种类型。

非公众指与组织无关，其观点、态度和行动不受组织的影响，也不对组织产生作用的公众群体。

潜在公众指与组织的关系处于不明朗或未来可能发生关系的状态的公众群体，潜在公众又称为隐蔽公众或未来公众。

知晓公众指已经知晓自己的处境，明确意识到自己面临的问题与特定组织的关系，迫切需要进一步了解与该问题有关的所有信息，并开始向组织提出有关的权益要求的公众群体。

行动公众指已采取实际行动，对组织构成压力，并迫使组织采取相应行动的公众群体。

在公众发展的不同阶段，组织应该采取不同的公共关系对策。划分出非公众是为了减少公共关系传播的盲目性，提高公共关系工作的准确性和针对性，避免浪费；针对潜在公众，组织应该未雨绸缪，加强预测，密切监视事态的发展，分析各种可能的结果，制定多种应付的方案，引导事情向好的方面发展；对于知晓公众，组织应该采取积极主动的公共关系姿态，及时沟通，主动传播，提供信息，满足公众要求被告知的心情，使公众对组织产生信赖感，主动控制舆论局势；对于行动公众，组织应采取相应的行动，将压力变为动力，使行动公众转变为对组织有利的合力。

（二）首要公众、次要公众和边缘公众

根据公众对组织的影响程度，可以将公众分为首要公众、次要公众和边缘公众。

首要公众是指对组织的生存和发展具有重要影响力和决定作用的公众。他们是组织的生命线，如组织的全体成员、企业的用户、商场的顾客、宗教慈善机构的赞助者等对组织有“生杀大权”的群体和个人。几乎所有组织都集中人力、财力和物力来维持或改善同首要公众的关系。

次要公众是指对组织的生存和发展有一定影响，而这种影响还不至于对组织的生存和发展构成决定作用的公众。例如，主管部门、财政税收部门、物价部门、社区单位、零散顾客等。次要公众虽不是公共关系的重点对象，但同首要公众之间有着千丝万缕的联系，次要公众可能转化为首要公众，因此组织不能忽视对次要公众的争取。

边缘公众是指与组织有间接关系和对组织起着间接影响的公众。例如，非同类组织、社会福利组织、大专院校以及竞争对手、员工家属等。边缘公众对组织的影响虽然是间接的，但其覆盖面远远超过了首要公众。边缘公众的介入，使组织的公众群成倍增长，组织对他们的政策是“争取大多数”，这项工作是最为艰巨而效果又最不明显的。对于边缘公众，组织一般不可能投入太多精力，但也不宜轻视。

（三）顺意公众、逆意公众和独立公众

根据公众对组织的不同态度，可以将公众分为顺意公众、逆意公众和独立公众。

顺意公众是指对组织的政策和行为持赞美、支持和合作态度的公众。顺意公众是组织的支持者和拥护者，是推动组织发展的基本力量。因此，组织应把顺意公众当做同舟共济

的伙伴，悉心维持，不断加强与他们的联系。

逆意公众，也称反对公众，是指对组织持怀疑、反对或不合作态度的公众。逆意公众通常是由于其利益与组织发生冲突或由于沟通不畅而对组织的政策和行为产生误解而形成的。争取逆意公众的转化是公共关系的难点。公共关系人员必须下大力气，找到问题的症结，争取改变逆意公众的敌对态度，即使不能使其成为顺意公众，也要争取其成为独立公众。

独立公众是指介于顺意公众与逆意公众两者之间的中间公众。由于他们对组织奉行的政策、采取的行动持中立态度，或在观望阶段，尚未表态，故称之为独立公众。独立公众往往在数量上占大多数，在态度上有极大的可塑性，因而被视作公共关系的重点争取对象，尤其是当一个组织与竞争对手的激烈竞争处于相持阶段时，能否争取独立公众采取顺意态度，是组织成败安危的关键。因此，公共关系人员要设法争取独立公众对组织的了解和好感，引导他们成为组织的顺意公众，防止他们成为逆意公众。

（四）组织型公众和个体型公众

根据公众不同的社会状态，可以将公众分为组织型公众与个体型公众。

组织型公众是指作为社会的一个正式组织或正式群体存在的公众。由于组织型公众对组织的生存和发展能产生巨大影响和作用，因此往往被看作首要公众。在公共关系工作中，每一个组织都要重视处理与组织型公众的关系。组织型公众一般包括社区公众、社团公众和权利公众。

个体型公众，也称非组织型公众或零散型公众，是指处于无组织状态下的个体和非正式群体。这类公众极其广泛和复杂，就具体个人而言，非组织型公众应划入次要公众范畴，但某些身居要职或掌握着组织“生杀大权”的权力人物，一样能对组织的生存和发展起到决定性作用。因此，组织对个体型公众应区别对待，不能一概而论。

（五）内部公众和外部公众

根据组织公共关系活动的内外对象和利益关系的不同，可以将公众划分为内部公众和外部公众。

内部公众，即组织内部的成员群体，如管理人员、技术人员、销售人员、辅助人员以及股东公众等。内部公众是与组织利益关系最密切的公众，是组织“内求团结”的主要对象。

外部公众，即组织的外部沟通对象群体，如消费者、协作者、竞争者、记者、名流、政府官员、社区居民等。

外部公众是一个外延极广的范畴，对组织发展具有间接的或直接的影响力和制约力，是组织“外求发展”的主要对象。

第二节 内部公众

良好的公共关系应该从内部做起。在企业经营管理中，企业主要关注的是人、产品和利润，而其中人是至关重要的。因此，许多成功的企业都非常重视自己的员工，通过多种形式的内部公共关系活动，与员工同舟共济，共创辉煌。

一、内部公众的含义及对组织的意义

内部公众指组织内部沟通、传播的对象，包括组织内部全体员工构成的公众群体，如企业内部的员工、员工家属、股东，以及政府部门内部公务员、工作人员等。内部公众是与组织利益关系最密切的公众，是组织内部公关工作的重要对象，是外部公关工作的主体。加强内部公众沟通的目的，是培养组织成员的向心力、凝聚力，培养组织成员的主体意识和形象意识。我们可以从以下两个方面来认识内部公众对组织的意义。

（一）内部公众对组织目标的实现有至关重要的意义

一个组织的存在价值和整体形象在取得社会的认可之前，首先需要得到自己成员的认可；组织的目标和任务在赢得社会支持之前，首先需要赢得自己成员的配合与支持。否则，组织提出的目标将会落空，组织将无法作为一个整体面对外部社会公众。组织每一个成员都是组织的细胞，他们对组织有机体的认同和信赖是组织得以存在的基础。因此，良好的内部关系是公共关系的起点。组织内部的公共关系首先要增强内聚力，将全体员工组合成一个有机的整体。要达到这一目的，就需要将本组织的成员视作公共关系的首要对象，尊重组织成员分享信息的权利，争取他们的了解与理解，形成信任与和谐的内部气氛。

（二）内部公众是组织对外形象的具体体现

一个组织的对外影响力有赖于全体员工的努力与配合。因为每一个组织成员都是组织与外部公众接触的触角，都处在对外公共关系的第一线，组织的整体形象必须通过他们在各自工作岗位上的良好行为体现出来。在对外交往中，每一位组织成员都是重要的公共关系主体。这种主体性的发挥有赖于他们对组织的认同感和归属感。一个组织如果希望其成员能够时时处处自觉维护组织的形象，就应该真正善待和尊重自己的成员，将他们作为重要的公共关系对象，努力培养他们对组织的荣誉感、自豪感。

二、全员公关及其意义

全员公关指通过组织内部成员的公关教育与培训，了解公共关系的基本思想，提高全员公关行为的自觉性，加强整体的自觉配合与协调，发动全员参与公关活动，形成浓厚的组织公关氛围与公关文化。

作为一种管理职能，公共关系的重要责任是管理一个组织的无形资产——知名度和美誉度。全员公关是公共关系的最高境界，是一种最佳的公共关系状态。在这种状态下，组织的每一个成员都具有强烈的公关意识、高度的公关觉悟，都自觉地来做公共关系工作。在组织内部，管理者之间相互沟通，部门之间相互协调，员工之间相互配合，上下一心，众志成城，呈现出一派团结向上、兴旺发达的景象。在组织外部，组织每一位成员都以主人翁的责任心和自豪感，本能地维护组织的声誉和形象，自觉地维护公众的利益与权利，从而对外界产生巨大的影响力。

全员公关具有如下重要意义。

（一）有利于提高全体员工的声誉意识

组织通过全员公关活动的实施，使每一个员工都能树立强烈的公共关系观念，懂得组织信誉和形象的好坏不仅关系到本组织的兴衰成败，而且影响着每个员工的切身利益，组织良好环境的营造，不单单是组织领导者和公关人员的事，还必须依靠全体员工的积极努力。所以，每个员工都应像爱护自己的眼睛一样自觉地维护组织的信誉，从一言一行上作出努力。办事情、想问题，首先要考虑其会不会给组织带来不利影响，是否能增强社会公众对组织的好感。如果有了这样的思想观念，就会使员工自觉约束和规范自己的行为，在与社会公众交往时努力展示自己的良好形象，从而为组织的生存与发展作出贡献。

（二）有利于增强组织的市场竞争力

在全员公关实施中，组织往往通过对全体员工开展公共关系教育的活动，强化全体员工的公关观念，提高员工的公关觉悟，树立公共关系观念，使组织上下左右都围绕营造组织的良好发展环境而努力，从管理层到一线员工，从各职能部门到各员工之间更加协调和融洽，增强组织内部各方面的相互理解和对组织目标的认同感，进而实现共同的价值观。由此，组织的市场竞争力必然得到强化，最终实现组织的快速发展。

（三）有利于提升组织可持续发展能力

在全员公关过程中，一方面，组织需要通过全员公关教育，不断提高员工的公关觉悟，有效提高员工的思想素质，把员工的公关觉悟落实到各自的职业道德和职业活动之中；另一方面，组织需要通过公关理念的宣传，对员工进行系统的教育和训练，使全体员工掌握公关基本理论、技巧和技能，以便能积极主动地配合公关人员开展公关工作，把公关意识落实到自己的行动中。由此会极大地提高组织的可持续发展能力。

三、内部公共关系工作的主要方法

（一）造就员工共同的价值观念

员工的价值观念是决定组织成败荣衰的一个根本问题。每一个组织都有一个基本信念和目标宗旨，用以维系和激励全体员工，调动他们的积极性、主动性和创造性。根据对大量中外组织成功经验的分析，组织成功应具备七个基本要素，即7S，组织机构（Structure）、组织战略（Strategy）、组织系统（System）、组织班子（Staff）、组织作风（Style）、员工技能（Skill）、员工共同的价值观念（Shared-value）。员工共同的价值观念是7S中的核心要素。

（二）建立健全激励机制

1. 物质激励

为了激发员工的积极性和创造性，把蕴藏在员工中的聪明才智、劳动潜能充分挖掘出来，组织可以采用物质激励的办法。例如，实行“年度工资制”和“持股计划”；建立员工福利和慰问金制度；修建员工住房、生活区道路、车棚、配电房等；对员工结婚、生日、伤病等表示祝贺或慰问；建立总经理奖励基金制度，对那些为公司作出重大贡献和提出合理化建议的员工进行奖励，让他们感受到组织的温暖与关怀，拉近员工与组织的情感距离。

2. 精神鼓励

研究表明，通过物质激励的方法只能发挥职工工作能力的40%，依靠精神鼓励的方法可以发挥其60%的潜在能力。组织可以通过闭路电视、局域网、厂报、板报和广播等途径宣传优秀员工的敬业爱岗事迹，发挥优秀团队的先进榜样影响力，掀起“学先进，树新风”的热潮。组织还可以长期进行细致的思想教育，关心员工进步，进行精神激励，这也会收到很好的效果。

（三）加强内部沟通

组织要想在竞争中取得优势，必须搞好组织内部的员工关系，增强内部凝聚力。而搞好员工关系的关键在于，拓展员工公众之间的信息传播渠道，全方位开放组织内部的横向与纵向的信息交流网络，以达到上下左右之间的共识。为了取得员工的理解和支持，沟通是最基本的公关工作。如组织内部的讲座、讨论、演讲，以及内部刊物的创办、内部网站的使用等，都是非常有效的沟通方式。

（四）营造良好的内部氛围

组织可以通过多种途径培养良好的内部氛围。例如，开展关怀与送温暖活动；建立家属慰问制度，每年春节、中秋等节假日向家属发慰问信，邀请他们参与组织的有关活动；平时注重开展各种文化活动，向特困员工捐款，培养一种家庭式的温暖气氛等。这些措施都可以增强员工对组织的信赖感和归属感。

职场链接

香格里拉饭店的店规

杭州的香格里拉饭店位于西湖之滨，景色宜人，是浙江省第一家中外合资豪华宾馆，其公关部在全省也是最早建立的。除了做好对外宣传和协助饭店做好管理工作外，公关部还用了很大精力做好其内部员工的公关工作。

饭店有一条硬性规定，凡客人剩下的菜肴、酒水，哪怕没有沾唇也一律倒掉，不准员工私留。这条规定是公关部出的主意。用意有二：一是培养员工的民族自尊心，不可因贪小便宜而有失尊严；二是防范有人给顾客多上酒菜，损害饭店声誉。但同时饭店还有一条规定，内部搞活动时，可随便吃喝，喝得烂醉都无妨。

另外，为了让员工的不满情绪有合理的宣泄渠道，饭店办了一份内部刊物《微笑》，员工的建议、意见、不满、埋怨都可以出现在该刊物上，公关部根据情况适时给予回复。

资料来源：何春晖：《中外公关案例宝典》，25～26页，杭州，浙江大学出版社，2006。

四、内部公共关系的协调

（一）员工关系的协调

1. 领导成员之间关系的处理

领导成员之间关系是否融洽，直接关系到社会组织的发展和领导集体整体功能的发挥，要处理好这种关系，具体可采用以下方法：

（1）合理搭配，分工负责。保证每项工作任务能够落到实处，保证领导集体做出的决策能够得到有效的实施。

（2）互相配合，优势互补。通过领导班子内部的互相协调、优势互补，从而产生最大的合力。

（3）发扬民主，群策群力。实行民主，摒弃专制，是集体主要领导人的重要责任，对于领导集体关系的协调意义重大。

（4）遵守正副职权力规则。只有职位意识明晰，领导行为才能规范，职权关系才能理顺。

2. 领导与员工关系的处理

在社会组织内部，领导者与员工之间关系融洽与否，直接关系到组织各项工作的进展。

观点链接

使员工成为公司最忠实的拥护者

我们的首要目标不是将员工变成狂热的吹捧者——这是事情发展到一定程度自然出现的结果。要想达到这一步，应该营造一个很好的工作氛围，使员工非常乐意在这个公司工作。一个和谐的工作团体将容易被激励，而且可以帮助公司在内部员工和外部环境之间建立起更加有效、更加良好的沟通关系。

因此，员工可以成为公司最忠实的拥护者，但是他们也可能成为最严厉的批评者。每一位公司领导都应该努力去了解、激励这一群体，同时应尽量避免在沟通过程中犯错误——这会使精心策划的内部沟通计划功亏一篑。

对员工进行引导，需要三个步骤来完成：

第一步：理解。员工通常都需要掌握自己的工作和所作所为在公司整个大规划中所起的作用。他们必须知道自己的行为和态度是如何影响公司的经营表现的。

第二步：接受。当公司员工知道可以通过自己的行为来影响公司财富时，他们就可以接受自己的公司了。在这一阶段，员工仍然需要被激励，从而不断改变自己的行为，努力改善自身的表现。另外，需要引进一些新的工作程序，以允许这些改变发生，不断修订评估员工进步的方法和及时发现奖励员工的新做法。

第三步：支持。这一阶段是应该尽全力努力争取的最高境界，那就是员工在每天的交流活动中总是主动支持自己所在的公司，比如员工与顾客、供应商、竞争对手、朋友、家庭成员等进行交流。他们不仅会传递沟通的信息，还会全心全意地工作，用自己最好的表现来保证公司特定目标的实现。

资料来源：[美] 克里斯·杰纳斯著，宋庆云、杨桦译：《赢取信誉——如何成为优秀的公关专家》，159～160页，北京，人民邮电出版社，2003。

一位成功的领导者应该具备一定的领导技巧：

(1) 真正关心员工。视手下员工如家人，不仅关心他们的工作，而且关心他们的家庭和前途。

(2) 耐心倾听。认真虚心地倾听员工的意见与建议，让员工知无不言，言无不尽。

(3) 深入基层。走到员工身边，与员工面对面沟通、接触，发现问题及时解决。

（二）员工家属关系的协调

在社会组织中，要使广大员工心情舒畅地投入工作，必须注意处理好与员工家属的关系。员工家属关系实际上是员工关系的延伸与拓展。组织与员工家属关系的协调，对组织发展具有重要作用。

处理组织与员工家属的关系，主要有下述几种方法。

1. 经常性地与员工家属接触，沟通情况

组织公关人员要善于了解员工的家庭情况，加强与员工家属的信息交流，强化员工家属对组织的了解与信任，取得他们的理解与支持。

2. 把温暖送到员工家庭

组织领导人或公关人员可经常走访员工家庭，问寒问暖。遇到员工结婚、生子、老人寿辰、子女嫁娶等时机要主动及时地表示祝贺、慰问；当员工家庭遇到暂时困难或意外不幸时，要及时地伸出援助之手，帮助解决困难。

3. 解决实际困难，解除后顾之忧

组织一方面要搞好员工的福利待遇，另一方面对员工实际存在的诸多困难，如住房紧张以及子女入托、入学、就业难等问题，应该尽量帮助解决，为员工家属多办一些实事、好事。

（三）股东关系的协调

在现代企业制度下，一般都把股东视作内部公共关系的对象。股东是企业的重要支持力量，处理好与股东的关系，对于组织的外部环境营造会发挥重要的作用。股东关系已成为现代公共关系领域特殊的门类和热门话题。

股东关系的协调包括下述几种方法。

1. 尊重股东的利益与主人翁意识

首先，社会组织在协调股东关系时应当紧紧围绕股东利益，坚持股东利益高于一切，以获得股东的信任、支持与合作。其次，要尊重股东的主人翁意识。股东购买了组织的股票，自然就成了组织的所有者，要有效地协调好股东关系，尊重股东权益，赢得股东的长久信赖。

2. 与股东保持信息交流与有效沟通

一方面，组织要向股东提供及时、准确、可靠的信息，应定期向股东报告组织经营状况和有关信息；另一方面，组织应尽可能地收集来自股东的信息，吸纳股东对组织的意见与建议，使组织发展更加顺畅。

组织与股东进行信息交流的具体方式有年终报告、季度报告、内部刊物、股东刊物、宣传手册、信函、定期发放的调查表等，必要时还可对股东进行个人拜访，召集股东座谈会或信息通报会等，与股东进行直接对话。

3. 争取股东参与组织的经营活动

采取切实有效的措施保证股东参与组织的重大决策；充分利用广大股东广泛的社会关系，拓展组织产品的销售网络；争取股东的关心和支持，使他们成为组织形象、产品和服务的推销者、宣传者。

4. 开好股东大会

股东大会是股份制组织的最高权力机构，由全体股东参加，一般分两种：一是定期股东大会，又称股东年会；二是全体股东大会，又称特别股东大会。组织通过召集股东大会，征询股东意见，商讨决策，推动组织更好地发展。

（四）部门关系的协调

任何一个社会组织都面临着部门关系协调的重要课题。社会组织的整体效能，主要取决于组织各部门功能的充分发挥和各部门之间关系的协调效果。由于部门之间关系是组织内部的横向平级关系，不存在谁领导谁的问题，协调它们之间的关系有一定的难度。为此，要首先对员工加强全局观念的教育，同时可采取以下办法。

1. 明确各部门职权范围

如果组织部门机构、事权重叠，职责界限不清，就难免出现摩擦、冲突、扯皮和推诿等现象。因此，要明确各部门的职权范围，制定合理的制度，提高各部门工作的标准化程度，使各部门完成部门职责范围内的事情，承担与其他部门互相协调、通力配合的义务。

2. 协调各部门领导者之间的关系

在协调部门之间的关系的同时，还要协调各部门领导者之间的关系。各部门领导者肩负着部门关系协调的重要使命，他们之间人际关系的好坏，直接影响部门之间的协作；同时，他们还要做好本部门工作，协调好自己属下与其他部门员工的关系，使全体员工和谐相处。

3. 发挥公共关系机构的作用

这主要体现在公关机构通过各种沟通方式，发挥组织信息发布中心、沟通协调中心的作用，在各部门之间互通信息情报、思想观点，促进各部门之间的情感交流，加强互相理解、信任和友谊，从而使组织内部各部门步调一致，通力合作。

第三节　顾客公众

一、顾客公众对组织的意义

（一）顾客的含义

在现代社会，顾客的概念是广义的，它泛指一切物质产品、精神产品及服务产品的购买者和消费者。如工商企业的用户、酒店的客人、旅行社的游客、电影院的观众、报社的读者等。所有向社会提供产品和服务的组织都面临着如何处理顾客关系的问题，因为没有顾客，组织产品与服务的价值便不能实现，组织发展的目标就要落空。“顾客第一”、“顾客就是上帝”的说法充分反映了组织对顾客的尊重和为顾客服务的意识。良好的顾客关系不仅能够为组织带来直接的利益，还能帮助组织树立正确的经营思想，甚至能够引导和培养积极健康的消费意识，形成稳定的消费群体，从而促使组织获得巨大发展。

（二）影响组织与顾客公众关系的因素

影响顾客关系的因素很多，通常有以下几点。

1. 商品质量

商品质量是影响组织与顾客关系的物质基础，企业所出售的商品质量的好坏，很大程度上决定着其与顾客关系的好坏。

2. 服务态度

一般来说，每个顾客在购买商品时，都希望得到售货员的礼貌接待、热情介绍、微笑服务，使购物愉快。如果顾客一次购物受了冷遇，下次再要光顾就很困难了。

3. 商品价格

在我国，大多数人还不富裕，消费水平较低，因此价格就成为顾客是否购买商品的一个重要因素，也是决定顾客对组织态度的关键要素。

4. 售后服务

对于高档商品，特别是家用电器，顾客往往更看重售后服务，优良的售后服务可以提供给顾客许多方便，同时可以消除顾客使用该商品的不安全感，从而得到顾客信赖。

（三）做好顾客公众公关工作的重要意义

组织与顾客公众建立良好关系的目的，是促使顾客形成对组织及其产品的良好印象和评价，提高组织及其产品的知名度和美誉度，增加对市场的影响力和吸引力，为实现组织和顾客公众的共同利益服务。对顾客公众做好公共关系工作的意义表现在以下几个方面。

1. 顾客关系是影响企业发展兴衰的一个重要方面

顾客是与组织具有直接利害关系的外部公众，也是组织进行市场沟通的具体对象。对于工商企业来说，企业的经营过程实际上是在企业与顾客之间的交往关系中实现的。购买商品的顾客是商品的最终消费者，这就是说，顾客既是企业服务的主要对象，又是企业经营兴衰的关键因素。所以，顾客是工商企业公共关系工作最重要的目标公众，顾客关系是企业公共关系工作中利益关系最直接的外部公众关系。

观点链接

鼠碑营销渐成主流

一般而言，市场沟通主要有两种方式：一种是由广告、人员推销、公共关系、促销和直销等构成企业主导的大众营销沟通方式；另一种是基于惠顾、购买和消费方面的经历、感受和意见，由顾客生成的面对面人际沟通方式，即口碑沟通。

口碑是具有强关系的顾客之间所进行的双向互动、非商业性的口头沟通，其内容是有关产品或服务与顾客惠顾、购买和消费行为相关的、具有正向或负向态度的评论。与大众营销沟通方式相比，口碑沟通更容易被顾客信任和采纳。

随着现代科学技术的发展，互联网技术主动将口碑沟通移植到网络世界，变成一种利用社交媒体，由顾客、员工和企业三方参与并共同创建、评论和添加相关内容的市场沟通方式，这就是鼠碑沟通。

鼠碑是具有弱关系的顾客和商业机构，在互联网上以文本为媒介，以信息公开的方式所进行的市场沟通；其内容是产品或服务等与消费者行为相关的、具有一定效价的评论。

鼠碑是由口碑发展而来的，是口碑的演进，它与口碑有所不同。口碑和鼠碑特征对比如表 4—1 所示。

表 4—1　　口碑和鼠碑特征对比

特征	口碑	鼠碑
参与主体	顾客	顾客、员工和企业
沟通性质	私密	公开
参与人数	很少	很多
人际关系	强关系	弱关系
时空特征	同时同空	异时异空
影响时段	短	长
传播速度	慢	快

资料来源：董大海、吕洪兵、刘琰：《鼠碑：数字时代营销新模式》，载《北大商业评论》，2012（10）。

2. 良好的顾客关系能够为组织带来直接的利益回报

一个组织的存在价值，很大程度上取决于其产品或服务能否得到顾客的接受和欢迎。组织的经济效益需要在市场上实现，而顾客就是市场的关键，有了顾客才有市场。虽然组织与顾客的沟通并不等同于市场经济中的销售关系、直接的买卖关系，但良好的顾客关系有利于顾客对组织的了解与信任，能够为组织的销售创造良好的基础，实际上，也就能够给组织带来直接的利益回报；相反，不良的顾客关系一定会中断销售过程或失去销售机会，给组织带来经济上的损失。因此，顾客公众是组织公共关系对象中利益关系最直接、最明显的外部公众。

3. 良好的顾客关系体现组织的宗旨

顾客公共关系工作要求组织将顾客的利益和需求摆在首位，通过满足顾客的需求和权利，赢得顾客的信赖，由此来换取组织的利益。组织的性质决定了它必然要通过经济活动去赢得利润；而公共关系的理念认为，利润不应该是组织追求的唯一目标，而应该是顾客接受、赞赏和欢迎组织的产品和服务所投的信任票。只有赢得顾客的心，才能获得利润。因此，组织的政策和行为必须以顾客的利益和需求为导向，在经营观念和行为上自觉地为消费者考虑。

二、建立良好顾客关系的策略

（一）坚持“顾客第一”的公关原则

坚持“顾客第一”的原则，就是把顾客放在比企业更重要的位置上，使组织的整个经营活动都始终贯彻这一宗旨，这样才能赢得顾客的信赖。

1. 认真听取顾客的意见是建立良好顾客关系的前提

坚持“顾客第一”的公关原则，首先体现为具有尊重顾客的态度，认真听取顾客的意见，把注意力瞄准顾客，通过各种活动收集广大顾客的意见和建议，了解顾客的需要，明确顾客的期望，从而最大限度地满足顾客的消费需求。

2. 提供优质的服务是建立良好顾客关系的重要保证

坚持“顾客第一”的公关原则，主要体现在高质量的服务上。随着市场竞争日趋激烈，其焦点越来越集中在服务上，特别是商业性行业，服务就成为其公关工作的基点。抓住了优质服务就能引起顾客的关注，就能争取顾客的合作，赢得顾客的赞誉，这是最大的竞争力。优质服务不仅仅体现在销售过程中，还有售后服务。商品卖出后，与顾客的关系并没有中断，应做到“货物出门，负责到底”。真正优质的服务可以为组织赢得良好的信誉和效益，能够与顾客建立持久而稳定的信赖关系。

（二）“顾客永远是正确的”是处理顾客关系的法则

“顾客永远是正确的”，并不意味着顾客在事实上的绝对正确。从公共关系角度来看，它概括了组织与顾客关系状态的最佳境界，反映了组织在处理顾客关系时应有的基本原则。组织的经营者只有树立“顾客永远是正确的”思想，才能改善服务态度，提高服务质量，也才能建立与顾客良好的关系。虽然在现实生活中，每一个顾客的情况不同，文化修养和道德水平也千差万别，但是绝大多数的顾客是通情达理的，如果组织总是挑剔顾客的不是，就不可能建立良好的顾客关系。

1. 维护消费者的权利是建立良好顾客关系的基础

坚持“顾客第一”的公关原则，就是要站在顾客的立场上，想顾客之所想，急顾客之所急，切实维护顾客利益，维护消费者权益。组织应从顾客的角度出发，认真对待顾客的投诉，积极为消费者解决难题，赢得广大消费者的赞誉，增加回头客。实际上，尊重消费者权益，维护消费者利益，本身就是一个信誉建立的过程，它对营造组织良好的发展环境起着重要的作用。

2. 以顾客需求为导向是建立良好顾客关系的核心

坚持“顾客第一”的公关原则，就是使企业的一切政策和行为都必须以顾客的利益和要求为导向。日本著名企业家松下幸之助认为：鲜明的顾客导向是企业成功的关键。顾客关系是由顾客对商品的购买欲望引起的。组织经营的商品和提供的服务只有适合顾客的需求，才能保证组织目标的实现。组织应以顾客的需求为导向，准确预测和把握顾客的购买意向和发展趋势，建立良好的顾客关系基础，实现长久稳健的发展目标。

（三）“服务意识”是处理顾客关系必须具备的公关意识

服务意识是重要的公关意识之一，它是指组织及其成员为公众服务的态度和观念，包括对公众的情感以及为公众服务的积极性、耐心等。具有服务意识的公共关系人员会时时刻刻把顾客的利益放在绝对重要的位置上，也会在服务的深度和广度方面下工夫，进而使顾客对自己产生信任感和亲近感。

1. 顾客满意是巩固顾客关系的关键

随着现代社会经济的发展，组织服务质量的提高除了运用技术手段外，应当努力在增强服务意识上下工夫，通过优质的服务和业绩来营造组织的生存环境，提高组织在公众中的美誉度。强化服务意识应成为各类组织（尤其是企业）的当务之急。只有通过强化全体员工的服务意识，提高为顾客服务的自觉性，组织才能在竞争中立于不败之地。特别是组织在处理与顾客的纠纷时，一定要站在顾客的角度，努力寻找解决问题的方法，针对有不满情绪的顾客，耐心地做好解释工作，以取得顾客的谅解，尽量通过坦诚的工作使顾客高兴而来、满意而归。

2. 赢得顾客信赖是组织取得成功的关键

只有赢得顾客的信赖，组织才能在激烈的市场竞争中始终立于不败之地。随着商品经济的发展，市场竞争愈来愈激烈，其竞争关键就在于能否赢得顾客公众的支持与合作。当今企业经营者非常明白：失去了顾客，就等于失去了市场，也就失去了基本的竞争力。尤其在现代社会的市场竞争中，商业企业能够为消费者提供什么样的商品以及这些商品价格的高低已经不是最重要的事情，最重要的是通过优质的服务来赢得顾客对企业的信赖与忠诚。

第四节　媒介公众

一、媒介公众的含义

媒介公众是指新闻传播机构及其工作人员，如报社、杂志社、广播电台、电视台的编辑、记者。媒介公众是公共关系工作对象中最敏感、最特殊的公众。媒介关系是一种传播性质最强、公共关系操作意义最大的公共关系。从对外公共关系实务工作层面来看，媒介公众往往被置于最显著的位置，甚至被称为对外传播的首要公众。与新闻媒介建立良好的关系是为了争取新闻媒介对本组织的了解、理解和支持，形成对本组织有利的舆论氛围，实现与公众的广泛沟通，扩大组织对整个社会的影响力。

二、媒介公众关系的意义

（一）良好的媒介关系有助于形成对组织有利的公众舆论

新闻传播机构及其工作人员是社会信息流通过程中的“把关人”（Gate Keeper，传播学中亦称为“守门人”），决定着各种社会信息的取舍、流量和流向，决定着公众舆论的中心议题，即具有“确定议程”和“授予地位”的功能。某个组织、人物、产品或事件如果成为新闻界报道的热点，便会成为具有一定影响的舆论话题，较快引起社会的关注。如果一个组织被新闻媒介作客观、积极的报道，就容易获得公众的信任，有利于组织美誉度的提高。

媒介公众长期从事信息传播工作，颇受广大公众信任，已经成为公众的代言人，有着巨大的影响力。他们是引导和影响以及造成社会舆论的主要力量。因此，任何组织要想造成有利于自身的社会舆论，确立和维护自身的生存环境，就必须加强与媒介公众的联系，并与其建立融洽的合作关系。可以说，建立良好的媒介公众关系是营造良好舆论环境的关键。

（二）良好的媒介关系有助于实现组织与公众的有效沟通

媒介公众与社会各界有着广泛的联系，整理和传播着各种信息，组织要将自己的有关信息分享给广大公众并使之接受，必须依靠新闻媒介的帮助。因为组织只有很少的机会能够与公众面对面沟通，绝大部分情况下均不能直接接触。要实现大范围、客观公正的传播，最佳的途径就是借助于新闻媒介。而组织的有关信息是否能被有关媒介报道，以及报道的时机、频率、角度等，一般均决定于媒介公众，而不取决于组织本身。因此，组织与媒介公众建立广泛的、良好的关系，是组织成功地运用传播手段实现与公众有效沟通的前提。

（三）良好的媒介关系有助于组织对现代媒介的运用

组织要实现大范围、远距离的沟通，就必须借助于各种现代大众传播媒介。大众传播媒介借助于现代印刷、电子等传播技术，跨越时间和空间的限制，实现大范围、远距离的传播，这是现代公共关系的重要手段之一。但是，大众传播媒介不由组织内的公共关系人员直接掌握和控制，而是主要掌握在专业的传播机构手中。除了花钱做广告之外，社会组织对大众传播媒介的使用一般必须通过媒介公众才可能实现。

总之，与媒介公众建立广泛、良好的关系，是运用大众传播媒介、争取媒介宣传机会的必要前提。

三、组织处理与媒介公众关系的重要原则

组织在处理媒介关系时，要遵循以下几条原则。

（一）要尊重媒介公众

首先，媒介公众是组织重要的公众，组织在与媒介公众交往时，可以向媒介公众提供信息，但无权要求媒介公众按自己的意愿办。其次，要尊重媒介公众，就不能无视媒介公众的独立性，不能把它纯粹当成宣传本组织的工具，或因担心报道不利于本组织的信息而拒绝采访；同时也不能一味迎合，投其所好，因为这种貌似尊重的不尊重行为，同样会引起媒介公众的反感。最后，即使出现了对本组织不利的失实报道，也不应对媒介公众大加指责，而应该主动与他们联系，重新提供正确的信息和事实真相，由他们去处理或更正，这种信赖态度就是对媒介公众的尊重。

（二）要主动联系媒介公众

社会组织要积极主动地、经常地保持与媒介公众的联系，了解新闻报道的重点和新闻界的动向，并经常及时向新闻界提供具有新闻价值的本组织的有关信息，使他们对组织的

情况有所了解，切忌“平时不烧香，临时抱佛脚”。只有这样，当组织有了重大新闻，特别是在组织发生了危机情况时，他们才能以公正、客观的立场进行报道。加强与新闻界的合作，首先表现在对各种新闻媒介的记者采访都要以礼相待，以诚相待，并及时提供必要的帮助和服务，认真回答他们提出的各种问题，绝不可以缄默不语或支吾搪塞。其次，当媒介公众需要组织支持时，组织应尽一切可能给予帮助，努力建立起一种良好的合作关系。

观点链接

建立更高层关系

建立与媒体编辑、新闻部主任乃至报社高层领导的工作关系，会对媒体公关经理日常工作开展非常有利。最终决定新闻稿件发表的并不是记者本人，而是记者背后的其他人员，他们充当着更为严厉的把关人的作用，而且相对而言，媒体编辑、新闻部负责人能站在更专业、更宏观的角度来把握新闻。通过与他们的交流，一方面可以为记者发稿创造更为有利的局面，另一方面可以获取更多的建议和指导。

资料来源：马成：《公关经理第一课》，87页，北京，北京大学出版社，2006。

（三）要坦诚对待媒介公众

组织在与媒介公众交往时，应特别注意这一条原则。因为媒介公众的工作就是把真实的信息及时地传播出去，而不能弄虚作假，报喜不报忧，否则不仅影响新闻界的声誉，还损害组织的声誉。由于媒介公众与组织所处的立场、动机不一样，组织发生的事件，特别是那些对组织形象和声誉不利的事情，与媒介公众不一定有直接的关联，但他们往往比那些直接关联的人更为有兴趣，甚至还会有意识地报道事情的阴暗面，以期问题得到尽快解决。因此，组织对于“家丑”绝不可掩盖起来，而应该讲实话，如实反映，并提出解决问题的措施，从而取得媒介公众及广大社会公众的谅解和合作，力争使坏事变成好事。

（四）要平等对待各种媒介公众

组织对各种新闻机构要平等对待，不应有亲疏远近之分。接待媒介公众一视同仁，使他们能平等地获得本组织所提供的任何信息，切忌厚此薄彼。同时，对待报道本组织成绩和批评本组织失误的媒介公众也要平等对待，给予他们同样的支持。

另外，媒介公众最重视的是不发布假新闻和不受其他势力的摆布，保持对社会公众负责的公正性。所以，任何组织不应该用请客、送礼、行贿等不正当手段，要求记者撰写有利于本组织的新闻报道或不利于竞争对手的报道。对敢于坚持正义的记者，不能因为其报道过不利于本组织的新闻就进行威胁、报复。

四、组织处理与媒介公众关系的具体方法

（一）邀请媒介公众参观访问

这是与媒介公众建立良好关系的有效办法。通过实地参观访问，媒介公众可以对组织各方面情况增加感性认识，获得宣传报道的第一手资料。媒介公众参观访问的过程，也是组织倾听这批重要公众批评和建议的机会，从中可以了解到社会公众对本组织的反映。组织好参观访问活动，不仅能增进组织与媒介公众的感情交流，还可以有效地提高组织的知名度。

（二）安排专职人员同媒介公众联系

组织与媒介公众联系，最好安排熟悉新闻界特点与业务的人专职负责此事，以保持联系的稳定性。专职人员比较了解各种新闻媒介的特点，能经常收集新闻界的各种动态信息。同时，专职人员掌握组织的全面情况，能准确回答记者的问题，成为组织的“新闻发言人”。否则，多人联系提供信息，会造成媒介公众信息接收的混乱，使媒介公众无所适从。

（三）适时召开记者招待会

适时召开记者招待会也是组织加强与媒介公众合作的重要方法。记者招待会，或者称新闻发布会，是组织建立和保持与媒介公众联系的一种较正规的方式。与向媒介公众提供稿件的形式相比，它具有更正式、影响面更广的效果。在记者招待会上，记者可根据自己感兴趣的内容和自己侧重的角度进行提问。这种方法能较深入地加强组织与媒介公众的双向沟通，密切与媒介公众的良好关系。

（四）经常向新闻界提供信息

组织在与媒介公众交往时，除适时地召开记者招待会外，应该经常、及时、客观地向新闻界提供具有新闻价值的、符合新闻传播规律的新闻稿，这是媒介公众欢迎的事情。组织主动向媒介公众提供新闻信息，也是搞好与媒介公众关系的有效途径。

五、组织面对网络媒介公众的策略

当前中国已经进入网络社会时代，根据中国互联网中心统计，截至 2012 年 12 月中国网民数量已经达到 5.64 亿。网络社会的发展一方面对推动整个社会的发展产生了极大的积极影响，如促进经济发展，促进创新，降低信息沟通成本，促进政府效率，有利于政府透明和监督，加强官民互动等；另一方面也对传统的公共治理体系产生了极大的冲击，如网络暴力、侵害公民隐私、危害公共安全等问题。同时，淘宝网、京东商城、当当网等一大批网络销售企业的发展壮大，形成了众多的网购顾客。这些都促使每一个社会组织高度重视网络的传播与沟通，高度重视网络公众的信息反馈。社会组织做好网络媒介公众工作可采用如下策略。

（一）正确认识网络社会，充分发挥网络的积极作用

网络社会已经与传统非网络社会高度融合，产生了介于虚拟社会与传统非网络社会高度融合的新的混合状态。因此，需要采用虚实结合的治理策略。网络时代的公众不只是传播信息的被动接收者和使用者，而且是参与社会管理和社会公共事务的基本成员，应该拥有各种各样的正当权利。英国社会学家齐格蒙特·鲍曼认为，流动的现代性的来临也是瞬时性的来临。瞬时性意味着我们原初学到的处理生活事务的大多数习惯，已经失去其作用和意义。当社会不断出现新的和改进了的替代品时，如超出“有效期限”，仍抱残守缺地使用旧东西，那必然招致损失。因此，如何与时俱进，正确把握网络公众舆论的本质特征，并赋予其科学、合法化的身份，是媒体因应时势，正确引导政府转变观念，妥善有效应对的前提。

（二）构建良性互动的网络平台，形成新型的公关模式

网络社会颠覆了原有的相对固定的层级关系，使得政府、企业、社会组织、公民等各种主体都以大致平等的身份参与到网络社会的互动中。这些在原本真实社会具有明显层级地位和力量不平衡的主体在网络社会中已经发生变化，原先的固化的层级关系和力量对比

已经不复存在（如无论政府大小，其在网络社会的代表都是单一的 ID）。因此，社会组织必须主动适应这种变化，积极构建良性互动的网络平台，在网络实践中创新公关模式，努力形成新型的网络公共关系。

（三）汇集网络民意资源，为公共关系决策提供有效依据

网络创造了全新的、平等的、没有强权和中心的信息空间，在互联网上所有参与的人不仅机会是均等的，而且地位也是平等的。网络交流的直接性，使得公众可以相对平等地去监督政策执行主体，发表对企业产品与服务的感受和意见，从而真正产生舆论监督应有的作用，保证公共决策的有效性。网络平台给了民众更多平等交流的机会，给了民众抒发自己见解的机会。网络民意表达的好处显而易见，可以让政府了解民生民情、汇聚民智，“最方便网民说实话”，弥合了阶层地位等各种差异，拉近了政府与民众之间的距离。多元化的声音才能代表不同的民意，有效地维护各阶层的利益，促进公共决策的公平。

第五节　其他公众

一、政府公众

政府公众是指政府各级行政机构及其工作人员，即组织与政府沟通的具体对象。任何社会组织都必须接受政府的管理和制约。政府公众是所有传播沟通对象中最具有社会权威性的公众。组织与政府公众保持良好沟通，可以争取政府各职能部门对本组织的了解、信任和支持，从而为组织的生存和发展争取良好的政策环境、法律保障、行政支持和社会政治条件。因此，组织必须与政府各职能部门建立和保持良好的沟通，这是组织生存和发展的重要保障。

与政府公众建立良好关系的意义有以下两个方面。

（一）与政府公众建立良好关系以获得政府的认可和支持

政府掌握着管理社会的权力职能，具有强大的宏观调控力量，同时代表公众的意志来协调各种社会关系。一个组织的决策、行为和产品如果能够得到政府公众的认可和支持，无疑将对组织产生重大影响，可以使组织的发展渠道畅通无阻。因此，组织应该把握一切有利时机，积极与政府公众沟通，扩大组织在政府相关职能部门中的信誉和影响，使政府相关职能部门了解本组织对社会、对国家的贡献和成就，为组织的生存与发展创造良好的政治环境。

（二）与政府公众建立良好关系以形成对组织有利的社会环境

法律、政策和管理条例是一个组织决策、活动的依据和基本规范，组织的一切行为都必须在政策、法规许可的范围之内实施。组织通过与政府公众建立良好的关系，能够及时了解相关政策的变动，较方便地争取到政策性优惠或支持，能够对有关本组织的问题在进入法律程序之前参与意见，使之对组织的发展有利。因此，组织的公共关系部门应该高度关注政府的方针、政策、法规的动态，提供给本组织领导及各个部门参考，随时将实际工作部门的具体情况上传至政府有关部门，并根据本地区、本行业、本部门的特殊情况，主动地提出新的政策设想和方案，适时通过适当的渠道做说服性的工作，争取营造对组织有利的社会环境。

此外，组织处理与政府公众的关系，还需要熟悉政府机构的内部层次、工作规则和办理程序，与各相关主管部门的工作人员保持良好关系，减少拖延现象，提高行政沟通的效率。

观点链接

与政府公众建立良好关系应注意的几点

(1) 让政府尽可能多地了解自己。

(2) 政府大权在握，具有制定政策、执行法律、管理社会等功能，具有最强大的宏观控制能力。

(3) 政府是代表公众的意志的，因而走进政府等于密切了组织与公众的联系。

(4) 政府就像一个小瓶颈大肚皮的家伙，口子小但天地广。

(5) 如何密切政府关系：

1) 分析政府。

2) 研究政府。

3) 把自己放在政府政策、法律许可的瓶子里。

4) 不失时机地向政府传播组织的重要信息。

5) 建设性意见不可少。

6) 说服性工作不可无。

(6) 努力维护政府公众的清廉性，才能真正获取双赢。

资料来源：何春晖：《中外公关案例宝典》，140页，杭州，浙江大学出版社，2006。

二、社区公众

社区公众，亦称区域关系、地方关系、睦邻关系，指组织所在区域的公众对象，包括当地的管理部门、地方团体组织、左邻右舍的居民。社区是一个组织赖以生存和发展的基本环境，是组织的根基。针对社区公众，组织应该做好以下两方面工作。

(一) 将社区公众视为“准自家人”

社区如同组织扎根的土壤，没有良好的社区关系，组织就会失去立足之地。尤其是地方性的组织，其活动直接受社区的制约，需要依靠本地的资源来发展自己，而且社区直接影响着组织其他各方面的关系，如员工家属关系、本地劳动就业关系、本地顾客关系、地方媒介关系、地方政府关系等。跨区域性的组织也不能脱离特定的社区，它们必须要争取社区提供各种地方性的服务和支持，使跨区域性组织能够在各种完全不同的社区环境下生存和发展。因此，组织需要将社区作为自身发展的一个组成部分，将社区公众视作“准自家人”。

(二) 做社区的“合格公民”

社区公众涉及当地的社会政治、经济、文化等各个方面和阶层，类型繁多，涉及面广，它们均对组织的生存与发展产生一定的影响。由于处在同一社区，社区公众对本组织的评价和看法容易相互传播，形成区域性的影响，组织要提高自身在社区中的地位，就要树立一个“合格公民”的形象，主动承担必要的社会责任和义务，像爱护自己的家业一样爱护社区，在社区的物质文明和精神文明建设方面发挥中坚作用，为社区发展多做贡献。

三、名流公众

名流公众指那些有较高知名度、对社会舆论或公众生活具有较大影响力的人士，如政界、工商界、金融界的首脑人物，科学界、教育界、学术界的权威人士，文化、艺术、影视、体育等方面的明星，新闻出版界的舆论领袖等。这类公众的数量有限，但在传播中发挥的作用很大，能在社会舆论中迅速“聚焦”，影响力很强。通过社会名流去影响公众和大众舆论，往往具有事半功倍的效果。

组织与名流公众建立良好关系的目的，是借助于名流公众的知名度与影响力，推动社会公众对组织的了解与信任，强化组织的社会声誉，营造组织的生存和发展环境。社会组织处理与名流公众的关系时，要注意做好以下工作。

（一）虚心请教社会名流

组织与社会名流建立良好的关系，能充分地利用他们的知识、专长为组织的经营管理提供有益的意见咨询。社会名流往往见多识广，甚至有些人是某一方面的权威，组织的管理人士能够在与他们的交往过程中，虚心学习，可以获得广泛的社会信息或宝贵的专业信息，无形中使企业增添一笔知识财富、信息财富。

（二）积极借力于社会名流

组织与社会名流建立良好的关系，能通过他们良好的社会关系网络为组织“广结良缘”。有些社会名流虽然不可能为本组织直接提供所需的专业信息或管理咨询，但由于他们与社会各界有广泛的联系，或对某一方面的关系有特别重大的影响，组织可以通过他们疏通与有关公众对象的关系，扩大社会交往范围。

（三）努力深化与社会名流的关系

组织与社会名流建立良好关系，能借助他们较高的社会声望，提高本组织的知名度。社会名流具有某一方面的权威性，或由于他们对社会的特殊贡献、突出成就等而具有较高的知名度。一般公众存在“崇拜明星”、“崇拜英雄”的社会心理，组织与社会名流建立良好关系，会将本组织的名字与社会名流的影响力联系在一起，利用公众崇拜的心理，提高组织在公众心目中的地位。

本章小结

公共关系的客体即公共关系的工作对象是公众。它既是一个组织赖以生存、发展的根本，又是其开展公共关系工作的对象。公共关系活动的中心任务，就是解决社会组织与各类相关公众之间的关系问题。公众具有整体性、共同性、相关性、多样性和变化性的特征。根据不同的标准，对公众有不同的分类。对内部公众需要强化其全员公关意识，顾客公众是组织外部公关工作中最重要的一个方面，处理与媒介公众关系要注意把握基本的原则，而政府公众、社区公众和名流公众也对组织的生存与发展有不可忽视的作用。

职业实训

1. 案例剖析

抗洪战士遭遇“长沙水”

1998年盛夏，长江流域发生百年不遇的大洪水，战斗在抗洪前线的塔山英雄旅的战士却很难喝上一口纯净水。湖南省水利厅到中康公司购买了 13 万瓶纯净水，赠送给战斗在抗洪前线的解放军战士。但不到半天，塔山英雄旅八连报告：在喝了“长沙水”的战士中，有 9 人腹泻严重。连队领导把剩余的“长沙水”打开，发现除了 3 瓶无沉淀物外，其余近 500 瓶均有小碎片、青苔、悬浮物质。部队立即向湖南省水利厅投诉，湖南省水利厅接到投诉后，马上与中康公司联系，协商解决办法。而中康公司以各种理由推诿，中康公司董事长非但没有给战士们一个满意的答复，反而当众打开一瓶有悬浮物的“长沙水”一饮而尽。后经湖南省技术监督局质量检验后判定该产品为不合格产品。于是，众多新闻媒体相继报道。面对强大的舆论攻势，中康集团陷入绝境，“长沙水”这一费尽艰辛树立起来的知名品牌岌岌可危。

资料来源：http://public. what. edu. cn/ccha/knowledge/knowledge3. asp。

认真阅读案例，回答下列问题：

(1) 湖南省水利厅给抗洪前线战士赠水是一种什么行为？这种行为对湖南省水利厅会产生什么影响？

(2) 中康集团在企业经营理念上发生了什么问题？出现问题后中康集团应该怎样处理？

(3) 当媒体大量报道后，湖南省水利厅应该怎样做？中康集团应该怎样做？

(4) 抗洪前线的战士应该是一种特殊的公众，对此，中康集团在处理这一问题时要更加特殊些，请为中康集团的困境寻求解决之道。

2. 职场模拟

选择 1 名学生扮演中康集团董事长，1 名学生扮演湖南省水利厅办公厅主任，1 名学生扮演塔山英雄旅政委，多名学生扮演中康集团工作人员（包括公关人员、经理秘书等），2～3 名学生扮演媒体记者。通过电话方式或当面协商方式解决“案例剖析”中的问题。

湖南省水利厅办公厅主任：刘富贵董事长，请你解释一下“长沙水”的问题。

中康集团董事长：章主任，真对不起，这个事我不太清楚，我们的产品是合格产品啊！

湖南省水利厅办公厅主任：什么?! 到现在了你还说你们的产品是合格产品？

塔山英雄旅政委：我们一共有 28 个战士在医院治疗，医院证明与饮用不洁水有直接关系。

中康集团董事长：啊？朱经理，你来解释一下是怎么回事。

剧情由此展开……

3. 能力训练

(1) 面对顾客的投诉（如投诉售货员态度恶劣、商品质量有问题、商场环境差等），商场公关部人员怎样让顾客生气而来，高兴而去？

(2) 当工商局因为企业涉嫌侵权而进行查处时，企业如何应对政府公众？

(3) 对社区所在学校提出企业噪声太大影响教学问题，企业应如何处理？

(4) 想请李宇春为企业做广告，怎么商谈？

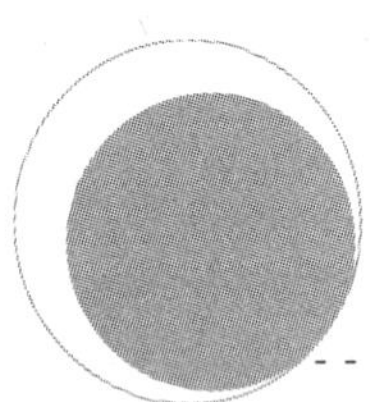

第五章 公共关系调查

本章学习目标

通过本章的学习，你应该能够：

1. 了解公共关系调查的含义。
2. 了解公共关系调查的基本原则。
3. 掌握公共关系调查的内容。
4. 掌握公共关系调查的基本程序，并能组织撰写公共关系调查报告。

课前思考题

1. 为什么说公共关系调查工作是公共关系工作中一项极为重要的工作？
2. 适合公共关系调查的方法有哪些？
3. 如何设计一份调查问卷？
4. 在公共关系调查报告的写作过程中应注意哪些问题？

导入案例

中国公共关系业2012年度调查报告

为反映2012年度公共关系服务市场的运行态势，正确评价中国公共关系业的发展状况，为专业机构提供积极的行业指引，2013年2月22日—3月29日，中国国际公共关系协会（CIPRA）对国内（不包括港澳台地区，下同）主要公共关系公司进行了为期36天的行业调查。

项目组采用问卷调查的方法对2012年度全国主要公关公司进行抽样调查，内容涉及运营管理、业务发展和可持续发展等方面。本次调查向行业主要规模公司发送问卷100份，收回问卷80份，其中有效问卷78份。国内主要国际性公关公司均参与本次调查，是历年来参与数量最多的一次。

项目组对问卷所取得的数据进行了科学统计，并依据行业经验和历史数据进行了相关核实和判断，在科学分析的基础上形成了本调查报告。

报告说明：

（1）本报告的调查内容仅涉及国内的公共关系服务，不包括被访者的广告及其他制作业务。

（2）本报告所访问的对象为公司主要负责人，他们在接受调查时均声明代表公司的意志，所提供的信息均是真实、准确和有效的。

（3）本报告所依据的调查数据为被访者所提供的数据，尽管访问者对这些数据做了相关核实，但本报告并不为这些数据的真实性提供保证。

（4）本报告所发表的数据和结论以被访者提交的数据为基础，经过统计分析和行业判断，并加以测试和修正，这些数据不一定完全符合真实情况，但能反映行业发展基本面的情况。

（5）本报告相信，有关数据和分析确实具有非常好的参考价值，能为中国公共关系市场的健康发展提供积极的引导和推动力。

一、年度排行榜

2012年度公司排行榜包括TOP25公司和最具成长性公司两个榜单，其中TOP公司25家，最具成长性公司10家。该榜单以自愿参与调查活动、提交完整数据、能够接受考察核实的公关公司为评选对象，以"TOP公司评选标准"为评选依据，通过加权指数计算产生最终结果。

榜单统计分析由CIPRA研究发展部执行，CIPRA公关公司工作委员会常委会审议。

2013年首次将TOP公司榜单由以前的20家扩大至25家，这是基于中国公关市场规模不断扩大，以及本土公关公司迅速成长的大背景下所作的调整，以期更好地反映中国的公关市场现状。

本调查中所使用的"营业收入"一词，专指公共关系服务收入（不含广告、制作等业务）。该收入为含营业税的服务收入，须扣除第三方费用（包括外购劳务、媒体购买等）。

二、行业调查分析

随着中国经济的快速发展，中国公共关系市场2012年延续了快速增长的发展势头，但增速有所放缓。据调查估算，整个市场的年营业规模约为303亿元人民币，年增长率为16.5%，相比2011年23.8%的增长率有所放缓。调查显示，TOP25公司的年营业额增长达到15.5%，接近于行业平均增长速度。

调查显示，2012年度中国公共关系服务市场的前四位为汽车、快速消费、IT、金融，市场份额分别为19.0%、13.5%、8.2%、6.8%；制造业比重与2011年相比有显著增长，占5.5%；通讯、房地产也呈现比重上升趋势，均占总体市场的5.4%；政府及非营利机构依然保持不断增长的态势，占4.0%；医疗保健较2011年度有明显下降，占2.6%；诸如旅游、能源、文化、体育、公用事业、城市营销等其他市场共占26.6%。由此可以看出，2012年度中国公共关系服务市场不再过度倚重汽车行业，服务范围越来越广，呈现出行业进一步扩散的趋势，这也是未来公共关系行业发展的一个重要标志。

35家公司中，22家开展汽车业务（63%），24家开展快消业务（69%），14家开展

IT 业务（40%），11 家开展金融业务（31%），12 家开展制造业业务（34%），9 家开展通讯业务（26%），8 家开展房地产业务（23%），6 家开展政府及非营利机构业务（17%）。

35 家公司中，13 家（37%）以传播代理和执行为主，8 家（23%）以活动代理和执行为主，4 家（11%）以顾问咨询为主，4 家（11%）以网络公关为主，2 家（6%）以媒体执行为主。上述数据表明，传播代理业务仍是公关公司的主要业务，但是活动类公司也占据了约 23%的市场份额，特别是在地区市场中表现更为明显。

35 家公司在新的服务手段应用进展方面，24 家（69%）开展网络公关业务，14 家（40%）开展事件营销业务，12 家（34%）开展政府关系业务，14 家（40%）开展危机管理业务，12 家（34%）开展 CSR 项目，8 家（23%）开展城市营销业务，7 家（20%）开展娱乐营销业务，5 家（14%）开展体育营销业务，2 家（6%）开展议题管理业务，2 家（6%）开展其他业务。

据统计，35 家公司中 94%的公司开展网络公关业务。网络公关业务营业收入在 3 000 万元以上的公司为 6 家。

35 家公司中开展网络公关业务的公司中，24 家提供舆情监测服务（68%），25 家提供口碑营销服务（71%），25 家提供产品推广服务（71%），23 家提供企业传播服务（66%），23 家提供事件营销服务（66%），23 家提供整合传播服务（66%），19 家提供危机处理服务（54%）。

调查显示，TOP25 榜单公司全部在 2 个或 2 个以上城市设分公司或办事处，有 8 家公司在超过 5 个以上城市设立了分公司或办事处。

北京、上海、广州和成都四地仍是公关公司的主要集中地，北京仍占据主要市场份额，以上海、广州和成都为中心的区域市场正在形成。

三、2012 年中国公共关系行业发展分析

2012 年，中国企业和机构对公共关系的需求继续增加，公关公司的专业化水平和服务品质进一步提升。在中国经济增长面临放缓的宏观情况下，中国公共关系市场 2012 年延续了其快速增长的发展势头，但增速有所放缓。相比其他行业，公共关系行业依旧是保持较快增长的行业。

（1）行业保持较快增长，但增幅较上一年度有所放缓。通过对提交问卷的 78 家公司数据分析，2012 年无论是营业额还是营业收入方面，都有明显增长。通过调查数据测算，2012 年度全行业营业额达到 303 亿元人民币，增幅约为 16.5%。尽管与前一年的增幅相比有所降低（2011 年的增幅为 23.8%），但如果排除作为公共关系业第一大客户——汽车领域因偶然因素带来的影响，2012 年度公关行业发展势头依然十分强劲。

（2）汽车、快速消费、IT、金融四大领域占据公共关系市场近半份额。调查显示，2012 年度中国公共关系服务市场的前四位分别为汽车、快速消费、IT、金融，市场份额分别为 19.0%、13.5%、8.2%、6.8%。与 2011 年相比，这些领域依然占据了大多数的市场份额。在短期来看，这一行业分布特点不会有太大的改变。但值得注意的是，2012 年度制造业比重与 2011 年相比有显著增长；通讯、房地产市场比重呈现上升趋势；

政府及非营利机构领域依然保持不断增长的态势；而旅游、能源、文化、体育、公用事业、城市营销等占据1/4以上份额（26.6%）。由此可见，2012年度中国公共关系服务市场不再过度倚重汽车行业，服务范围越来越广，呈现出行业扩散化趋势。

（3）汽车行业份额大幅降低。调查显示，2012年度汽车市场在公关行业中的份额大幅度下滑。数据显示，汽车行业份额从2011年的32.9%骤减到2012年的19%。其主要原因是受到中日关系的影响，日系汽车在华销售额骤减，相应的公关费用也大幅减少，加上部分一线城市的购车限制政策，直接影响了2012年度汽车行业的公关支出。这也表明，公关公司应逐步扩大服务领域，避免客户行业度过分集中，从而规避经营中带来的风险。

（4）网络公关业务继续呈现较快增长势头。随着社会化媒体的快速、深入发展，以及在公关行业方面日益广泛的应用，网络营销、危机公关、微博微信沟通等已经成为公司和客户都非常认可的重要传播手段，部分公司的新媒体业务已经成为重要的增长点。调查显示，35家公司中94%的公司已开展网络公关业务，网络公关业务营业收入在3 000万元以上的公司有6家。

（5）政府和非营利机构公关需求上升势头加快。随着国家形象传播的推进，城市品牌塑造也越来越受重视。相关职能部门、地方政府对公共关系的重视程度正在不断增强，并且开始越来越多地使用公关这个专业服务手段。2012年政府和非营利机构营业额的增加充分印证了这一新趋势，这将有利推动公关行业的未来发展。

（6）中国公关行业的服务区域不断扩展。调查显示，尽管北京、上海、广州等一线城市依然是中国公关行业最为集中的地区，但一些颇具潜力的二线城市，如成都、南京、西安、武汉、厦门、沈阳等，正逐步成为快速发展且具有巨大潜力的市场。由于这些地区具有一定的经济、商业实力，随着对公关的认识越来越深入，公关需求正在快速上升。加上这些城市与一线城市相比，具有人力成本优势，因此，一些全国性公关公司正在加速二线城市的布局，这对提升整个公共关系行业的影响力，将起到很大的推动作用。

（7）国际公关公司加大在华战略布局。随着中国经济占全球比重的不断上升，国际公关公司逐步加大在华拓展力度，它们除在一线城市外，也开始在二线城市尝试开展业务。本次调查增加了国际公司业务一项。调查显示，本次参与调查的国际公司的营业成本控制较好，个人平均绩效很高。另外，这些公司的年签约客户数及连续签约客户数非常稳定，均在50家以上。这表明，国际公关公司在客户资源和专业化服务水平方面有其独到的优势，国际公司和本土公司共同发展的趋势也将更加明显。

（8）中国公关行业面临的挑战与机遇。

第一，人才问题仍然是影响行业发展的瓶颈。与2011年相比，中国公关市场人才专业化问题并没有得到缓解，反而有加剧现象。人才频繁流动、无序流动、供需脱节等问题依然困扰着公关行业。调查显示，公关行业人力资源成本上升较快，影响了公关公司的营业收入和业务拓展。

第二，创新问题亟待解决。更好地提升服务质量，改善服务品质，促进行业持续健康发展，创新是根本要素。公关行业在业务模式、管理方式、人才培养、新媒体应用等方面，都需要不断地进行创新，以进一步提升行业的整体水平。

第三，相关政府部门对公关行业的重视程度还不够，导致一些文化创意产业的优惠政策未能涵盖公关领域，在一定程度上制约了公关产业的发展。

第四，在国家鼓励发展文化产业的政策背景及行业综合发展的背景下，依靠活动代理和执行为主要业务的公司比重降低，但具有核心竞争力的公司依然保持稳定发展。

第五，展望2013年，公共关系业已经进入相对平稳的发展期，并将继续稳定增长。另外，网络公关、事件营销、城市营销等新兴服务将占有更多的市场份额。未来的政府、非营利机构，特别是城市的公共关系服务需求将成为新的增长点。

资料来源：http://www.cipra.org.cn/templates/T_Second/index.aspx?nodeid=3&page=ContentPage&contentid=641。

第一节　公共关系调查的原则与程序

公共关系调查是指公共关系工作人员对所服务的组织的公关状态进行情报收集与分析研究的工作。公关调查有两个主要功能：一是收集资料，反馈信息，客观真实地反映组织的公关状态；二是分析资料，透过现象看本质，揭示组织公关状态的发展趋势，并据此提出加强和改进组织公关工作的策略和措施。公共关系调查是公共关系的基础性工作，发挥着重要的情报功能。

一、公共关系调查的基本原则

要开展公共关系调查工作，必须遵守以下基本原则。

（一）实事求是原则

这一原则包括两方面含义：一是按实际情况办事，不夸大也不缩小；二是从实际情况出发，找出周围事物的内部联系，探求其发展的规律性。遵循实事求是原则，能保证所取得的调查资料具有真实性，保证由此得出的结论具有实用性，这样的调查活动才有意义。

（二）尊重公众原则

调查者在整个调查中，要尊重被调查者的人格、宗教信仰、民族习惯、生活方式和志趣爱好；要谦虚礼貌，热情主动，举止文明；要关心被调查者，并积极为之解决困难。

公关调查的顺利进行离不开公众的配合与支持，尊重公众是取得被调查者配合与支持的先决条件。在一般情况下，被调查者并没有接受调查的义务，因而在整个调查过程中始终贯彻尊重公众的原则就显得更为重要。同时，公关调查的过程，也是建立组织信誉的过程。调查者是组织的代表，被调查者很容易把调查者与其组织联系起来。尊重被调查者，并与之建立融洽的关系，不仅能使被调查者对调查者本人产生好感，而且能使被调查者由此对调查者所代表的组织产生信赖。

（三）讲求效益原则

在公关调查中，组织期望以较少的人力、物力、财力投入来办更多的事，使公关调查取得最佳效果。较大型的公关调查要有计划、有方案，并进行可行性论证，以避免由于决策上的失误带来不经济的后果。整个调查活动要精心组织，一环套一环，避免走弯路。

二、公共关系调查的程序

在公关调查中建立一套系统的科学程序，有助于提高调查工作的效率和调查质量。在实践中，虽然各项公关调查的具体步骤和先后次序会因目的、要求、范围等不同而呈现出差异性，但是，一般来说，一项规模较大的公关调查可按以下几步进行。

（一）确定调查任务

这是整个调查的第一步。主要任务是明确调查目的，解决“调查什么”的问题。组织公共关系工作应根据对公共关系信息的实际需要，确立具体、实在的公共关系调查任务，使公共关系调查真正做到有的放矢。

（二）制定调查计划

为了使整个调查工作有计划、有步骤地进行，保证整个调查活动的科学性，在确定了调查任务以后，调查者必须根据调查任务制定调查计划。

调查计划的内容一般包括两部分：

第一部分是对调查本身的设计，包括调查的目的和内容、调查的具体对象和范围、取得资料的方法及调查表格等。

第二部分是对调查工作的具体安排，包括调查的组织、领导和人员配备，以及经费估算、调查日程安排等。调查计划是调查安排的依据，调查安排是调查计划的具体化，既要全面又要简单明了。

职场链接

调查计划样本

一、计划书标题

计划书标题一般由组织名称+调查内容+计划书组成，如“××公司美誉度调查计划书”。

二、调查背景

调查背景介绍此次调查活动是在什么情况下进行的，包括组织的历史背景、发展过程、现状及面对的问题或任务、发展方向等。

三、调查目的

调查目的要说明为什么进行调查，通过调查要解决什么问题，实现什么指标。

四、调查对象和内容

内容是在明确调查的具体指向，即调查什么；对象是指调查谁，包括范围的大小。

五、调查准备工作

调查准备工作包括调查人员的培训、经费预算，以及方式和形式的确定等。

六、调查的措施和步骤

调查的措施和步骤即写明怎样进行调查，指调查具体实施的方法、调查的进度安排等。

资料来源：万国邦、李荣新：《公共关系教程》，北京，机械工业出版社，2009。

(三) 准备调查条件

公共关系调查在考虑到实际需要的同时，还必须以一系列的条件作为保证。调查条件主要涉及三个方面：人员条件、经费条件和物质条件。

1. 人员条件

调查人员的素质直接影响整个调查过程乃至结果，素质较高的调查人员可以保障调查工作的顺利进行。所以，在进行调查活动前，要先对调查人员进行挑选和训练。

调查人员素质不同，他们的思想意识、文化程度、性格特征等因素都会作用于调查活动。虽然调查内容和对象各有不同，但都需要素质和能力比较全面的调查人员。主要按照以下条件挑选调查人员：有高度的责任心和敬业精神；对调查工作有兴趣和热心、耐心；诚实勤勉，能吃苦；有较高的文化素质和基本的调查知识；仪表端庄，有亲和力；客观端正，看问题不偏执。以上条件都具备似乎不容易，但我们要按照这个标准来努力，在公关事业发达的地区或组织里，高素质的调查人员是很普遍的。

调查人员在进行调查前有必要接受训练，这样可以保证调查工作的有效进行。训练可从以下方面入手：

(1) 态度训练。目的在于通过训练，让调查人员明确和进一步端正调查态度，知道调查的重要性，尤其是较重要的关系组织发展大局的调查活动，更要使调查人员加倍重视。

(2) 技能训练。技能包括与人沟通的能力、控制调查过程的能力、对问卷和资料的处理与分析能力等。有经验的调查者也要接受这种训练，可以是有针对性的专题训练。

(3) 处理常见问题和突发性事件的训练。调查人员在调查过程中，往往会遇到各种问题，如对方不配合、调查地点临时改变、调查工具故障等，调查人员应学会对问题的处理，保证调查顺利进行。

(4) 具体的项目操作训练。针对具体项目调查，使调查人员熟悉提问的问题、记录的方法、辅助工具如影像设备等的使用。

2. 经费条件

调查经费是调查活动进行的后勤保障，是经济基础，调查活动从始到终都要有经费的支出，所以，在实施调查活动前，必须进行经费预算。经费预算包括的项目很多，主要有调研方案设计费、问卷设计费、印刷和装订费、实施过程中的调查员劳务费、赠送被访者的礼品费、调查工具的使用费、调查后的资料统计费等费用（异地调查还有差旅费和误餐费），这些费用如果不考虑周全，做好预算，很可能出现超支或浪费。

3. 物质条件

公共关系调查往往需要一些物质技术手段的支持，如录音机、录像机、摄像机、电话机、传真机、计算机等，这些都应尽量做好准备。

(四) 收集调查资料

收集调查资料是整个公关调查工作的重点，它的主要任务就是按计划的要求与安排，系统地收集各种资料（包括数据和被调查者意见）。

调查资料一般分为两类：一类是原始资料，也称第一手资料，这是调查人员通过各种调查方法进行实地调查所取得的资料。另一类是现成资料，也称第二手资料，这是由他人收集的现有的资料。一般来说，现成资料容易取得，花费的时间和精力较少；而原始资料取得难度较大，花费较多。就一项较大规模的调查来说，仅有现成资料是不够的，它的主要资料还来源于实地调查。

另外，资料的收集过程是公共关系调查者在一定的社会环境中与被调查者正式接触的过程，也是受各种外部因素影响而无法完全控制调查工作的过程，所以调查者必须协调好各种关系，争取多方支持。

（五）整理分析资料

整理分析资料是公关调查过程中极为重要的一个环节。一般来说，通过调查所得到的资料往往比较凌乱、分散，不能系统而集中地说明问题，某些资料还可能有片面性或谬误等。因而，在取得资料后，必须对资料进行系统科学的整理和分析，去粗取精，去伪存真，分析综合，严加筛选，并合乎理性地进行推理。只有这样，才可能客观地揭示事物的内在联系，得出正确的调查结果。

资料的整理分析，主要包括以下几项工作：

(1) 检查核实。资料整理中，要检查资料是否齐全而无遗漏，是否有重复与矛盾，是否有与事实不相符合的情况。一旦发现上述情况，要及时复查核实，并予以剔除、删改、订正和补充，调查中检查核实的部分工作是要在收集资料时完成的。一边收集资料，一边检查核实，这样便于及时进行订正和补充。

(2) 分类汇编。资料经过检查核实后，为了便于归档查找和统计方便，应按照调查的要求进行分类汇编，即先进行分类登记，然后按类摘抄、剪贴、装订、归档，以备查阅，还可将整理后的信息输入计算机。整理资料中的数据要做到准确、清楚、及时，这是衡量信息资料价值的重要标准。

(3) 分析论证。对分类汇编的资料进行分析，得出结论，并依据资料所得出的结论进行论证。分析论证一般包括定性分析和定量分析。

所谓定性分析，是以资料或经验为依据，主要运用演绎、归纳、比较、分类和矛盾分析的方法找出事物本质特征或属性的过程。所谓定量分析，是指运用概率论和数理统计的测量、计算及分析技术，对社会现象的数量、特征、数学关系和事物发展过程中的数量变化等方面进行描述。为了取得比较符合实际的结论，要在定性的基础上尽量根据不同要求把资料量化，制成统计表或统计图，或计算百分比、平均值等，然后运用这些量化资料进行分析，力求对调查的事物有较深刻的认识，并把有关材料迅速提供给领导部门，作为公共关系策划的依据。

（六）撰写调查报告

撰写调查报告是公关调查的最后程序。撰写调查报告的目的，是为制定科学的公共关系策划方案提供依据，为领导者决策提供参考。撰写出一份具有说服力的调查报告，这是进行公关调查一个不可忽视的方面。如果调查报告的撰写不符合要求，即使前面的工作做得再好，整个调查工作也不会令人满意。

第二节 公共关系调查的分类与方法

一、公关调查的分类

（一）根据调查对象包括的范围分类

根据调查对象包括的范围不同，公关调查可以分为全面调查和非全面调查。

1. 全面调查

全面调查又叫普查，它是对调查对象的全体进行无一遗漏的逐个调查。普查是一种重要的调查方法，能够取得调查对象总体、全面的原始资料和可靠数据。当某一组织需要全面而准确地了解某一区域的基本情况、进行重大决策的时候，就要进行全面调查，即普查。普查的特点决定了它一般在较小规模的公关调查中运用。

2. 非全面调查

非全面调查包括抽样调查、重点调查和典型调查。

(1) 抽样调查。它指遵循一定的原则从调查总体中抽取一部分样本进行的调查（以此推断总体特征）。与普查相比，它具有许多优越性：调查费用低、调查进度快、调查项目多、调查范围相对集中。

(2) 重点调查。它指从调查总体中选出少数重点单位进行的调查。其主要优点是：调查单位少，能够用较少的人力、物力、财力进行深入调查，从而较快地掌握调查对象的基本情况。重点调查是人们常用的一种调查方法。

(3) 典型调查。它指在调查总体中有意识地选择一些具有代表性的单位进行的专门调查。目的是通过对少数有代表性单位的调查，来揭示调查总体的特征和发展变化规律。由于所选择的调查单位是具有代表性的单位，由典型单位的情况推断出来调查总体的情况，一般都比较接近实际。这是一种比较科学、省时、省力又省钱的非全面调查方法，在公关调查中被广泛运用。

（二）根据取得调查资料的具体方式分类

公关调查可划分为一手资料的取得和二手资料的取得。

1. 一手资料的取得方法

一手资料的取得方法包括观察法、访谈法和问卷调查法。

(1) 观察法。它是指调查人员深入现场对调查对象的情况直接观察记录的方法。这种方法的特点是：调查人员不直接与被调查者进行交流，而是凭借自己的感官和有关辅助工具来收集资料。采用这种方法，调查者既可以直接参加他所观察的活动，以一个参与者的身份来观察，也可以作为一个旁观者置身于他所观察的情景之外进行观察。不论采取何种方式，调查人员在观察前一定要进行周密设计，观察后要认真归纳总结。

(2) 访谈法。访谈法也称访问法，是由经过专门训练的调查人员走访受试者，由调查人员根据问卷提纲向受试者口头提问，再记下答案的方法。这是调查人员同被调查者直接接触，通过有目的的谈话来收集资料的一种调查方法。谈话方式一般多种多样，主要包括个别访问、座谈会、电话采访等形式。访谈时，既可以用登记式谈话形式，也可以采用自由谈话形式。一般来说，登记式谈话内容明确，调查者易于掌握；自由谈话则使被调查者有充分发表意见的机会，还可以了解到未列于调查提纲的某些重要情况；个别访谈灵活方便，彼此容易沟通，能够深入了解情况，可多方面收集资料；集体访谈（即座谈会）能集思广益。

(3) 问卷调查法。问卷调查法是指由公共关系调查者向调查对象提供问卷收集所需信息的调查方法。其优点是：可以节省时间、经费和人力；具有较好的匿名性，使收集的信息较真实；所获得的资料便于处理和分析；可以避免调查者的主观偏差。缺点是：回收率低；并非适合所有的调查对象；由于大部分情况下调查者与调查对象不在同一现场，因此所获得的信息难以保证质量。

2. 二手资料的取得方法

本方法也称文献研究法，是一种收集、分析、整理现成文献资料的调查研究方法。运用这种方法主要是通过著作、报纸、杂志、网络等各种渠道，对与调查主题有关的文献资料进行分析、了解。其优点在于利用现成的资料，节省人力、物力、财力。

根据以上的分类情况来看，全面调查、重点调查、典型调查只是调查的方式，主要用来确定调查对象的范围。收集资料的具体形式是观察法、访谈法、问卷调查法和文献研究法。由此可以看出，调查方式与具体形式是相互交叉的，各种调查方式均可在某种具体形式的调查中运用。

二、公关调查的抽样方法

公关调查中，由于人力、财力和时间的限制，要想进行普遍的调查几乎是不可能的。所以，常常要进行抽样，以便以较小的投入得到较大的有效产出。

抽样调查的关键是样本的抽取。抽样过程的主要步骤如下：

(1) 确定调查总体（也称样本框）。根据调查的目的、要求，确定调查对象的内涵、外延及数量。

(2) 设计和抽取样本。设计样本的大小和抽取样本的方法，并根据设计要求抽取一部分单位作为调查样本。

(3) 收集样本资料。对样本单位进行实际调查，收集有关资料。

(4) 计算样本资料和推算调查总体。对样本调查所收集的资料进行计算，然后根据样本数值推算总体、说明总体。

要使抽样科学合理，首先抽样方式要合理。常用的抽样方式有：简单随机抽样、等距随机抽样、分层随机抽样、整群随机抽样、多级随机抽样。抽样方法的不同和所抽取的样本的容量大小都对抽样调查的结论具有重要影响，调查者在调查中必须高度注意。其次，样本大小的确定要恰当。设计样本的数目，是进行抽样调查的重要问题。抽样数目的大小直接影响抽样误差的大小，所以在组织抽样调查时，只有恰当确定抽样样本，才能使抽样误差不超过预先规定的范围（即允许误差）。如果样本数目过大，则人力、物力、财力花费太大，必然造成浪费，失去抽样调查的意义；如果样本数目过小，又会使抽样误差增大，难以保证样本对总体的代表性，调查结果不能对总体作出正确推断。因此，设计样本的数目，既是保证抽样工作具有一定代表性的前提，又是节省人力、物力和财力的需要。

通常情况下，抽取多少样本受各种因素的影响：

(1) 总体的同质性。即总体各单位间在所选研究特征上的相似性。同质性（相似性）越强，所需样本数目（n）就越小；反之，同质性越弱，所需样本数目（n）就越大。

(2) 推断总体的精确度。即样本值接近总体值的程度。精确度要求越高，所需样本数目就越大；精确度要求越低，所需样本数目就越小。

(3) 允许误差。即样本值与总体值之间抽样误差的允许范围。允许误差越小，则抽取样本的数目就越大；允许误差越大，则抽取样本的数目就越小。

(4) 抽样类别。在其他条件相同的情况下，抽样类别不同，所需样本数目也会不同。一般而言，分层随机抽样所需的样本数目最小，整群随机抽样所需的样本数目最大，其他随机抽样方法介于二者之间。

(5) 分析类别。一般情况下，分析类别越多，样本数目要求越大；分析类别越少，样本数目要求就越小。

(6) 物质条件。从理论上说，抽样调查的精确度越高越好。但是，在实际调查中，抽样调查的精确度受人力、物力、财力等的限制，即物质条件充足，则样本的数量就多，反之，则少。所以，有些调查宁可冒一定的风险，降低精确度。然而，降到什么程度，这要依调查本身的重要程度和实际条件而定。

三、访谈法

访谈法是公关调查中运用的主要方法之一，它主要包括集体访谈和个别访谈。

要使访谈成功，调查者必须熟练掌握访谈法。

(1) 要做好访谈前的准备工作，主要包括访谈对象的确定以及访谈提纲的设计。访谈提纲一般包括调查的目的、要求、时间、地点、对象、调查项目、具体访谈问题等。同时，还要尽可能使与会者具有各方面的代表性。如进行集体访谈，则访谈的规模不宜过大，一般以5～8人为宜。

(2) 要掌握访谈过程中的技巧。调查效果的好坏很大程度上取决于访谈过程中调查者的调查技巧。访谈者在接近被访者时，首先，要表明自己的身份，说明来访的目的，并请求被访者的支持与合作，尽量消除被访者的抵触情绪；其次，要想办法与被访者建立融洽的关系，营造有利于访谈的气氛，可以先谈谈调查对象熟悉的东西，如家庭、个人爱好等，以消除其拘束感；最后，在访谈时，访谈人员要始终保持中立态度，尽量减少题外话，使用简单语言，要掌握温和的交谈语气，注意身体语言，以免给对方造成不适感。

对于集体访谈，首先要营造轻松和谐的会议气氛。良好的气氛是真诚相见、各抒己见的前提。其次是把握会议讨论的方向，使座谈会围绕主题进行，这是调查者始终要重视的。如果调查者的能力强、技巧高，座谈会就能开得轻松自然而又主题突出，与会代表互相讨论、互相启发，把调查的问题引向深入；也可以让与会者充分自由发表意见，调查者能全面了解各方面的情况。反之，如果调查者没有驾驭座谈会的能力和技巧，那么，座谈会就很可能出现沉闷的窘况，可能因团体压力而难以听到不同的意见，或者海阔天空地神侃，使整个调查无法达到预期的效果。

对于个人访谈，最大的困难是排除沟通障碍，使被调查者乐意接受调查。

访谈是与人沟通的过程，是一门人际交往的艺术，没有一成不变的规则，需要通过不断地实践来掌握、提高。

四、问卷调查法

(一) 调查表的构成

调查表一般由标题、致被调查者的短信、填表说明、主题内容、编号和调查实施情况记录六部分组成。

1. 标题

每份调查表都应明确简洁，以醒目的标题开宗明义地告诉被调查者所调查的主题。如“中国城市青年消费心态调查问卷”，把调查对象和调查内容一目了然地呈现在被调查者面前，这样容易取得被调查者的合作。

2. 致被调查者的短信

短信主要用来说明组织调查的单位、调查的目的和对被调查者的回答是否保密等问题，使被调查者明确调查目的，消除不必要的顾虑，理解和支持调查工作，从而接受调查。因此，短信要短小精悍且富有感召力。

3. 填表说明

填表说明是告诉被调查者应如何填表的说明部分。对于容易引起歧义和误会的或难以理解的，都应在此部分进行解释和说明。如果调查表格比较复杂，估计被调查者难以填写的，还应予以示范。

4. 主题内容

主题内容是调查表的主体部分，它一般由一个个相互联系并前后有序的问题和相应的可供选择的答案组成（如果是开放型问题，则无答案部分）。在这一部分中，要根据调查的目的和任务，围绕主题确定要调查的项目，并根据事物的内在联系确定其先后次序；设计好提问的方式，并以被调查者最容易接受的语言提问；对于需要提供可供选择答案的问题，要设计好选择答案。

5. 编号

为了便于分类归档，或便于运用电子计算机进行处理，一般调查表都应编号。

6. 调查实施情况记录

这是调查表的最后部分。它的主要作用是记录调查完成的情况和需要复查、校正的问题。

对于具体的调查表，上述六个部分，有的部分可以省略，但是，标题、致被调查者的短信、填表说明与主题内容是必不可少的。

（二）问卷的设计

问卷设计是一项技术性很强的工作，涉及语言学、逻辑学等方面的知识，必须注意语言使用和提问方式对被调查者的影响。

调查表质量优劣的关键在于主题内容的设计，而整个调查表设计的困难也在于这一部分。因此，努力提高对主题内容的设计能力与技巧十分必要。

1. 总体框架的设计

总体框架是指导设计问卷和对问卷资料进行分析的一种总体逻辑思路，往往采用图示法。为了使表中的每一个问题都有不可或缺的作用，各个问题之间有一种内在的逻辑联系，以便于对它们进行科学分类和相关分析，在设计调查表之前，应该先设计总体框架。

2. 提问语句的设计

在设计提问语句时，要注意提问的方式，有直接提问、间接提问、假设性提问等；注意提问语句的确切性；避免出现诱导性问题；要以封闭式问题为主，辅之以开放式问题；调查表中的项目不宜太多，一般控制在被调查者半小时内完成为宜。

3. 选择答案的设计

封闭式问题按其性质可以划分为定类问题、定序问题和定距问题。定类问题，要求对被测定对象的性质作出分类。这类问题要注意：答案要互斥，答案要穷尽。定序问题，要求对被测定对象的排列次序作答。对这一类问题，一般采用五级或三级定序答案。定距问题，要求答案之间的顺序关系保持一定的距离。例如："您的月基本收入是：A. 600元以下，B. 600～1 000元，C. 1 000～2 000元，D. 2 000～5 000元，E. 5 000元以上。"

4. 主题内容的编排

提问语句和相应答案设计出来以后，还应对整个主题内容加以编排。在按总体框架编排时，应考虑逻辑结构上是否还需要调整；在照顾逻辑顺序的前提下，尽量做到先易后难，先一般性问题后特殊性问题，先封闭式问题后开放式问题。

5. 主题内容的修改

主题内容设计出来以后，应该认真地审查；同时可以在小范围内（20～30人）进行试验性调查，以便在试验中发现问题，及时进行修改，然后制成正式问卷。

观点链接

调查问卷的评价方法

(1) 所有题目与研究目的相符合，题目都是所要调查的项目。

(2) 问卷能够显示出一个重要的主题，使填答者认为重要，愿意长时间去填答。

(3) 问卷仅收集其他方法无法收集的资料。

(4) 问卷尽可能简短，其长度只要满足获得重要资料的需要即可，填答时间应控制在30分钟之内。

(5) 问卷的题目要依照心理次序排列，由一般性到特殊性。

(6) 问卷题目设计要符合编题原则，避免获得不正确答案。

(7) 问卷收集的资料要利于列表和解释。

(8) 问卷指导语和填答标示清楚，使填答者不会有错误的反应。

(9) 问卷编排格式要清楚，翻页要顺手，指示符要明确。

(10) 印刷纸张不能太薄，字体不能太小，间隔不能太小，装帧不能太随便。

资料来源：谢红霞：《公共关系原理与实务》，2版，103页，大连，东北财经大学出版社，2010。

（三）问卷的发放与回收

问卷的发放与回收也影响着调查的质量，问卷发放与回收应尽量按调查所要求的程序与方法来操作。

问卷的发放与回收一般有以下几种方式：

(1) 分发，即专业调查人员将问卷向公众当场分发，并现场加以回收，也可在公众聚集地面对面地进行问卷的发放，让被调查者回答后随即收回。

(2) 寄发，即通过邮寄的方式进行问卷的发放和回收。在问卷寄出之前，先与调查对象取得联系，并在问卷寄出之后，与被调查者不断联系以提醒对方。采用这种方法必须注意在问卷中附带已贴好邮票的回信信封，以争取较高的回收率。

(3) 媒介发布，即在大众传播媒介上刊登问卷，面向公众进行调查。发布问卷的数量相当于该媒体的发行量和浏览量。因此，问卷的回收量也相对较大。用于刊登问卷的媒体一般有报纸、杂志、互联网等。

(四) 问卷审查

问卷审查是指对回收上来的问卷进行整理，淘汰回答不正确、不完整的无效问卷，保留合乎要求的有效问卷，以提高问卷资料的可靠性和准确性，为问卷资料的分析研究工作奠定基础。

五、观察法

观察法，即调查者进入调查现场，用自己的感官及辅助工具，观察和记录调查对象的表现，从而获得第一手资料的调查方法。与其他调查方法相比较，观察法收集到的资料更直接、更真实、更生动具体，所以是公共关系调查中常用的一种方法。

(一) 观察提纲的设计

在正式观察之前，要根据调查的目的制定出观察的提纲，主要包括观察项目、观察地点、观察时间、观察内容等。

(二) 进入观察现场，作好观察记录

在观察过程中，要注意选择好调查的对象和环境，选准观察的时间和场合，灵活地安排实地观察的程序，科学地利用观察工具，把观察与思考紧密地结合起来，并努力减少观察活动对被观察者的影响，降低观察误差。

观察中，一要客观真实地记录；二要注意利用辅助工具，提高观察的客观性和准确性；三要对同一现象进行多人或多组同时观察，以便互相印证，纠正偏差。

六、文献调查法

文献调查法指调查人员通过查阅各种文献，对媒介所传播的有关组织各种信息进行调查统计的一种间接的调查方法。文献主要包括：

(1) 书面文献，包括各种公开发行或不公开发行的报刊、书籍、档案、报告、会议文献、统计资料等，是一种最广泛的文献形式。

(2) 声像文献，包括电影、电视、录像、录音、唱片、照片等媒介形式。

(3) 电子文献，包括磁盘文献和网络文献。

文献调查法的实施步骤如下：

(1) 开列文献清单。

(2) 查阅和记录文献资料。

(3) 文献核实与分类归纳。

为了更有效地利用文献，首先，必须明确调查目的，根据调查目的来决定文献资料的取舍；其次，对于某些重要的文献资料必须注意资料来源的权威性，以保证资料的可信度；最后，要注意文献资料和其他资料的配合使用。

第三节 公共关系调查的内容

公共关系调查是公共关系的基础性工作，它是一种系统的研究工作。公共关系调查指公共关系人员对自己或所服务的组织公共关系状态进行的情报收集与研究工作。其目的主要是了解那些受到组织行为和政策影响的人对组织的态度、看法和反应，确定组织在社会中的实际形象，发现组织存在的问题并对问题进行全面而深入的了解。公共关系调查的内容包括公共关系的主体——组织自身状况的调查，公共关系的客体——公众意见的调查，以及同公共关系的主客体密切相关的社会环境的调查。

一、组织自身状况调查

组织自身状况资料是公共关系人员的案头必备品，无论是撰写新闻报道、解答公众提问、编写组织通讯、制作宣传材料，还是举办展览会、记者招待会，都需要随时查阅和引用这些调查资料。

组织自身状况调查包括下列内容：

(1) 组织的自然情况。如组织的地理位置、名称、性质、机构设置、法人代表，以及职工人数、文化程度、年龄、性别、职务、职称结构等。

(2) 组织的社会情况。如组织的管理模式、业务范围、社会效益和经济效益、内外政策、文化内容、优势、存在的问题、潜在的危机等。

(3) 组织的历史情况。如组织的建立时间、发展阶段、体制变化、重大事件、有突出贡献的职工及贡献情况、历届领导人情况、人员素质变化等。

(4) 组织的现实情况。如组织的知名度、信誉，以及产品或成果的质量、数量、生产能力及社会需求等。

(5) 组织的未来情况。如组织的发展前景、近期目标和长远规划等。

组织情况调查既要有综合情况，又要有分类情况，一般而言，内容越详细，越具有利用价值。

二、公众意见调查

公众意见调查是公共关系调查的主要内容，其调查结果决定公共关系活动的效果、下一步工作对策和未来发展。公众意见调查包括组织形象、公众动机、活动效果、传播效果和内部公众意见等。

(一) 组织形象

组织形象是社会公众对一个组织的认识、看法和评价。

知名度和美誉度是近年来公共关系工作中评价组织形象比较常用的评价指标。

知名度表示社会公众对一个组织知道和了解的程度。其计算公式如下：

知名度＝知晓人数/被调查人数

美誉度表示社会公众对一个组织有好感和赞许的程度。其计算公式如下：

美誉度＝称赞人数/知晓人数

例如，调查一家公司的形象，对 10 000 名公众进行抽样调查，如果 100％的人对此公司表示了解和知道，并且对它感兴趣和赞赏它，那么该公司的知名度和美誉度均为 100％。如果在被调查的 10 000 名公众中，只有 4 000 人知道和了解该公司，那么它的知名度就是 40％；知道这个公司的这 4 000 人中，如果仅有 800 人对该公司表示赞赏，那么这个公司的美誉度就是 20％。

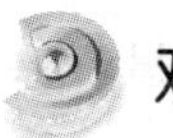
观点链接

不同的公关对策

根据企业的组织形象状况，可以采取不同的公关对策。

高知名度和高美誉度的企业，通过公共关系工作维持现状即可。

低知名度和高美誉度的企业，可以在维持高美誉度的基础上，利用较好的组织形象设法提高知名度。

高知名度和低美誉度的企业，应该先降低其已享有的较高知名度，一段时间里隐姓埋名，改善产品和服务形象，然后进行策划，并恢复较高的知名度。

低知名度和低美誉度的企业，暂时保持低姿态，努力提高工作质量，改变组织形象，在此基础上，首先争取较高的美誉度，然后通过公共关系工作争取扩大知名度，达到知名度和美誉度都高的形象地位。

资料来源：周朝霞：《公共关系——原理与实务》，143页，北京，高等教育出版社，2007。

就知名度而言，组织形象要素主要包括组织规模、组织公关活动的效果等；就美誉度而言，组织形象要素主要包括组织的服务方针、组织决策的正确性、产品和服务质量、办事效率、组织信用、组织的服务态度、组织的创新意识等。

（二）公众动机

公众动机是影响公众如何评价组织的主要原因。一般而言，不同的公众，由于动机不同，对组织的评价往往见仁见智，印象不同，评价各异。公众动机调查，包括公众对组织是否抱有偏见或特殊的喜欢，该组织的工作方式、社会活动、产品服务等方面是否与公众某种成见相冲突，或与公众的某种嗜好相吻合，与某种社会上流行的东西相一致等。

（三）活动效果

活动效果是指公众对组织公共关系专门活动的评价。活动效果的好坏，标志着公共关系活动成功与否。每一位公共关系人员或每一个公共关系组织，每举办一次公共关系活动，都希望取得满意的效果。活动结束后，公众是否满意，满意程度如何，公众如何评价，都需要通过调查得到答案。

（四）传播效果

公共关系的传播效果调查，是为了了解组织通过传播媒介（主要是宣传和新闻媒介）进行内外传播的效果，也就是公众接受传播信息后，在思想、态度和行为等方面所发生的变化。调查包括某种媒介的覆盖面、受众构成、收视（或收听）率，以及公众对传播内容的态度和产生的行动等。

（五）内部公众意见

内部公众意见调查是组织内部公共关系调查的主要内容。重视内部公众意见，才能促进组织的合作与团结，才能有助于内部公众人人关心组织发展、人人重视组织利益、人人珍惜组织信誉和形象，使组织在发展中处于有利地位。内部公众意见包括对本组织工作的评价、人际关系评价、领导行为评价、内部公众需要等。

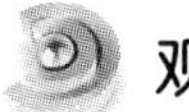

观点链接

民意调查法

公共关系人员可以通过各种方式，收集内部员工的意见，把握员工的思想脉搏，了解员工的思想情绪。可以采用民意调查法，即通过定期向员工分发调查表，了解以下问题：

(1) 您了解公司近来的处境吗?
(2) 近来公司里什么事情使您最高兴?
(3) 您工作中最讨厌的是什么?
(4) 您目前最忧虑的事情是什么?
(5) 您最近是否受到过不公平的待遇?
(6) 您周围有什么不和睦的事件?是谁的责任?
(7) 您对工作环境有什么不满意的地方?
(8) 您认为公司应该为职工做哪些最迫切的事情?
(9) 您听到什么有关公司的抱怨?
(10) 您能提供哪些对公司有益的建议?
(11) 您乐意向别人介绍公司的情况或您自己的工作情况吗?

资料来源:周朝霞:《公共关系——原理与实务》,140页,北京,高等教育出版社,2007。

三、社会环境调查

社会环境是指与组织有关的各类公众和各种社会条件的总和,它影响着组织的生存和发展。公共关系部门和人员进行社会环境调查的目的,就是协调组织和社会环境的关系,使组织适应社会环境的变化,从而使组织获得发展。社会环境包括政策环境、社会问题和其他组织公共关系情况。

(一) 政策环境

政策环境调查主要了解与组织有关的方针、政策、法规,遵循并运用它们为自己的组织服务。如化工厂的公共关系人员就要研究经济合同法、环境保护法、劳动法等法规,并密切注意其他化工厂对这些法规的运用和执行;政府部门的公共关系人员就要研究组织法、选举法、行政诉讼法、公务员制度等法规,并对由此发生的公共关系活动进行专题调查、追踪研究。

(二) 社会问题

社会问题包括政治、经济、文化、思想、技术等方面的内容,它对公众意见具有很大的影响力,甚至关系到一个组织或几个组织的发展与消亡。例如,股票热的兴起,可使出版商以出版股票方面的书籍而发财,也可使银行存款下降、国库券卖不出去等。

(三) 其他组织公共关系情况

调查其他组织公共关系情况,可以获得其他组织在公共关系方面的经验,并根据自己的实际情况加以借鉴,避免走他人失败之路,更好地发展自己,完善自己。调查主要包括市场竞争状况的调查和行业环境状况的调查。

第四节 公共关系调查报告的编写

一、调查资料的整理

组织在公共关系调查阶段收集的大量资料是个别的、分散的,必须对这些资料进行科学的整理和分析。整理调查资料是根据调查研究的目的,对各种原始资料进行审核、分类、汇总,使之系统化、条理化的过程。这是调查报告撰写前必须做的一项工作,亦是统计分析与理论分析的基础。

（一）资料的审核

审核是对调查资料进行审查与核实的工作，目的在于保证资料的客观性、准确性和完整性。在实际工作中，资料的审核和收集在大多数情况下是同步进行的，边收集边审核，叫做实地审核或收集审核；在收集资料后集中时间进行审核，则叫系统审核。

1. 审核的原则

为了保证审核的效果，资料审核应该遵循以下原则：

（1）真实性原则。对收集到的资料要根据实践经验和常识进行辨别，看其是否真实可靠地反映了调查对象的客观情况，然后去伪存真，保证资料的真实性。

（2）标准性原则。在大规模的调查中，对于需要相互比较的材料要审核其所涉及的事实是否有可比性；对于统计资料要注意指标的定义是否一致、计量单位是否相同等。

（3）准确性原则。对资料进行逻辑检查，检查资料中有无不合理或相互矛盾的地方。如某人年龄栏内填写 23 岁，而工龄栏内填写 18 年，显然相互矛盾。

（4）完整性原则。检查资料是否按提纲或统计表格的要求收集齐全，检查在调查中发现的新线索、新问题是否都做了调查。

2. 审核的方法

（1）第一手资料的审核。第一手资料是指直接调查获得的资料，如用观察法、访谈法、问卷调查法获取的资料。一般情况下，对于第一手资料可以对照事实重新审核。对于用观察法所获资料，审核时应当注意检查观察资料是否严格遵循调查提纲收集。若观察是以小组为单位进行的，则应将小组成员各自获取的情报进行比较，以保证资料的准确性。

（2）第二手资料的审核。第二手资料是指间接调查获得的资料，主要指用文献调查法获取的资料。第二手资料一般包括两类，即方案资料和统计资料。

对文献资料的审核，一般应注意：搞清文献作者的社会政治背景及目的，注意文献编写的时间，尤其是对记叙历史事件的文献，应把文献编写时间和文献中所描述事件发生的时间加以对照。

（二）资料的分类

资料的分类是资料整理的第二步工作，即按一定的标准将资料分门别类，使繁杂的资料系统化、条理化的过程。它不仅能方便资料存取，而且能加深调查者对调查对象的认识和了解。

1. 确定分类标准

分类的关键在于选择和确定分类标准。分类标准可分为品质标准和数量标准两大类。前者反映事物属性差异，如性别、民族、职业等。后者反映事物数量差异，如年龄、收入、人口等。

确定分类标准一般应做到以下两点：

（1）反映调查的目的。例如，要研究影响青年人择业行为的基本因素，如果事先提出的假设是“家庭的社会经济背景是影响青年人择业行为的重要因素”，那么确定的分类标准就应以家庭的社会经济背景为核心。

（2）反映事物的重要特征。根据与调查目的的关系，可以将特征区分为重要特征、一般特征和无关特征。由于受研究条件(时间、人力、财力等)的限制，应选取有关的重要特征作为分类标准。

2. 选择分类方法

由于资料的性质不同，分类的具体方法也有所不同。无论是定性资料，还是定量资料，必须遵循下述三个原则：

(1) 互斥性原则。所划分的各类别之间不能相互重叠，每一个对象只能归于一类，不能既属此类，又属彼类。

(2) 完备性原则。所划分的各类别应是周延的，即类别的确定应当使每一个对象都有所归属，分类的结果应使所有对象都包容进去，无一遗漏。

(3) 显著性原则。分类的效应具有显著性，亦即类别界限的确定应使各类别之间的判别尽量增大，每一类别内部的差异尽量缩小。

二、调查资料的统计分析

调查资料的整理工作完成以后，就进入了调查资料统计分析阶段。专业的资料分析可分为统计分析和理论分析两个部分。统计分析作为一种定量分析方法，是调查资料的具体化和数量化，并为进一步的理论分析提供数据支持。因此，统计分析是公共关系调查中常用的分析方法。

统计分析包括描述性统计分析与推断性统计分析。描述性统计分析是指用统计图表或统计指标的形式反映调查对象的基本特征与相互关系的一种统计方法。它是统计分析的基本方法，适用于以各种调查方式获取的资料，具体包括变量分布的分析、集中趋势的分析、离散趋势的分析和相关分析等。推断性统计分析是通过统计数据的态势和走向，合理推断调查对象的变化趋势，由此获得调查的基本结论。

三、调查报告的编写

调查报告反映的是调查研究的成果，调查报告的内容和质量是公共关系调查活动成败的关键。调查人员要完成公共关系调查，首先必须熟知调查报告的要求与结构。

(一) 调查报告的基本要求

一份优秀的调查报告，必须具备下列条件：

(1) 报告语言简洁、有说服力，词汇尽量非专业化，便于领导层审核与参考。

(2) 报告必须以严谨的结构、简洁的体例将调查过程中各个阶段收集的全部资料有条理地陈述，让人一目了然。

(3) 报告应该对调查活动所要解决的问题提出明确的结论或建议。

(4) 报告应该能让读者了解调查过程的全貌。

(二) 调查报告的结构

调查报告虽然会因调查课题、调查人员的风格不同而有所区别，但是其基本结构应该是相同的。规范的市场调查报告一般应该包含下列五个部分：

(1) 序言。主要介绍研究课题的基本情况。

(2) 摘要。概括地说明调查活动所获得的主要成果。

(3) 引言。介绍研究进行的背景和目的。

(4) 正文。对调查方法、调查过程、调查结果以及所得结论和建议作详细的叙述或阐述。尽管调查报告包括的内容较多，但无关的、不可靠的资料要剔除掉。

（5）附录。呈现与正文相关的资料，以备读者参考，包括调查问卷、调查时间安排、抽样调查的说明、原始资料的来源、调查获得的原始数据图表等。

（三）调查报告撰写的注意事项

调查报告是公共关系调查活动成果的体现，调查的成败以及调查结果的实际意义都表现在调查报告上。撰写调查报告时，应注意或重视以下问题：

（1）考虑读者的观点、阅历，尽量使报告适合于读者阅读。

（2）尽可能使报告简明扼要，不要拖泥带水。

（3）用自然体例写作，使用普通词汇，尽量避免使用行话、专用术语。

（4）务必使报告所包括的全部项目都与报告的宗旨有关，剔除一切无关资料。

（5）仔细核对全部数据和统计资料，务必使资料准确无误。

（6）充分利用统计图、统计表来说明和显示资料。

（7）按照每一个项目的重要性来决定其篇幅的长短和强调的程度。

（8）务必使报告打印工整匀称，易于阅读。

第五节　公共关系调查与市场调查

一般来说，组织开展的调查活动包括公共关系调查与市场调查。在调查问卷的设计和开展的调查中，常有人混淆公共关系调查与市场调查，设计公共关系调查的问卷，结果变成了市场调查的内容，进行公共关系调查，结果做成了市场调查。其实，公共关系调查与市场调查既有区别，又有联系。

一、公共关系调查与市场调查的区别

（一）公关调查与市场调查的范围不同

公关调查的范围如前文所述，涉及的几乎是社会组织的所有公众，其中主要包括内部公众，以及外部的客户公众、政府公众、消费者公众、社区公众、媒介公众及社会团体（如消协、绿色环保组织）等。这是由公共关系的职能所决定的。而市场调查是为组织的市场营销服务的，它涉及的范围主要是市场上的目标市场的群体，即顾客和消费者，虽然这个范围也很大，涉及的面也很广，但其目的主要是做好市场营销工作。

（二）公关调查与市场调查的内容不同

公关调查的内容如前文所述，主要是组织对其自身状况、公众舆论、社会政策环境等问题进行调查；而市场调查则主要是围绕企业产品、市场占有率、竞争者、潜在顾客偏好等问题来进行的。所以，二者在调查问题的设计、调查方法、手段的运用上，都有较大差异。

（三）公关调查与市场调查的作用不同

这与组织开展两种调查的出发点不同有关系。公关调查是社会组织监测环境的重要工作，调查结果将报送决策部门，作为组织进行战略决策的重要参考和依据；而市场调查则是企业营销部门为进行营销决策或作为打开某一市场的工作前奏所做的，其调查结果将作为营销部门的决策依据。因此，公关调查不仅为企业所用，而且被广泛地运用于政府、医院、学校等事业单位及社会团体等各种社会机构中，而市场调查主要用于工商企业之中。

二、公共关系调查与市场调查的联系

公关调查与市场调查尽管有明显的区别，但是对同时使用这两种调查的企业来说，则有着密切的联系。

（一）公关调查会涉及市场调查的某些内容

从调查的对象来看，公关调查在对较大范围的公众开展调查的时候，必然会覆盖企业的消费者或顾客群；从调查的内容看，组织的公关调查在内容上不可能脱离组织的产品，而且会以组织的产品为依据展开调查。因此，公共关系调查会辅助性地帮助企业获取一些重要的市场数据。

（二）市场调查会给公关调查提供帮助

市场调查是针对消费者与顾客而展开的调查，是公关调查可能覆盖的一部分内容，获取的有关信息，会从某一角度给组织以帮助。消费者与顾客是公共关系外部公众中最重要的一部分，他们的声音在一定程度上反映了社会公众的呼声，了解了这部分公众，会对企业的决策和其他公众的调查起参考作用。毕竟，无论是公关调查还是市场调查，均是为同一社会组织服务的。

本章小结

进行公共关系调查对组织十分重要，必须遵循实事求是、尊重公众和讲求效益的原则。公关调查的一般程序为：确定调查任务、制定调查计划、准备调查条件、收集调查资料、整理分析资料和撰写调查报告。根据取得调查资料的具体方式不同，公关调查可划分为一手资料的取得和二手资料的取得。一手资料的取得方法包括观察法、访谈法和问卷调查法。通过调查阶段收集的大量资料必须进行科学的整理和分析。统计分析是公共关系调查中不可缺少的环节。调查报告的编写是整个调查活动的最后一个阶段。一旦调查报告提交，全部调查活动就告结束。另外，作为市场营销专业的学生，要掌握公共关系调查与市场调查二者之间的区别和联系。

职业实训

1. 案例剖析

物美超市，您的物美！

尊敬的顾客：

您好！

我们是中国××学院社会组织公共关系研究中心，受物美超市委托，特向您做一次关于物美公众形象的调查，敬请您直言不讳，坦诚相告。通过调查，拟更好地了解顾客的呼声，获得顾客对超市商品和服务的意见以及对本超市的期望，由此帮助物美在商品和服务方面做得更好。本调查仅耽误您1～3分钟时间，深深感谢您为我们提供宝贵的意见！

中国××学院公共关系研究中心

2012年4月20日

请在符合您情况的选项下画√，在需要注明的地方烦请告知。谢谢！

1. 您的性别
A. 男 B. 女
2. 您的年龄
A. 14～20 岁 B. 21～29 岁 C. 30～39 岁 D. 40～49 岁
E. 50～59 岁 F. 60 岁以上
3. 您的职业
A. 公务员 B. 公司职员 C. 教师 D. 企业经营者
E. 学生 F. 其他（感谢注明）
4. 您的月收入（学生指月消费）是
A. 1 000 元以下 B. 1 000～2 000 元 C. 2 000～4 000 元 D. 4 000 元以上
5. 您在此地的居住时间
A. 1 年以内 B. 1～3 年 C. 3 年以上
6. 您一般在大型卖场购物平均每次消费
A. 50 元以下 B. 50～100 元 C. 100～200 元 D. 200～300 元
E. 300 元以上
7. 您比较喜欢的购物场所是
A. 大型超市 B. 农贸市场 C. 小区里小超市 D. 小区门口的流动商贩
8. 在此地购物，您经常选择________（感谢注明购物场所）
9. 您是否有物美 VIP 卡
A. 有 B. 没有
10. 您来物美购物的主要原因是
A. 价格实惠 B. 产品质量好 C. 方便 D. 服务态度好
E. 环境好 F. 其他
11. 您来物美购物所采用的交通工具一般是
A. 步行 B. 自行车（助动车、摩托车） C. 出租车
D. 公交车 E. 卖场班车 F. 私家车
12. 您来物美购物的频率是
A. 一天 1 次 B. 一周 1～2 次 C. 一个月 2～4 次 D. 时间不定
13. 您在物美一般选购哪类商品
A. 包装食品 B. 散装食品 C. 水果蔬菜 D. 服装鞋类
E. 家电类 F. 百货类
14. 您购物时关注商品的哪个方面
A. 品牌 B. 价格 C. 质量
15. 您觉得物美工作人员的服务态度
A. 很好 B. 一般 C. 勉强可以接受 D. 恶劣
16. 您觉得物美的购物环境
A. 宽敞明亮，感觉舒服 B. 一般
C. 货物密集，商品有些凌乱
17. 您需要购买的商品是否容易找到

A. 很容易　　　　B. 一般　　　　　C. 困难

18. 当您咨询相关商品（如商品特性、陈列地点）时，工作人员

A. 十分了解，解决问题快　　　　　B. 一般了解，基本解决问题

C. 不太了解，勉强能解决　　　　　D. 不了解，无法解决

19. 当您对服务提出投诉或建议时，一般会获得的处理结果是

A. 积极处理问题　B. 处理问题拖延　C. 委托或辩解　　D. 直接回绝

20. 您对超市促销商品的态度

A. 会买，认为质量有保障　　　　　B. 会买，尽管质量一般

C. 不买，觉得质量无保障

21. 您认为超市宣传单上的商品与活动信息跟实际情况

A. 完全符合　　　B. 少许不符　　　C. 过于夸张　　　D. 有误导消费之嫌

E. 其他（感谢注明）

22. 您对超市的结账服务感觉

A. 效率高　　　　B. 设备偶尔失灵，效率一般

C. 效率偏低　　　D. 效率低

23. 您对物美超市有什么意见或者建议

全部问题结束，再次感谢您的配合，祝您购物愉快！

资料来源：某高校学生公关调查问卷。

认真阅读案例，回答下列问题：

（1）这份调查问卷有哪些方面值得学习？

（2）这份调查问卷有什么问题吗？

（3）如果请你设计调查问卷，你会怎样设计？请为当地知名的超市设计一份调查问卷。

2. 职场模拟

（1）如果对一家商场的顾客进行访谈，列出访谈提纲，并演示访谈过程。

（2）如果采用观察法进行调查，你会从哪些角度开展调查？

（3）如果采用二手资料进行调查，应从哪些方面入手？

3. 能力训练

（1）根据你所在院校的实际情况，设计一份有关大学生形象的调查问卷，并制定详细的调查活动方案。

（2）设计一份调查问卷，调查你所在的城市居民对家庭小轿车的购买意向，并进行实地调查，最后写出调查报告。

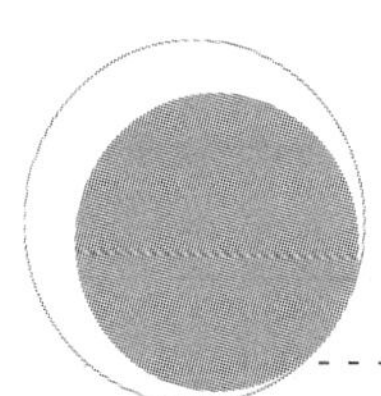

第六章 公共关系策划

本章学习目标

通过本章的学习，你应该能够：

1. 了解公关策划的含义与特征。
2. 掌握公关策划的原则。
3. 熟悉公关策划的程序。
4. 学会做公关专题策划方案。

课前思考题

1. 公关策划是怎么回事？
2. 公关策划活动的模式有哪些？
3. 什么是新闻策划？组织为什么要进行新闻策划？
4. 大型公关专题活动策划的基本步骤是怎样的？

导入案例

话题附着力与分享精神

黄太吉传统美食微博营销做得很好，买个煎饼经常需要排队，很多人从很远的地方打车去买煎饼。最好玩的是，老板经常开着奔驰去送煎饼，网友对此津津乐道。

在一个煎饼铺里，还提供无线上网服务，乍一听让人匪夷所思。他们之所以这么做，就是想建立一个“分享”的环境和氛围，让大家把自己的“用餐经验”快速地分享出去，传递给自己的朋友。

无论是企业微博，还是其他社会化媒体形式，要想让大家参与话题讨论，提供的内容一定要有话题性，这样大家讨论起来才有兴趣，话题才有附着性。黄太吉在话题的附着力上下足了工夫，时不时抛出一些带有附着力的话题，引发大家的讨论和围观，如老板开奔驰送煎饼、美女老板娘、老板是百度技术男等。这些话题本身都带有很强的附着力，可以迅速地在社交网络上扩散，引发网友的讨论。

据说，老板原来是百度的设计大拿，因此在店面的摆设上，到处都是“独具匠心”。店里的陈设是直接面对消费者的，食客见了好玩的东西，都会第一时间发微博分享。这些“别有用心”的摆设成为消费者微博上的好素材，也让消费者无意中成了“商家”的义务宣传员。有这么多“创意”和“分享”元素，黄太吉在微博上迅速走红，就不足为奇了。

资料来源：http://www.chinapr.com.cn/templates/T_Second/index.aspx?nodeid=42&page=ContentPage&contentid=2044。

黄太吉迅速走红，关键在策划。企业如何才能策划出具有创意的公关活动来提高企业的知名度和美誉度呢?

第一节　公关策划及公关策划方案

一、公共关系策划的含义

策划，简单地说，即筹划或谋划，就是根据各种情况与信息，判断事物变化的趋势，确定可能实现的目标和预期结果，再以此来设计、选择能产生最佳效果的资源配置与行动方式，进而形成正确的决策和工作计划的过程。策划既是组织决策的前提，又是决策的重要组成部分。

公共关系策划是公共关系人员根据组织的环境现状和目标要求，分析现有条件，设计最佳行动方案的过程。从广义的角度理解，公共关系策划包括了公共关系日常计划的全部内容，是公共关系工作程序中的第二个步骤；从狭义的角度理解，公共关系策划一般是指专项公共关系活动的谋划和设计，如制造新闻、重大公关活动的筹划、公关问题的解决、公关危机的处理等。公关策划是公关计划的深化和具体化，具有相对的独立性。

二、公共关系策划的原则

公共关系工作的中心环节是公关策划，组织形象管理工作是否有效，在很大程度上取决于策划的成败。公共关系人员在进行公共关系策划时，应遵守如下原则。

(一) 创新性原则

策划需要创新，跟在别人后面人云亦云，是策划的悲剧。创新包括：创意新颖，手法不落俗套，内容贴近公众，时机恰到好处，规模恰如其分。

(二) 公益性原则

组织在策划公关活动时要本着服务公众的意识，避免功利性，强调策划的公益性，这样才能真正在公众心中树立起良好的组织形象。

(三) 公众性原则

公众是组织公关的对象，公关的目的就是要赢得公众，因此，开展公关策划要把公众利益放在首位，只有这样，才能得到公众的好评，才能使自身获得更大、更长远的利益。

(四) 严密性原则

公关策划是一项复杂的工作，策划的过程一定要严密，不能有任何的漏洞和失误，“差之毫厘，谬以千里”，只有进行严谨周到的安排，确保活动顺利进行，才能使公共关系策划收到应有的效果。

公共关系策划是一项有计划、持久性的工作。为了实现公共关系的某一个目标，需要执行数个计划。在编制计划时，既要考虑计划之间的衔接，又要注意实施周期不宜过长。

三、公共关系策划的程序

公关策划分两个阶段，即准备阶段和策划阶段。准备阶段包括分析公关现状，确定“公关由头”，以及确立公关目标两个步骤。策划阶段包括设计方案主题、分析公众状况、选择沟通手段（信息与媒介）、制定经费预算、评估策划方案五个步骤。

（一）准备阶段

1. 分析公关现状，确定“公关由头”

分析公关现状，即对组织现状及原因进行分析。要求公关人员在公共关系策划前，对策划所依据的调查资料进行认真分析、审定。同时，在进行公关活动策划时，须考虑一个“师出有名”的问题，亦即寻找公关由头。有些单位或企业大搞开业剪彩、周年庆典等，非但未取得良好的公关效果，反而招致公众的反感、新闻媒介的批评，原因就在于没有公关由头。

所谓公关由头，是指一个公关活动得以开展的价值和依据。它一般包括三个要素：一是符合公众利益，为公众提供了信息、知识、服务等。如义务咨询活动、体育比赛、大型展览等。二是符合组织机构的总体目标和自身利益。活动内容与本组织的工作性质有联系，或与组织的总体目标相一致。三是具有新闻价值。新鲜性、突发性、接近性、公益性的事件，才能得到新闻媒介的关注和报道。只有这三者交汇，才是最佳的公关活动。

那么，如何寻找公关由头呢？

（1）运用各种固定的特殊机会来开展公关活动。

1）重大节日。中国的元旦、春节、端午节、教师节、重阳节、中秋节以及党的生日、建军节、国庆节等；西方的圣诞节、复活节、万圣节、情人节等；国际妇女节、儿童节、劳动节等。

2）重大纪念日。如国家、机构逢五、十周年的纪念日；政治家、科学家、文学家、艺术家的诞辰日、忌辰日等；名作、名牌产品、名著的纪念日等。

3）其他重要的时机、节会。如学校开学日、放假日、假期；新疆的古尔邦节、内蒙古的那达慕赛马节、哈尔滨的冰灯节、洛阳的牡丹花会、广州羊城花会等。

（2）运用现存设施条件等开展公关活动。亦即借花献佛、借题发挥，这一般会收到良好的社会效果。

（3）运用各种信息传播的事件或活动来开展公关活动。如商贸展览活动、学术活动、调研活动、艺术展览、比赛活动等。

2. 确立公关目标

准备阶段的第二步是确立公关目标。确立公共关系目标是公共关系策划的前提。公共关系目标是同公关调查中所确认的问题密切相关的。一般来说，调查发现的问题就是公共关系活动的目标。在确定目标时应注意，目标应是结果式的而不是过程式的；是可测量的、具体的、可控的；目标有明确的时间限制；尽量是单一的而不是多个的，一个目标只解决一个问题。

（二）策划阶段

确立了公共关系目标之后，就进入了策划阶段。

1. 设计方案主题

设计公共关系主题，是对公共关系活动的高度概括，它既要求这一主题能明确反映公共关系目标，又要求主题鲜明、精确。主题的表现方式是多种多样的，有口号式、陈述式、表白式等。如中国申办奥运会的宣传主题是“新北京、新奥运”。

在设计公关主题时要考虑三个因素：

（1）公共关系目标。公关活动主题必须与公共关系目标相一致，主题内容能充分表现目标，点出活动的目的。

（2）信息特性。结合形势，有鲜明的个性，并具有强烈感召力和扩散性。

（3）公众心理。公关活动主题要能迎合或适应公众心理的需要，既富有激情，又贴切朴素，既积极向上，又亲切自然。

2. 分析公众状况

根据公共关系目标，组织应确定公众情况，分析不同公众的权利与利益，以便开展有效的公共关系活动。

公关活动的对象公众是广泛的，但某一项公关活动不可能以所有公众为对象。因为那样做的话，只会浪费大量人力、物力，影响公关活动的效果，甚至会对组织的声誉产生不利的影响。因此，公关活动一定要根据各种公众对象与组织的密切程度确定出关键的对象、重要对象。只有这样，公关活动才能有的放矢、重点突出，顺利达到特定时期的公关目标。

对公众分析可以从以下几个方面入手：

（1）公众分属于哪些不同的社会组织？这些社会组织属于什么性质？

（2）公众的共同利益和要求与特殊利益和要求是什么？

（3）公众的经济状况、生活状况、媒体接触习惯是什么？

（4）公众对组织的看法如何？对本组织感兴趣的原因是什么？

（5）公众与本组织的关系如何？这种关系是如何造成的？

对这些问题分析得越透彻，公关目标的针对性就越强，计划就越可行。

3. 选择沟通手段

公共关系活动就是与公众的沟通活动，一般情况下，公共关系活动无法离开大众传播媒介。因此，在公共关系活动中，必须选择恰当的信息传播工具，如报纸、杂志、书籍、广播、网络、电视等，有的放矢地进行公共关系传播活动，努力实现公共关系目标。

由于各种媒介各有所长，各有所短，只有恰当地选择媒介，才能取得较好的效果。选择媒介的依据有：

（1）根据公共关系目标要求。如果企业的目标是提高社会知名度，则要选择大众传播媒介；如果目标是缓和内部关系，则可以通过人际传播与群体传播。

（2）根据目标公众。要想使信息有效地传达到目标公众，就必须考虑目标公众的经济状况、受教育程度、职业目标、生活方式及他们通常接受信息的习惯。

（3）根据传播内容。各种传播媒介都有自己的特点，在选择媒介时，应将信息内容的特点和各种传播媒介的优缺点结合起来考虑。如内容简单的，宜选用广播；内容复杂且需要深入研究的，宜选用印刷媒介；开业庆典，宜选用报纸媒介等。当然，只对本区有意义的则不选择全国性媒介，只对一小部分特定公众有意义的可考虑合适的专业报纸、杂志。

(4) 根据经济条件。“量入为出”是总原则，争取以较少的开支取得最佳效果。

4. 制定经费预算

公共关系预算的基本构成包括行政开支和项目开支。行政开支包括劳动力成本（公关人员的工资和其他酬金是主要费用）、管理费用（通常包括房租、水电费、保险费、电话费、办公文具费、差旅费、取暖费等）、设施材料费（如电脑、传真机、摄像机、视听器材、打字机、复印机、印刷品、纪念品等的费用）。项目开支指实施各种公共关系活动项目所需的费用，如赞助费、重大庆典活动费用、重大项目的专家咨询费、调研费、专项组织形象广告费，以及应付偶发事件、突发事件等的经费，它具有较大的弹性。

确定公共关系预算总额的方法，较常见的有：

(1) 固定比率法，即按照经营业务量的大小（业务量根据销售额或利润额计算）以及固定的百分比来进行预算。

(2) 量入为出法，根据组织的财务状况，恰当确定公关预算。

(3) 实际操作法，根据公共关系目标和任务的难易程度确定公共关系预算。

(4) 竞争需要法，根据竞争的需要确定公关预算，一般预算都要超过或至少等于竞争企业或竞争产品所花费的资金总额。这种方法风险性较大。

5. 评估策划方案

对公关策划方案进行评审，进一步优化方案，并进行论证，最后形成书面报告，报上级领导审核、批准。

四、公关策划方案的构成要素与基本格式

(一) 公关策划方案的构成要素

一份完整的公关策划方案应当具备5W、2H、1E：What（什么）——策划的目的、内容；Who（谁）——策划组织者、策划者、策划所涉及的公众；Where（何处）——策划实施地点；When（何时）——策划实施时机；Why（为什么）——策划的缘由；How（如何）——策划的方法和实施形式；How much（多少）——策划的预算；Effect（效果）——策划结果的预测。

上述8个要素即是一份完整的公共关系策划方案应当具备的基本骨架。不同组织、不同内容与形式的公共关系策划方案，都应当围绕这8个要素展开。

(二) 公关策划方案的基本格式

1. 封面

封面内容一般包括题目、策划者单位或个人名称、策划方案完成日期、编号等。

2. 序文

如果策划方案内容较多、较复杂，可根据需要以简洁的文字作一个引导或概括。

3. 目录

目录是标题的细化和明确化，通过看标题和目录，可使阅读者了解整个方案的概貌。

4. 正文

正文是对前述8个要素的表述和演绎。其主要内容有：

(1) 活动背景分析。

(2) 活动主题。

(3) 活动宗旨与目标。

(4) 基本活动程序。

(5) 传播与沟通方案。

(6) 经费概算。

(7) 效果预测。

正文的写作需要考虑周全，条理清楚，以纲目式排序，不过分详尽地去加以描述渲染。

5. 附件

重要的附件通常有：

(1) 活动筹备工作日程推进表。

(2) 有关人员职责分配表。

(3) 经费开支明细预算表。

(4) 活动所需物品一览表。

(5) 场地使用安排表。

(6) 相关资料。相关资料主要是为决策者提供参考的辅助性材料，如完整的或专项的调查报告、新闻文稿范本、演讲词草稿、相关法规文件、平面广告设计草图、电视片脚本、纪念品设计图等。并不是每一份策划方案都需要相关资料。

(7) 注意事项。将策划方案实施过程中应当注意的事项重点列出，如完成活动须事前促成的其他条件、活动实施指挥者应当拥有的临时特殊权限、需要决策者出面对各部门的协调、遇到特殊情况时的应变措施等。

第二节　公关策划的方法

一、公关策划中的创造性思维

所谓创造性思维，就是思维主体借助逻辑推理与丰富的想象，对概念、表象等思维元素进行组合加工，从而产生创造性思维成果的过程。公关策划离不开创造性思维，因为公关人员在每一次公关策划中，面临的环境不同、公众不同，必须打破思维定式，突破常规模式，策划出与众不同的、具有新意的活动内容和方式，去吸引公众，影响公众的态度和行为。

常见的创造性思维方法有如下几种。

(一) 德尔菲法

德尔菲法，又称专家意见法，是指反复征求意见的一种策划方法：将主题内容、目标、要求一并寄给专家，请其独立完成一个方案，限期收回，再经过专门整理后，以不公布姓名的方式将其寄给其他专家，继续征询意见，经过几轮反复，直到意见趋于集中时为止。

使用德尔菲法要考虑的两个问题

使用德尔菲法要考虑两个问题：

第一，要注意专家代表的选取，尽可能保证代表的结构合理，使专家们的意见具有更大的代表性。

第二，要注意避免“权威者”左右其他专家的意见，尽可能让每个人的意见不受其他人的干扰。

资料来源：杨俊：《新型实用公共关系教程》，217 页，北京，高等教育出版社，2008。

（二）头脑风暴法

头脑风暴法，又称脑力激荡法、畅谈会法，是 1939 年由美国创造学家 A. F. 奥斯本创立的一种集体策划方法。它通过一种特殊的小型会议（5～10 人），按照一定的规则和程序，在轻松融洽的气氛中，使与会的专家毫无顾忌地提出各种想法，面对面地互相激励，引起联想，导致创造性设想的连锁反应，从而产生众多的创造性设想。在创意进行中，不允许重复别人的意见，可以补充和发展，也不要对别人的意见提出反驳和批评，且想法越多越好，不受限制。

（三）灵感诱导法

灵感是一种突如其来的创造性思维的成果，其产生往往要靠外部诱因的出现，即当外部的诱因与个人头脑中隐藏的某个知识信息点相结合时，就会产生灵感，而这种灵感往往会带来好的策划“点子”，从而设计出好的方案。因此，策划人员要善于使用灵感诱导法，发现引起灵感的各种外部诱因，进行自我激发，产生新颖的策划灵感。

（四）逆向思维法

日常生活中，人们总习惯按正常思维去分析和解决问题。其实，这样容易扼制许多创意的产生。为此，策划人员要善于运用反向思维方法来思考问题，以找到出奇制胜之道，这也是策划中常用的一种方法。

二、公关策划的基本方法

（一）审时、借时

审时是指对时机的选择与把握，借时是指借助于有利的时间和时机。公关活动具有很强的时效性，公关策划者必须认识到这一点，审时度势，充分利用有效的时间，抓住机遇适时开展公关活动，以增加信息传播的有效性。

一般来说，公关人员在策划中抓住时机，可以从以下三个方面入手：

(1) 争先。要有捷足先登的意识，在激烈的竞争中占据优势，以获得良好的公关效应。

(2) 乘机。善于把握机遇，在恰当的时机策划出公关活动的杰作。可以把握的时机有节假日、纪念日、工程竣工日、公司开业之时、突发之机等。

(3) 后发。在对诸多相关信息进行分析、运筹之后，策划出更为成熟的公关活动，以达到后来居上的效果。

（二）度势、运势、造势

度势指的是揣度、估计形势；运势指的是借助和运用一定的形象，开展公共关系活动；而造势则是指制造一种气氛，创造有利的形势。公关策划不仅要审时借时，还要审时度势、借时运势、借时造势，以制定出切实可行的公关活动方案。

1. 借势

借势是指借用比组织更受人关注的各种事物，与组织即将要进行的公关活动结合起来，从而把新闻界及公众的关注目光转移到本组织方面，收到公关活动的良好效果。常用的借势方法有：

（1）借名人之势。名人具有一种光环效应，吸引着广大的公众，也是新闻记者追踪的对象。因此，公关策划者们可以借名人之势进行策划。如法国“白兰地”酒打开美国市场，就是借给美国总统艾森豪威尔祝寿之际，一举打出了“白兰地”酒在美国市场上的知名度。

（2）借热点之势。热点是指新流行或被人们普遍关注的事物或现象。公关策划者如果能恰到好处地借用到热点，也能收到意想不到的效果。如“健力宝”的扬名就是借用洛杉矶奥运会、汉城奥运会、北京亚运会、上海东亚运动会、巴塞罗那奥运会等体育热点之势，一步步扩大知名度的。一般来说，体育大赛、政治风云、战争烽火、文化盛事、社会时兴等都是可以借用的热点。

2. 造势

造势是指策划者通过巧妙思维，利用某一表面看似微不足道的契机，为组织与公众关系的建立和发展烘托出一个有利的趋向或环境。常用的造势方法有：

（1）无中造有。即在没有任何可资凭借的事物时，公关人员经过策划，酿造出有利于组织的舆论环境。

（2）小中造大。即抓住一个微不足道的小事或小细节，将其中动人的或丰富的蕴涵通过公关传播予以放大，造成一个有利于组织公关建立和发展的良好态势。

（三）择术

择术是指在公关策划中公关人员如何选择和运用合理的技术与战术。由于人们的长期实践，已渐渐形成了一些稳定的、为人们所常用的方式技巧，即“术”。常用的“术”有如下几种。

1. 以诚换诚术

立诚是公关活动最为重要的原则，体现到具体运用中，便是说诚实话、做诚实事，从而赢得公众的信任与诚心相待。

2. 以攻为守术

以攻为守术是指在组织与外在环境产生不协调时所进行的主动策划活动，表现为积极主动地出击以达到保护自己的目的。

3. 自扬家丑术

“家丑不可外扬”一直是中国人的古训，直到现在这仍然是中国大多数人的信条。在现实中，许多企业家在市场营销中大都极力掩盖自己的问题，唯恐家丑外扬。绝大多数消费者既是挑剔的又是实事求是的，当企业能向消费者说明产品的缺陷时，消费者也会理解，甚至认为企业是诚实可信的，这样也就在无形中提高了企业的知名度和美誉度。当然，公关人员对自扬家丑术的运用必须十分谨慎，一般来说，家丑的内核具有一定的美，或者是微不足道的丑，否则不分利害地自扬家丑，就有可能适得其反，自落陷阱。

4. 强化特色术

特色是一个组织所独具的区别于其他组织之处。在公关活动中，组织的特色得到强化突出，经过传播后，组织的形象便会很鲜明地在公众心目中得到确立。因此，在公关策划中，强化特色术也是经常被采用的。

5. 借尸还魂术

产品的生命具有周期性，人们的消费习惯也具有周期性，两个周期的简单重叠，便使得一些产品衰亡了，更多的新产品脱颖而出。但如果两个周期有所错位，则行将衰亡的产品就有可能中兴。此时，如果策划者能审时度势，对已经衰亡的产品注入新的活力，对人们崇尚传统的心理予以诱导，就完全可能使老产品重新焕发生机、走俏市场。需要注意的是，运用时要考虑有关公众对传统、对回归的心理需求，只有正确地把握这种需求，才能找到运用此术的最佳时机。

第三节　一般公关活动的策划

一般公共关系活动指组织日常的各种宣传活动，包括公关新闻策划、公关广告策划等。

一、公关新闻策划

公关新闻的巨大影响力是其他任何公关传播手段无法比拟的。公关新闻策划对于最普遍地赢得公众，最广泛地宣传本组织，在同行竞争中率先产生对社会的吸引力等方面无疑是重要的工具。一般来讲，组织进行新闻传播，通常使用三种方式：撰写新闻资料和新闻稿，策划新闻事件，策划新闻发布会。

（一）撰写新闻资料和新闻稿

1. 撰写新闻资料

新闻资料是提供给报社、电台、电视台编写新闻消息的文字材料，它不直接同公众见面，要经过记者的加工。因此，新闻资料的撰写要求不高，只要把新闻的五要素，即“五个 W”表达完整即可。

“五个 W”指何时（When）、何地（Where）、何事（What）、何因（Why）、何人（Who），这是新闻中不可缺少的五个要素。把这五个方面的材料提供给新闻单位，新闻单位就可据此编写新闻，把信息发布出去。

2. 撰写新闻稿的要求

新闻稿是直接提供给报社、电台和电视台对外发布的文字材料，它的写作基本要求是：

（1）主题突出。新闻稿的主题一定要鲜明，让人一目了然。

（2）简明扼要。内容应该直截了当，简明扼要，在众多新闻中引人注目，能给人留下深刻印象。

（3）生动活泼。新闻稿应该生动活泼，有较强的可读性。

3. 写作新闻稿

要写好新闻稿，应掌握下述三个方面：

（1）新闻稿的结构。

常见的新闻稿结构有三种：倒金字塔结构、并列结构和顺时结构。其中，最常见的是倒金字塔结构。倒金字塔结构由导语和事实两大部分组成，导语之后是一般的新闻事实，按“重要在前、次要在后”的原则排列。并列结构以概括性导语为主体，让新闻事实排列其中，成为一个有机整体。顺时结构按新闻事实发生的时间先后作顺序排列，发生在前的事实排列在前，发生在后的事实排列在后。新闻导语可以是最概括的，也可以是最先发生的新闻事实。

新闻稿无论采用哪一种结构，都有导语和新闻事实这两部分内容，而导语是整篇新闻的灵魂，是抓住读者注意力的精华所在。导语写好了，新闻稿也就基本成功了。

(2) 导语的写作。

导语在新闻稿中的地位十分重要，虽然通常篇幅不大，但要概括一篇新闻中最新、最重要的信息，使人只看导语便可了解新闻的基本要点。由此可见，导语的写作是新闻稿写作中极为关键的部分。

人们常把“五个 W”作为新闻五要素，缺一不可。早期的导语写作“五个 W”要素俱全，但往往文字多，句子长，重点难以突出。为了突出重点，让人过目不忘，现在人们在写导语时只突出一两个要素，其余部分便放到新闻事实写作中逐一交代，这样导语就简洁明了地展现出来了。

除了以突出重点作为导语的写法以外，导语还可以用叙述法、提问法、对比法的写作技巧增强对读者的吸引力。写好导语不仅是技巧问题，还涉及作者的职业敏感度问题。

职场链接

京城“一团火”烧到“商之都”

《人民日报》1996 年 1 月 7 日头版 (荣获现场短新闻三等奖)

东方航空公司 5106 航班，1995 年 12 月 28 日徐徐降落在合肥机场，北京商业全国劳模团 9 名成员，胸佩奖章，手捧鲜花，在掌声、鼓乐声中走下飞机。这些在三尺柜台前各怀绝技的服务明星，将在元旦前夕为合肥人民一展身手，安徽省副省长张润霞快步走向扶梯，欢迎劳模团来皖传经送宝。

翌日上午 9 时，合肥市即将开业的商之都商业大厦前人山人海，安徽省委书记卢荣景、省长回良玉等请劳模为大厦开业庆典剪彩后，人群随着劳模涌向柜台，一睹京城劳模的服务风采。

北京市北太平庄商场售货员王淑贞站在糖果柜台前，按一位老人的要求，花 4 元 3 角 2 分称了 12 种糖果，令老人满意离去。下午，这位老人让女婿陪着又来了，她说：“姑娘，我就想来看看你，也让女婿长长眼，年轻人都该这么干!”

新时代的劳模有奉献精神，更有服务绝招。首都隆福大厦售货员黄文改手脚麻利，她在皮鞋柜台半个小时卖出 20 多双皮鞋；她到针织柜台 1 个多小时销售额达 5 000 多元。一位姑娘拿着刚买的上衣感慨道：“接受劳模的服务，简直是享受。”

被誉为被面大王的孙喜燕，是北京天桥百货商场售货员，也是中共“十四大”代表。一位退休教师从她手里买了两条被面后说道：“体会一下劳模服务，这趟没白跑，值得!”

京城劳模站柜台的消息不胫而走，商之都的顾客络绎不绝。许多人从一楼到四楼，挨着柜台找劳模。有的说：“这家华东最大的国有商场开业，不请明星请劳模的主意绝了!”有的夸道：“商之都开业就突出服务，不愧是国有企业。”顾客听说北京百货大楼张秉贵的徒弟卢秀岩、徒孙刘淑琴和有北京柜台“语言大师”之称的董克禄都来了，高兴地说：

"京城劳模'一团火'精神烧到安徽，太好了!"

资料来源：崔秀芝：《中国策划经典案例：崔秀芝专辑》，285～286页，深圳，海天出版社，2006。

(3) 新闻背景材料的运用。

新闻背景材料是对新闻人物和事件起衬托、补充或说明等作用的材料。新闻背景材料运用得当，可以使新闻人物的形象更加丰满，使新闻事件更加吸引人。

一个组织的公关人员应该保持新闻的敏感性，经常发掘本组织有新闻价值的材料，写成新闻资料或新闻稿，主动投送新闻单位。无论新闻单位采用与否，这种与新闻界的信息联络都应该长期、主动、积极地保持下去。

(二) 策划新闻事件

策划具有新闻价值的事件也叫"制造"新闻或"策划"新闻，是组织争取新闻宣传机会的一种技巧。即在真实的、不损害公众利益的前提下，策划、举办具有新闻价值的事件或活动，吸引新闻界和公众的注意力，制造新闻热点，争取被报道的机会，使本组织成为新闻的主角，以达到提高知名度、扩大社会影响的目的。这需要公关人员具备新闻意识，富于创造性和想象力。

1. 制造新闻的特点

组织有计划、有目的地制造新闻具有以下特点：

(1) 是经过公关人员精心策划安排的。一般新闻是在事物发展变化中自然发生的，而"制造"新闻是经过公关人员精心策划、推动挖掘出来的。新闻传播的主动权在新闻界人士方面，而制造新闻的主动权则在公关人员方面。

(2) 能明显提高组织的社会声誉。经过公关人员精心、周密策划的新闻活动、事件，带有很强的目的性，都是围绕提高组织的社会声誉而展开的。因此，成功地策划一个新闻事件，能大大提高组织的知名度与美誉度。

职场链接

"本店绝不食言!"

香港一家经营强力胶水的商店，坐落在一条鲜为人知的街道上，生意很不景气。一天，这家商店的店主在门口贴了一张布告："明天上午九点，在此将用本店出售的强力胶水把一枚价值4 500美元的金币贴在墙上，若有哪位先生、小姐用手把它揭下来，这枚金币就奉送给他(她)，本店绝不食言!"这个消息不胫而走。第二天，人们将这家店铺围得水泄不通，电视台的摄像车也开来了。店主拿出一瓶强力胶水，高声重复广告中的承诺，接着便在那块从金饰店定做的金币背面薄薄地涂上一层胶水，将它贴到墙上。人们一个接着一个地上来试运气，结果金币纹丝不动。这一切都被摄像机记录下来。这家商店的强力胶水从此销量大增。

制造新闻是指社会组织为吸引新闻媒介报道并扩散自身所想传播出去的信息而专门策划的活动。这是一种积极主动的传播方式，是一种最有效的传播方式，也是一种最经济的传播方式。

这家胶水店的高明之处在于：通过制造新闻引起公众及媒体的注意。这种宣传与商业广告相比，新奇刺激，引人入胜，使公众在不知不觉中认同了强力胶水；而商店则借事件的影响，借助新闻媒体名扬四方，扩大了强力胶水的销量。

资料来源：谢红霞、胡斌红：《中国新公关：组织形象塑造》，122 页，北京，经济管理出版社，2004。

2. 制造新闻应注意的问题

(1) 应该就公众在这段时期内最关注的话题制造新闻。在不同时期公众关注的话题也不同。在某些情况下，组织可能很难找到与这段时期公众很关注的内容密切相关的东西，这就需要公共关系人员从不同的角度和层次去挖掘新闻。

(2) 应该抓住“新、奇、特”这三点去制造新闻。从新闻价值的五个特点可知，一个事件的新闻价值在于它的新、奇、特。在激烈的组织竞争中，要成功地制造新闻，公关人员必须别出心裁，使公共关系活动具备新、奇、特的特点。

(3) 要事先制造一些热烈气氛，使公众有些心理准备，以强化制造新闻的效果。

(4) 制造新闻时，要有意识地把组织和某些权威人士或社会名流联系在一起。

(5) 注意与传统的盛大节日或纪念日联系在一起，制造有关组织的新闻。

(6) 注意与报社、电台和电视台等新闻机构联合举办各种活动，增加组织在新闻媒体中出现的机会。

3. 新闻策划的步骤

新闻策划从实施的角度来说，主要有以下七个步骤：

(1) 市场分析。

做新闻策划，必须先对策划对象所在行业及相关情况有深入的了解，比如行业的历史、现状、行业发展的新特点、相关的法律配套等。情况了解得越详细，掌握的信息越多，就越有可能从中挖掘出有价值的新闻点。

(2) 确定宣传目标。

主要需要确定的是宣传的范围和宣传的目标人群。宣传目标影响着后面新闻点的策划、媒体的选择和预算的编制等步骤。

(3) 策划“新闻点”。

找出具有新闻价值的人物与事件，将公众的目光吸引到这些人物与事件上来。

职场链接

美国星闪食品公司的猫食产品——“九命猫”

猫的食品技术含量低，怎样才能使自己的产品受到欢迎，让消费者乐于购买呢？美国星闪食品公司的做法如下：为公司的产品创造一个猫的代言人“毛丽丝”，然后围绕它创造出了一系列有新闻价值的事件。

(1) 在九个主要市场发起一场竞赛，寻找与毛丽丝“面目相似”的猫。然后将其照片刊登出来，并大量登载有关寻找面目酷似的猫的新闻报道。

(2) 出版一本书：《毛丽丝——亲切的传记》，描写这只猫的各种冒险活动。

(3) 设立令人垂涎的“毛丽丝”铜质雕像奖，奖给在地区猫展上评选出的猫的主人。

(4) 倡议发起“收养猫月”。推出毛丽丝作为“猫的正式发言人”，敦促人们像毛丽丝曾经被收养那样收养迷路的猫。

(5) 分发一本照管猫的小册子《毛丽丝法》，告诉人们如何照管猫。

所有这些活动，使"毛丽丝"名声大振，也使它宣传的猫食成了著名品牌。如果没有新闻制造，这家公司要想吸引大家的关注，成为民众的焦点，谈何容易。

资料来源：龙新明：《公共关系原理与实务》，132页，北京，中国传媒大学出版社，2008。

(4) 选择媒体。

新闻策划都是通过媒体的传播来完成的，因此媒体的选择非常重要。

一般根据公关宣传目标和产品的特性来选择媒体，比如大众产品应选择大众媒体。

(5) 编制预算。

做一次宣传，当然要衡量投入产出比，对预算做到心中有数。

新闻策划主要是新闻事件的实施费用，优秀的新闻策划只需要少量的甚至不需要媒体费用。因此，新闻策划费用很难像广告投放那样在今年就可以计划好明年的投放量。新闻策划不同个案的实施费用会根据具体的策划而有所不同，因此可采用"目标任务法"来预算，即先确定一个新闻策划的目标，然后估算出所需的费用，包括新闻事件实施费用和新闻发布费用。

(6) 策划的实施和控制。

这是新闻策划中的重要环节。因为再精妙的策划，也需要通过媒体进行传达。如果媒体不配合，新闻策划是不可能获得成功的。另外，现在不少媒体已出现排他性倾向，一条新闻如果其他媒体（尤其是竞争媒体）已经刊播了，就不再采用。这为新闻策划所需要达到的"大规模轰炸"效果制造了困难，需要策划人有很强的媒体运作和控制能力。

(7) 策划效果衡量。

对策划效果进行有效评估，有助于判断整个策划成功与否，也能对下一次策划提供有价值的参考。

一般来说，新闻策划的效果可以通过以下几个标准来衡量：

1) 刊登播出数量。在策划实施后统计媒体刊登播出的新闻数量，看是否达到了原先设定的目标。

2) 刊登播出质量。主要指篇幅、字数、播出时间长度、刊登的版面（是否头版或其他重要版面)、播出的时间段（是否黄金时段、知名栏目)、企业和产品的名称是否出现、产品性能是否介绍等。

3) 市场反应。包括两个方面：一是销售业绩，通过对策划实施前后市场销售情况作出比较，分析策划是否推动了销售；二是企业或产品的知名度是否提高，这需要在策划前后各进行一次问卷调查。

4) 采用比较法。即与其他竞争产品的市场表现进行比较，从而对新闻策划的效果作出评估。

总之，公共关系人员要成功地制造新闻，必须通过大量的实践去总结经验，使公众对组织有更多的了解与认同。

(三) 策划新闻发布会

1. 确定新闻发布会的主题

明确召开新闻发布会是发布一项重大新闻，还是就某一事件进行解释，或者解答产品问题等。

2. 确定应邀记者的范围

这主要依照新闻发布所涉及的范围与产生的影响而定，如事件发生的范围及影响仅限于县城，那么就应邀请县报、县广播电视台的记者；若涉及全省乃至全国，那么就邀请省级或中央一级新闻机构的记者到会。

3. 选择恰当的时机

新闻发布会一般都是为公布与解释组织的重大新闻而举办的，通常在十分必要的情况下才能召开，因此，必须选择恰当的时机。

4. 做好请柬的发放工作

请柬的发放以在新闻发布会的前三四天送到邀请对象手中为宜。请柬上应说明举行记者招待会的目的，并注明举行记者招待会的日期、地点、单位名称及联系电话。

5. 确定会议主持人和发言人

会议主持人一定要具备很高的修养，最好是一位有幽默感和能随机应变的责任心极强的人。同时，还要确定有关发言人，如若主题是有关工程技术方面的，应当安排工程技术方面的最高负责人发言，若是有关组织全局的，应当请组织最高负责人发言。

6. 准备充分的发言和报道提纲

公关撰稿人要全面收集资料，写出通俗、准确、生动的书面发言稿，并将宣传要点和背景整理成详细的资料即报道提纲，事先打印或复制，以便在会议开始时及时发给与会的有关人士和新闻记者。

7. 精选会议工作人员

新闻发布会是组织向外界打开的一扇窗口，它可以反映组织的精神面貌及各方面的素质。因此，对与会的工作人员要严格挑选，并注意不同性别的选择与安排。从外表到内在的修养均要合格。

8. 布置会场

选择一个良好的环境，关键在于会场的布置。在室温、灯光、外在环境等方面均要考虑周全，努力使会场既体现企业精神，又使客人们产生宾至如归的感觉。

9. 准备好通信设施

准备好录音辅助器材，以及电话、电传、电源及其他设备，以备记者使用。

10. 筹划好会议的程序

会议程序要周密、紧凑，避免到时出现冷场或忙乱局面，并要安排记者提问和对举办方的重要人物进行采访，最后可安排招待会、鸡尾酒会或茶会。

二、公关广告策划

公关广告是组织付费购买大众传播媒介的版面（时间），向公众广而告之，主动宣传组织形象的一种特殊手段。公关广告是一种特殊形态的广告，也是一种特别的公共关系活动方式。

（一）公关广告的定义及类型

1. 公关广告的定义

所谓公关广告，就是通过付费的方式，利用一定的传播媒介向社会公众传递组织重要信息、缔造组织良好形象的表现方式。

公关广告与一般商品广告不同。一般来说，商品广告是向公众提供商品或劳务信息，以推销商品和提供有偿劳动为目的的传播活动。而公关广告则以“推销”整个组织的形象为目的。公关广告是一个组织谋求生存和发展所需要的重要宣传手段。

观点链接

公关广告与商品广告的区别

一、广告目的不同

商品广告直接宣传商品名称和性能，其目的是诱发消费者的购买动机，促进商品或服务的销售。公关广告则不直接宣传商品，而是传播商品之外的各种与组织形象相关的信息。人们形象地说：商品广告是要公众买我，公关广告是要公众爱我。

二、宣传模式不同

商品广告是让公众先认识商品然后认识企业组织，而公关广告则是让公众先认识组织再认识商品。

三、感情色彩不同

商品广告注重引导人们的购买行为，商业色彩较浓；公关广告则重视与公众进行情感交流，引发公众好感，所以较少商业色彩，而融入了更多的对人性、对社会的关怀。

四、广告主体不同

商品广告的主体是工商企业，而公关广告的主体则可以是政府部门、非营利组织等各类型的组织。

资料来源：丁军强：《公共关系原理与实务》，140页，北京，北方交通大学出版社，2002。

实际上，公关广告是一个社会组织为引起公众对自身的注意和兴趣，进而产生好感和信任，最终获得公众的支持和合作的传播活动，也是一种持久地、着眼于建立并维系与公众之间的情感联系的传播行为。它不直接为组织赢得经济利益，但它的努力所产生的效应是不可低估的。

2. 公关广告的类型

公关广告的具体形式在不断发展，其最基本的形式有以下四种：

（1）形象广告。形象广告是以提高组织知名度，树立组织整体形象为目标的公关广告。形象广告的内容大致上可以包括：组织的名称、标志设计；反映组织文化的特定口号或典型歌曲；组织的经营范围和特色；组织的实力和业绩；组织的历史和传统；有关组织活动或事件的主题；与组织的人物、环境、日常活动有关的图片；组织对公众的关怀和诚意等。形象广告设计注重组织整体形象，不表现某个具体产品，广告文稿和图像尽量避免商业化气息。

（2）公益广告。公益广告指组织为社会公益活动提供服务的广告传播，包括完全以公益宣传为主题制作的广告（如保护环境、社区安全等）和配合组织直接参与某项公益事业而制作的广告（如修建公益设施、资助慈善机构、援助受灾的灾民等）。这种广告不仅完全不以商业利益为目的，而且直接投资于公益事业，将公益事业本身作为传播的主题。公益广告在为社会公众服务的同时，也为本组织扬了名，为组织赢得了好感。

（3）观念广告。观念广告是通过提倡或灌输某种观念和意见，引导或转变公众的看法，影响公众的态度与行为的一种公关广告。其内容可以是宣传组织的宗旨、信念、文化或某项政策，也可以是传播社会潮流的某个倾向或热点。这类广告不直接宣传商品，甚至不宣传组织本身，只是用来对某个问题表明看法和陈述意见，因此也称为意见广告。这种广告常用暗示的方法去触发公众的联想，在潜移默化中影响公众的观念和态度。

（4）响应广告。响应广告，即用来表示组织与社会各界具有关联性和共同性的一种广告。其内容可以是联络感情性质的，如表达对其他组织的祝贺、支持和赞许，也可以是社会性的，如响应和支持公众生活中的某一重大主题。这种广告一方面显示组织关心、参与公众生活，向公众或其他组织表达善意和好感，另一方面借助于社会主题的影响或传播对方的机会来扩大本组织的影响。

（二）公关广告策划

1. 公关广告策划的定义及构成

所谓公关广告策划，就是对公关广告的整体战略和策略的运筹与规划。它不是具体的广告业务，而是广告决策的形成过程。它是个系统工程，包含一系列具体内容：公关广告目标策划、策略策划、方式策划、时机策划、区域策划和效果测定。为了树立企业形象，提高组织在社会的影响力，往往需要开展公关广告活动，以达到花钱少、效益高、影响深远的广告目的。

2. 公关广告策划的内容和程序

（1）公关广告策划的内容。

公关广告策划的工作内容是公关广告策划工作首先要考虑的问题，公共关系广告策划的具体内容一般包括对公关广告的对象、媒体、主题、策略、方式、时机、空间、效果、预算等要素的策划，以及对以上各要素的组合策划。

职场链接

出版商的智慧

在西方，不少出版商为了推销书籍而绞尽脑汁，奇招层出不穷。有一位聪明人曾想出了一个绝妙的办法，他给总统送去一本书，并三番五次地征求意见，忙于公务的总统不愿与他多纠缠，便回他一句：“这书不错！”出版商如获至宝，大做广告：“现有总统喜欢的书出售。”于是，这本书被一抢而空。

不久，这个出版商又有书卖不出去，便照方抓药。再送一本书给总统，总统上过一次当，这次学乖了，便奚落出版商说：“这书糟透了！”不曾想还是中了出版商的计。出版商又以此话大做广告：“现有总统讨厌的书出售！”人们出于好奇争相抢购，书又售罄。第三次出版商将书又送给总统，总统接受了前两次的教训，干脆紧闭“金口”，不予理睬。但最终仍被出版商钻了空子，这次他做的广告是：“现有总统难以下结论的书，欲购从速！”

资料来源：吴东泰、张亚：《实用公共关系学》，97页，北京，北京交通大学出版社，2008。

（2）公关广告策划的程序。

一般情况下，一则成功的公关广告在策划过程中应按照以下程序全面展开：

1）选择目标，确定主题。组织应在对公众和市场调查的基础之上，依据组织的宗旨、目标、思想、文化和发展的需要，以及公关目标与原则来确定广告主题。一般情况下，公关广告的主题可以从以下几个方面来选择：一是以建立组织信誉为主题的公关广告，二是以宣传组织社会贡献为主题的公关广告，三是以公共服务为主题的公关广告。

2）立足实际，找准媒体。组织自身的定位是立足实际，找准媒体的关键。必须充分考虑媒体的性质和社会公众的习惯，同时还要考虑广告目标以及企业的实力。

3）把握时机，果断出击。在确定主题、选准媒体后，公关人员应当审时度势，敏锐观察，抢抓机遇，果断行动。

以上这些工作的完成，并不标志着公关广告策划工作的完全结束，最后还必须通过对公关广告效果的分析，实现信息反馈，及时修正公关广告形象，不断充实和调整公关广告策划工作。

第四节　大型公关活动的策划

大型公关专题活动是指服务于组织整体公关目标的大型专题活动的总称，是公关实务工作的重要内容之一。大型公关专题活动是组织有目的、有计划、精心策划的，具有主动、积极、进攻和开拓的特点，能最大限度地发挥公关人员的主观能动性，体现公关人员的智慧。

一、大型公关专题活动策划的内容

如同新闻报道有“五个 W”一样，公关人员在策划大型公关专题活动时，也必然要考虑这五个方面，即何人（Who）于何时（When）在何地（Where）发生何事（What），以及为什么发生（Why）。

（一）策划的主要内容

策划的主要内容，即“五个 W”中的何事（What）。一般而言，下列事情可以作为大型公关专题活动策划的内容。

1. 典礼仪式

利用各种较为隆重的典礼仪式为组织提高知名度，如奠基典礼、落成典礼、开幕典礼、剪彩典礼、就职仪式等。

2. 周年庆典

利用社会生活中的各种盛大节日，以及各种有意义的周年纪念日，开展公关活动。

3. 专题喜庆活动

如职工联欢会、大龄青年联欢会、消费者联欢会、军民共建联欢会、招待会、舞会、大型文艺演出活动等，均可借机与某一类公众或某几类公众密切联系。

4. 专题竞赛活动

如各种以企业名称命名的体育比赛、唱歌比赛、摄影比赛、演讲比赛、征文比赛、绘画比赛、智力比赛等，为其提供资金和奖品，以扩大组织的社会影响。

5. 学术研讨会

赞助和承办全国性、地区性的专题学术研讨会，与专家名流加强联盟，进而通过理论界的传播，扩大组织在全社会的影响。

6. 社会公益、慈善活动

发动和倡导有意义的社会募捐活动，为社会做善事，深化社会公众对组织的了解与认识。

7. 社会公共活动

组织除了自身组织活动以外，还应积极策划参与其他组织或团体组织的社会活动，如企业自建专业或业余的体育队、文艺演出队，参加各种体育比赛，参加国家、民族节日的庆祝活动，都会给社会公众以良好、可亲、可依赖的印象。

8. 展览会

这是公共关系专题活动中经常采用的方式。展览会的最大优点就是通过实物展示和示范表演来配合宣传企业的形象和产品。展览会是新企业或新产品塑造形象的最佳公共关系活动之一。

（二）策划的时机

策划的时机，即“五个 W”中的何时（When）。要想成就一件事，多从天时、地利、人和三者来考察，具有天时、地利、人和，则事情必成。策划大型公关专题活动时，自然也要选择好“天时”，公关人员应善于分析，掌握好专题活动开展的时机。

公关人员应善于利用下列时机：

(1) 重大事件发生的自然时间。如某工程奠基之日、落成之时，组织创办、开业之际，企业推出新产品或服务之时，企业销售额达到一个大的整数之时等。

(2) 组织的纪念日和社会生活中的节日。如组织的周年纪念日、五周年纪念日、十周年纪念日，国家规定的节日、地方通用的庙会集日等公众公认的节日，以及宗教、民族节日等。

（三）策划的地点

策划的地点，即“五个 W”中的何地（Where），这里指公关专题活动举办的地点。

确定公关专题活动举办的地点要考虑的因素很多，一般在事件发生地、目标公众所在地等为最佳。如展览会可选择在交通要道、流动人口和参观人员较多的地点举办。

（四）策划的人员和规模

策划的人员，即“五个 W”中的何人（Who），这里指参加公关专题活动的人员及规模大小。

策划公关专题活动是以扩大影响为最终目的的，有些活动有人员和规模的限制，有些活动没有人员和规模的限制，人越多越好，但专题活动规模大，所需经费也多，在一定的经费范围内，应使尽量多的公众加入；在人员结构上，除了一般邀请对象外，要特别邀请新闻媒介单位的人员加入，因为新闻媒介可以通过其报道，影响更广泛的公众。

（五）策划的氛围

策划的氛围，即“五个 W”中的为什么（Why）。要使公关专题活动取得最佳的效果，公关人员在活动开展之前，应当策划一个使公关专题活动效果最佳的良好的气氛。组织可围绕专题活动开展一系列辅助性的公关宣传。如围绕公关专题活动进行报道，在新闻媒体上做广告，围绕专题举行各种招标、奖励活动等，以增加社会公众事前对专题活动的了解、期望，从而为公关专题活动的到来做好铺垫和渲染。

二、大型公关专题活动策划的特点

（一）目的性强

公关专题活动，从总体目标而言，是为组织的整个公关目标服务的，通过公关专题活动，可以使公众潜移默化地接收举办者的各种信息，增加对举办者的亲近感，提高举办者的知名度，扩大举办者的影响。对于每一个具体专题而言，其目的性是很强的，每一个具体的专题活动，都有具体的分目标。

（二）主题明确

公关专题活动每次都有一个明确的主题，在每次活动中往往只能将组织的某一方面展现在公众面前，与公众进行这方面的重点沟通。

（三）积极主动

由于公关专题活动主题明确，目的性强，因而公关专题活动策划具有主动性、积极性、进攻性和开拓性的特点，也能最大限度地发挥公关人员的主观能动性，体现公关人员的智慧。

（四）计划性强

公关专题活动成功与否以及成功的程度，是与事前计划成正比的，计划越周密，成功的概率就越高。一般来说，对活动的时间、地点、参加人员的数量和结构、方式等都要作出周密的计划；专题活动所需设备、工具事前都要筹备齐全；什么人主持，哪些人负责联络，哪些人负责后勤服务，事前都要确定下来；活动过程中将有哪些异常情况（如突然停电）可能发生，事前要考虑周全，并想好应对措施。总之，对各种可能情况都要事前设计、计划好，以保证公关专题活动的绝对成功。

（五）灵活驾驭

公关专题活动内容丰富，方式灵活，所以社会组织在开展专题活动时，需要灵活驾驭，既能使专题活动忠实原定计划方案，按照既定的程序进行，又能及时利用专题活动过程中出现的各种机会，灵活应变，取得更大的公关效益。

三、大型公关专题活动策划的基本步骤

（一）明确目的，制定周详的计划

要把专题活动策划的内容周详地进行事前计划、明确主题。时间、地点、规模、活动方式、交通、气候、设备等各方面因素都要纳入计划之列，总之，应把专题活动作为一个整体和系统工程来设计、规划。

（二）对计划进行可行性研究

计划的制定要采取民主集中制，并要反复地推敲，进行切实的可行性研究。预计要达到什么目的、取得什么样的成效，对照目标对计划进行详细的、科学的可行性研究。

（三）设计一个醒目的标题或口号

公关专题活动应根据主题设计一个既令人耳目一新又有利于传播的标题或口号。

（四）组织精明能干的班子

班子应由那些热情、大方，知识面广，熟悉活动内容，具有公关知识和公关能力的有开创精神的人员组成；在班子内部，要有恰当的分工与协作。

（五）编制预算

公关专题活动要有一定的财力作为后盾和支撑。因此，要编制好预算，在活动开展

时，必须筹措到必要的经费；否则，一切将无从谈起。

（六）注意时间的安排

在时间安排上应特别谨慎，选择恰当的时机，稳健出击。

（七）制定传播计划

事先联系好新闻界，为记者采访和报道提供一切便利条件，以利扩大战果，更好地取得专题活动的效果。

（八）做好活动前的宣传

专题活动开展前，把有关专题活动的消息传播出去，事前要渲染气氛，创造一个良好的氛围，以利公关专题活动的出台。

四、几种大型公关专题策划

（一）展览会

展览会是通过实物、文字和图表来展现成果或者普及知识的宣传形式。展览会的传播范围虽然局限在一个地区，影响的仅仅是到场的观众，但它的说服力和感染力是巨大的。

筹划和举办展览会应做好以下几点。

1. 主题构思

一个展览会的内容是很多的，首先需要明确主题，只有主题明确才能把实物、图表、照片等资料有机地组织起来，达到展览目的。在主题明确后，应指定一名展览主编，由其负责构思整个展览的布局，安排会标、主题画设计，撰写前言及结束语等，另外要确定参展单位和参展项目。

2. 选择类型

要根据展览会的主题需要及客观条件，来选择合适的展览类型。展览会的类型可分为如下几种：

（1）从举办的地点看，有室内展览会和露天展览会。大多数展览会都在室内举行，但是室内展览会的布置较为复杂，所需的费用也较多。露天展览会最大的特点是布置工作较为简单，所花的费用可大大减少，接待观众人数多。对于那些较为精致、价值高的展品，则只适宜在室内举办展览。

（2）从所展出的商品种类来看，有单一商品展览会和混合商品展览会。单一商品展览会（也称纵向展览会）展出的商品品种单一，但其型号和牌子比较齐全，商品来自不同的厂家。因此，这种展览会往往竞争非常激烈。混合商品展览会（也称横向展览会）展出的商品种类很多。

（3）从展览的性质看，有贸易展览会和宣传展览会。贸易展览会的目的是做实物广告，促进商品的销售，这种展览会展出的展品主要是实物产品。宣传展览会的目的是宣传某一成果、思想和知识，或者让人们了解某一段史实。例如，交通安全展览会就是宣传展览会。这种展览会一般通过展出照片资料、图表和有关的实物来达到宣传效果。

（4）从展览的规模看，有大型综合展览会、小型展览会和袖珍展览。大型综合展览会一般由专门的单位举办，参展企业通过报名参加。这种展览会往往规模大，参展的项目很多。例如，世界博览会就属于这种类型。小型展览会的地点常常选择在车站的候车室、图书馆门厅、酒店的大厅和机场的入口处等。袖珍展览指商品橱窗展览和流动的展览车等。

3. 准备资料及设备

根据总体构思及展览类型，工作人员要到各参展单位采集实物和有关资料，撰写展览脚本，提交设计室，由总设计画出展板小样及展品排列方式，交美术摄影组。美术师按照展板小样要求，绘制或放大。展览会还要准备辅助设备及相应的服务。

要成立一个专门机构负责和新闻界进行联系，还要准备一些辅助宣传资料，如介绍企业的幻灯片和录像带、各种小册子以及展览会的目录表等。

4. 撰写解说词

解说词要写得具体、精练。撰写好后，交给解说员，要求他们正确流利地讲解展览内容。

5. 内容编排

一个展览会犹如一篇文章，文章从前言开始，到中间的版面和实物，一直到结束语都要合理配置。要层次分明，条理清楚，以高超的文字表达能力，准确、鲜明而又生动地把展览会内容表现出来。

6. 经费预算

展览会的费用通常包括以下几项：场地费用，如租金、电费等，设计和建造的费用，人工费用，包括所有工作人员的薪金、伙食、车费等，联络费及交际费，宣传费用（用于登广告、印刷宣传品、联络记者等），保险费及运费等。

（二）开业（工）典礼

开业（工）典礼是一个组织首次面向社会公众的亮相。精心组织、气氛热烈的开业（工）典礼，可以为主办单位创造良好的社会形象。

开业（工）典礼的形式并不复杂，但是要办得丰富多彩，给人留下深刻的印象并不容易。它要求公关人员认真策划、创意新颖，具有鲜明的公共关系意识。在活动组织方面，要注意典礼程序与活动内容应紧张有序，稍有不周，精心准备的开业（工）典礼就不能达到公共关系活动的目的。

具体来说，应做好如下几项工作：

(1) 公关部门要拟订出席典礼的宾客名单，这些人中包括政府有关部门的负责人、社区负责人、社团代表、新闻记者、员工代表及公众代表，并将请柬在72小时前送到出席人员手中。

(2) 拟订典礼程序和接待事项。负责签到、接待、摄影、录像等的有关服务人员，应及时到达指定岗位，按照典礼程序有条不紊地进行工作。

(3) 确定剪彩人员。参加剪彩的人员除主办方负责人以外，还应在宾客中约请地位较高，有一定声望的知名人士同时参加剪彩。

(4) 事先确定好致辞的宾客名单，并为本单位负责人拟订答词。贺词和答词都应言简意赅，起到沟通感情、增进友谊的作用。

(5) 安排一些必要的助兴节目，如锣鼓、舞狮、歌舞等，以营造热烈欢快的气氛。助兴节目最好由本企业员工表演，这样可以培养员工当家做主的精神和职业自豪感。本企业没有这方面人才的，也可以邀请外单位的人前来助兴。

(6) 仪式结束后可以组织与会代表参观本企业的生产设施和服务设施、产品或商品陈列。这是请上级、同行和社会公众了解自己、宣传产品或服务的好机会。

(7) 通过座谈或留言簿的形式广泛征求意见，以达到总结经验、鼓舞士气的目的。

(三) 开放参观

一个组织为了使公众更好地了解自己，要经常安排一些开放参观活动。参观者可以是这个组织的家属、新闻工作者、学校的师生及相关公众。组织者可以利用这些机会向公众进行宣传，以赢得公众的认识、理解和支持。安排开放参观活动要有明确的目的，围绕这一目的，确立一个主题，这样才能使开放参观活动收到良好的效果。

安排开放参观的内容有：

(1) 备有一份简单易懂的说明书，或者在参观之前先放映介绍企业的电影或幻灯片，以帮助参观者了解企业的概况。之后，由向导陪着客人沿着一定线路作进一步解说并回答问题。

(2) 开放参观的时间，最好安排在一个特殊的日子里，如周年纪念日、工厂开工日、逢年过节等。

(3) 最好成立一个筹备委员会。委员包括公共关系代表、员工代表及人事主管代表。

职场链接

换一个牌子，塑一个新貌

南京一家板鸭店过去在加工车间门口挂了一个牌子：“工作重地，谢绝参观。”购买板鸭的人想从门缝里看看加工过程，也会被工作人员劝离。后来该店接受一位公关行家的建议，将加工车间门口的那块牌子改写成了：“加工熟食，欢迎参观。”购买熟食的顾客可以进去参观，不仅能看到盐水鸭、板鸭的制作过程，还可获得商店赠给的一张优惠券。许多人参观后兴致勃勃地选购了熟食。该店的生意由淡转旺，销售量日趋上升。该店经理感慨地说：“我们店以前在电视台、电台做了多次广告，花钱不少，效果不大。这次就换了一个牌子，改了几个字，销量就大大增加了。”

资料来源：周朝霞：《公共关系——原理与实务》，194 页，北京，高等教育出版社，2007。

开放参观活动的程序包括：寄发请柬、准备入场券、训练接待人员、准备接待房间和用品、编制来宾登记册、制定参观路线等，除此之外，还要对内部员工进行宣传教育工作，让员工理解开放参观的意义并进行很好的配合。

(四) 赞助活动

赞助活动是赞助者搞好社区关系最为有效的方式之一。组织可以通过赞助活动树立自身关心社会公益事业的良好形象，培养同各个组织或某类公众的良好感情。组织还可以通过赞助来做广告，增加广告的说服力和影响力。

常见的赞助类型有体育活动赞助、文化活动赞助、社会福利赞助、学术活动赞助、某一职业奖励基金赞助、宣传品制作的赞助等。

为获得最大的公关效果，组织应精心策划每一项赞助活动。

(1) 研究项目赞助。主要是赞助者调查外部需要赞助的公益事业情况，制定赞助方向和政策，并据此考核要求赞助的项目。为了搞好赞助工作，应组织一个赞助委员会，由赞助委员会负责调查研究，进行赞助成果和效果的分析，以保证信誉投资获得最佳的效果。组织为提供某项赞助而进行决策时，主要应考虑以下几点：此项赞助的社会效益；组织的经济效益；优先考虑与本组织有联系或关系的项目；本组织的财政状况。

（2）制定赞助计划。赞助的项目确定后，还要考虑赞助的具体方式、赞助的数额以及赞助的时机，以便制定出各项赞助的具体计划。在设计赞助计划过程中，应充分运用各种公共关系技巧，使赞助活动尽可能扩大其对社会的影响。

（3）评价赞助效果。一项赞助活动完成后，应该对其产生的效果进行评价测定，以一定的格式写成报告，归档储存，为以后的赞助工作提供参考资料。效果检测主要是了解各方面公众及受赞助的组织或个人对提供赞助的组织的看法，了解赞助是否达到了预期的效果，实现了哪些预定的目标。

职场链接

奇瑞汽车，护卫国旗

代表中国民族自主品牌的奇瑞汽车，已成为武警天安门警卫支队专用汽车。2005 年 6 月 28 日下午，奇瑞汽车向武警部队赠车仪式在北京举行。当天傍晚，在天安门广场举行的仪式上，来自国内外上万名群众，目睹了国产品牌的魅力。

本次捐赠天安门卫队的 10 辆奇瑞汽车，包括 4 辆黑色东方之子、4 辆蓝色瑞虎、2 辆蓝色奇瑞 V5。这些车将作为每日升旗用车以及担负天安门广场、人民大会堂、人民英雄纪念碑、毛主席纪念堂、历史博物馆和长安街、中南海沿线的巡逻工作。

武警天安门警卫支队的官兵表示，奇瑞汽车是中国自主品牌的象征，使用它不仅能便捷地完成保卫及巡逻等工作任务，更重要的是，开国产品牌车护卫国旗，使“国旗班”的卫士们增强了民族自豪感。

资料来源：http://news.sohu.com/20060630/n244016708.shtml.

第五节　整合营销传播策划

整合营销传播是市场营销中有效整合营销策略，运用大众传播媒介，努力达到营销目标最大化的一种方法。它是近年来出现的一种以公关做配合、以营销为主角的新营销手法。整合营销传播主要在工商企业中运用，它与其他营销活动有很大的不同。

一、整合营销传播的特点

整合营销传播具有以下特点：

（1）以顾客价值为导向。整合营销传播要求把消费者作为整个传播活动的出发点和终结点。

（2）统一的传播风格。整合营销传播以统一的目标和传播形象，传播一致的产品信息，迅速树立品牌形象，实现与消费者的双向沟通。

（3）多元化传播工具、传播方式的协调应用。整合营销传播要求根据实际需要，多元化地应用各种传播工具和传播方式，传播企业或品牌的信息，实现传播的目标。

（4）强调综合传播效果。在整合营销传播中，各种传播工具和传播方式的协调应用，可以产生 1+1＞2 的协同效应。

(5) 循环沟通。用不同的形式与消费者进行循环沟通。

二、整合营销传播的主要内容

整合营销传播的核心是以消费者为中心。主要内容包括：

(1) 满足消费者的欲望和需求。

(2) 考虑消费者获取满足的成本。

(3) 实现消费者购买的方便性。

(4) 达到企业与消费者的有效沟通。

三、整合营销传播的策划步骤

(一) 分析企业态势，确定营销目标

以公共关系调查和市场调查综合结果为依据，分析并确定企业所处的内外环境、市场环境、竞争者状况等，以期明确企业所面临的市场态势，确定企业进行营销活动的目标。

(二) 选择公关视角，制定传播方案

寻找一个恰当的公共关系主题，使之能直接与企业经营的产品有某种联系，在活动中，既能充分体现社会公益特色，不显现企业的功利目的，又能切实在短期内为企业带来较好的营销收益。传播方案的制定，主要在于媒体的选择和传播内容的确定。要切实了解目标市场的特殊性，使传播方案更具针对性和有效性。

(三) 整合企业资源，发挥组合优势

以消费者为中心，把企业所有资源综合利用，实现企业的高度一体化营销整合，这是整合营销传播运用成败的关键。整合营销传播主要包括信息内容的整合、传播工具的整合、传播要素资源的整合、传播目标的整合、市场定位的整合、品牌形象的整合等，以期收到企业宣传活动的最佳效果。

(四) 有效传播企业信息，扩大宣传范围

在制定整合营销传播方案时，重点在于把重组的营销组合策略与公关传播主题相结合，形成全新的整合营销传播方案，在更大范围内有效地将宣传内容传播出去，实现企业经济效益和社会效益的双赢。

(五) 论证策划方案，完善传播策略

在制定整合营销传播方案后，要进行必要的可行性分析，对公关主题选择、活动宣传手法、营销组合方案等，进行再推敲和考虑，努力使其更具操作性和高效益。特别是对于大众传播媒介的选择和使用，更应进行反复斟酌，努力实现最大的社会效益。

(六) 报送领导审批，适时推向市场

在整合营销传播方案确定后，要报送企业决策部门审查批准。对于经费预算情况，应列举详细的预算表，请决策部门研究批准。经过认真修正之后，选择恰当时机推向市场。

四、开展整合营销传播要处理的关系

(一) 公关主题与营销目的的关系

企业在选择公关主题时，要能够体现出营销目的，努力在公共关系宣传的内容与企业的独特产品之间建立起一种自然的联系，使受众愉快地接受企业的做法，认为这样的联系不牵强、不生硬。如以环保产品宣传环保、以健康产品宣传健康等。

(二) 公关宣传与营销运作的关系

整合营销传播，是使用公关手法对营销工作的推进。它既要求恰当地做好公共关系的

宣传工作，又要紧密配合营销工作，促进产品的销售。企业在公关宣传中既要言必行，行必果，又要组织严密，及时将产品、渠道及促销工作做好；既要注意扩大宣传声势，影响更多公众，又要克服好大喜功、搞不正当竞争的倾向，努力在目标市场中营造自身良性的环境，给公众留下良好的印象。

（三）公关环境营造与营销任务实现的关系

从整合营销传播的直接效果来看，这一活动有助于营销任务的实现，但这必须要从企业的长远发展角度进行综合考察。因此，企业要把整合营销传播看成是自身公共关系环境营造的良好契机，是对消费者、顾客、媒介、社区、政府等公众关系工作的一个突破。在进行整合营销传播的活动中，公关的色彩要比营销活动的色彩更重。企业不能过分要求短期内营业额的突破，而应该更多地考虑企业、产品在与公众建立亲和力方面的问题。因此可以说，在整合营销传播活动中进行价格促销活动等，并不利于企业长久生存环境的营造，大范围馈赠活动的进行则更适宜企业采用。

总之，整合营销传播活动是企业目前常采用的高级营销活动，是公共关系活动与营销活动的综合运用，对企业的短期与长远发展具有重要的意义。

本章小结

公关策划是对各类公关活动的谋划、运筹，是公共关系活动的灵魂。本章主要介绍公关策划的基本理论，并在此基础上重点讨论公共关系专项活动的策划。公关策划分准备阶段和策划阶段。准备阶段包括分析公关现状，确定“公关由头”，以及确立公关目标两个步骤。策划阶段包括设计方案主题、分析公众状况、选择沟通手段、制定经费预算、评估策划方案五个步骤。公关策划活动的模式有多种。公关新闻策划和广告策划在普遍赢得公众，广泛地宣传本组织，率先产生对社会的吸引力方面无疑是重要的工具。策划大型公关专题活动要明确目的，制定周详的计划；对计划进行可行性研究；设计一个醒目的标题或口号；组织精明能干的班子；编制预算；注意时间的安排；制定传播计划；做好活动前的宣传等。与公共关系结合紧密的整合营销传播会对企业的发展产生积极的影响。

职业实训

1. 案例剖析

宝马公关

1 200 多年前，韩愈老师告诉我们：“世有伯乐，然后有千里马。”如今，冲动消费者越来越少，理性的用户渴望真正系统地了解产品，成为“识马伯乐”。于是，自卖自夸式的营销模式逐渐变得被动，“知识营销”成为了一种新的趋势。

2011 年年底，宝马中国开启“宝马公开课”系列线下讲堂活动就让我们看到了一次“知识营销”的成功。宝马公开课既是一个面对面的实体活动，又提供了通过微博和视频等新媒介进行交流的方式，它不是一场简单的宣讲或发布活动，而是一次有系统课程安排的整合知识传播，一个汽车爱好者们自由沟通的平台。事实证明，只有让消费者真正深入了解产品的全方面价值，人人争当“伯乐”，才能让大众认可、关注、忠实于品牌。

从营销层面来看，公开课的“课程”并不是几位大师的“拍脑门”之举，所有的内容、流程都经过精心的挑选和探讨。我们不难看出很多课程还能和宝马的其他活动相呼应，让宝马中国的整个营销有一个相辅相成的效果，加上全方位的媒体渠道助力，宝马公开课成为一次整合营销的成功尝试。

一、企业定期授课

并非独立举办一场一场的线下活动或者讲座，而是将宣传的内容和汽车驾驶知识结合，有章有序地系统“教学”。

二、课程完全公开

公众可以自由在线报名参与，体现了“公开课”的开放性。

三、有效借助媒体造势

有别于传统的报道宣传，让垂直网站、社交媒体、平面媒体能够以不同的形式参与其中，发挥其各自的优势，扩大活动影响。

四、活动宣传品体现细节用心

宝马公开课“结业典礼”中发放给观众的宣传手册就是注重细节、备受好评的亮点代表。

资料来源：http://www.chinapr.com.cn。

认真阅读案例，回答下列问题：

(1) 宝马公关成功在哪里?

(2) 传播品牌和产品价值的途径有哪些?

2. 职场模拟

假如你们班的一位同学发行了个人演唱专辑，你们决定举行新闻发布会。请为其进行策划并模拟发布会的举行。

3. 能力训练

(1) 本校××班×××同学不幸患白血病，该同学家境十分困难，目前医疗费用缺口较大，现在学生会决定，在全校开展募捐活动，为×××同学筹集医疗费用。作为学校学生会干部，请你策划这次公益活动，并拟订一份活动策划书。

(2) 某大型商场开业在即，为使企业开业伊始便有较高的知名度，企业策划了一个别出心裁的活动，以期引起当地媒体的关注。开业当天，在商场外进行了抛发礼券活动，每张礼券800元，共抛发1 500张。活动当天，先后有数万人争抢礼券。受活动影响，商场周围交通被迫中断，结果引起市政当局和部分市民的不满。同时，活动本身秩序失控，导致一些人被挤伤。对此，当地几家媒体对活动所带来的问题进行了报道。尽管该活动的开展客观上使企业有了知名度，但知名度带给企业的却是企业不希望看到的结果。如果你是该商场的公共关系部经理，你会如何策划这项公关活动?

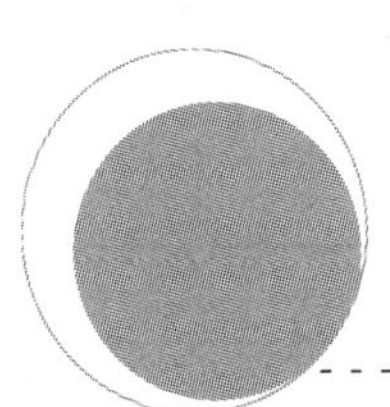

第七章 公共关系活动实施

本章学习目标

通过本章的学习，你应该能够：

1. 掌握公共关系活动实施的原则。
2. 掌握一般公共关系活动和大型公共关系活动实施的步骤。
3. 了解影响大型公共关系活动实施的因素。
4. 掌握危机处理的工作程序，提高公共关系危机应对能力。

课前思考题

1. 公共关系活动实施是否是简单的公关策划方案的实施？
2. 一般公共关系活动开展的程序是什么？
3. 什么因素影响公共关系活动的实施？
4. 危机事件有哪些特点？引起危机事件的原因有哪些？
5. 危机事件中，怎样处理与新闻界的关系？

导入案例

北京欢迎你：奥委会奥运歌曲推广

2008 年，中国奥运梦想终于变成了现实。从申奥成功的那一刻起，中国就向世界敞开了胸怀。五个色泽艳丽、憨态可掬的“福娃”联名向世界发出了“北京欢迎你”的信息。《北京欢迎你》不仅把中国五千年积淀的文化和中国特有的民族风格浓缩在一起，集中展现在世界面前，让全球华人音乐人一起参与奥运、分享奥运，用音乐为奥运加油，而且表现出了中国人喜迎八方来客的心态。

一、项目调研

龙世嘉蓝国际传播机构承接北京奥组委这一项目之后即开展了项目调研。他们认为主要面对的问题和挑战是，如何通过《北京欢迎你》这首奥运歌曲在北京奥运来临前营造更为浓厚的奥运氛围，塑造北京积极向上的精神面貌。歌曲的 MV 设计要体现新北京的面貌，这就要求对北京地标景观进行精心的选择与严格的把控。地标选定后的录制工作同样也是一项巨大的工程。百位明星身在北京、香港、台湾甚至国外，要在同一时间内与他们确定拍摄时间及地点进行平面摄影，录制奥运祝福访谈实在是需要很多的协调与配合。还有现场拍摄实施、现场艺人管理等大量工作需要有非常精准细致的统筹及执行。龙世嘉蓝国际传播机构进行了项目 SWOT 分析，具体见表 7—1。

表 7—1　　项目 SWOT 分析

优势	弱势
歌曲由百位明星演绎，史无前例 富含中国传统文化元素，特色明显 中国首届奥运会，关注度高 歌曲旋律简单、通俗易学、传唱率高	参与明星多但制作时间短 歌曲时间有限，无法展现中国众多特有元素的深度
机会	**挑战**
奥运会本身是一个有吸引力的传播平台 奥运会临近，对奥运的关注度逐渐提高 文化传播成为广为接受的传播手段	北京地标景观如何取舍 如何统筹百位明星短时间内进行有序高效的拍摄

二、项目策划

（一）核心目标

核心目标是通过 100 多位歌手的超强阵容、悠扬的旋律、清新优美的曲调和最具北京特色的传统歌谣形式，以非常自信、非常友好的音乐语言向全世界的朋友发出真诚友爱的心声，向世人展现国人身上团结奋进的精神。通过《北京欢迎你》音乐电视的推广，展现中国 2008 奥运的最新风貌和北京的人文魅力。在 MV 中，可以看到北京的古今建筑，包括故宫、颐和园、天坛、中华世纪坛、天安门、世贸天阶、国家大剧院、鸟巢、水立方、首都机场等，向世界展现北京古代与现代相结合的国际都市风貌和文化魅力。

（二）目标公众

目标公众是国内外奥运关注人群、全世界热爱奥运的群体、全国各地核心媒体的记者、音乐及文物爱好者。

（三）策划理念

秉承“用事件影响社会生活”的策划理念，浓缩五千年的文化历史，汇聚百位明星演绎。《北京欢迎你》作为奥运倒计时 100 天的主题歌曲要向全世界宣告，我们准备好了，我们完全有信心把 2008 北京奥运会办成史无前例的最成功的奥运会，同时通过奥运的号角传达一种强有力的声音——北京欢迎你！

通过歌曲的传播将《北京欢迎你》打造成北京奥运会的最强音，并借此方式塑造北京和中国敞开怀抱迎接天下宾朋的亲和形象以及张开双臂拥抱世界的开放和交流的姿态。

（四）基本策略

将传播焦点确定为通过主题曲《北京欢迎你》展现中国五千年的历史文化和热情迎

接国际友人到来的信息。

1. 抓住“明星”核心

《北京欢迎你》汇聚了成龙、刘欢、那英、陈奕迅、蔡依林、王力宏、谢霆锋、谭晶、阎维文、戴玉强、王霞、李双江、韩红、孙燕姿、周华健、梁咏琪、羽泉、任贤齐、孙楠、韦唯、黄晓明、韩庚、汪峰、林依轮、张靓颖、林俊杰、张娜拉、容祖儿、陈坤、韩磊、孙悦、李宇春、周笔畅等百名歌手，如此强大的明星阵容在以往的歌曲里是没有的，这一亮点核心让人不得不关注，传播效果不言而喻。

2. 抓住“文物”与“现代”核心

在整首歌曲的MV中，北京的名胜古迹和中国传统文化元素一一亮相，让人们通过短短一首歌曲来翻阅中国五千年的历史画卷。此外，现在的北京无论是交通和经济，还是政治和文化，在中国乃至世界都体现了现代化的气息。鸟巢主会场的设计、水立方的建设无不展示了现代文化的主流意识。通过展现北京历史与现代气息相结合的方式来呈现北京开放的姿态，让大家看到舞动的北京正张开双臂等待迎接四方友人。

（五）传播策略

在歌曲的传播途径上，重点选择了中国移动无线音乐俱乐部作为传播平台，并在奥运会100天倒计时宣传活动中结合其他纸媒、电视媒体、公交车流动媒体等一同为宣传增效。

（六）主要信息

《北京欢迎你》把中华文明古国的文化历史、人文礼仪以及生活特色都以最佳的状态展示给世界，表达对世界的拥抱，对奥运的期盼，对体育精神的赞扬；《北京欢迎你》采用京味十足的歌谣形式，朗朗上口，易于传唱；《北京欢迎你》汇聚了百位明星，几乎云集了华语流行乐坛所有的当红明星和实力唱将；《北京欢迎你》通过极具民族和现代特色的地标景观，以及年画、剪纸等中国特有民间艺术，展示中国古老又现代的文明。

三、项目执行

（一）奥运会倒计时100天主打歌曲首发式

2008年4月17日，奥运会倒计时100天主题歌《北京欢迎你》在北京首都博物馆发布，在全国多家电台做全球首播。作为北京奥运会倒计时100天系列庆祝活动中的重要事件之一，《北京欢迎你》成为北京奥运会倒计时100天的最强音，并起到为4月30日北京倒计时100天庆祝活动强势预热的效果。

（二）奥运会倒计时100天庆祝活动

2008年4月30日，参与录制的百名歌手在北京太庙“北京奥运会倒计时100天庆祝活动”上共同演绎这首歌曲，传递出别样的奥运精神。

（三）歌曲MV独家首映

2008年5月5日，《北京欢迎你》歌曲MV在新浪MV音乐频道独家首播。在MV中，可以看到各大明星出现在北京的古今建筑当中，包括故宫、颐和园、天坛、中华世纪坛、天安门、世贸天阶、国家大剧院、鸟巢、水立方、首都机场等。《北京欢迎你》用一首歌曲的时间展现了我们2008奥运的最新风貌和北京的人文魅力。

在中宣部奥运宣传协调领导小组的大力支持下，包括中央电视台、中央人民广播电台等中央媒体、各省级及地方电视台、电台均有计划地安排了播放与播出。同时，通过公交电视、城市电视、铁路、民航等渠道在北京及其他几个协办城市范围内增强推广力度。奥运会期间，在各竞赛场馆、奥运村、奥林匹克公共区等场所播放歌曲及MV。

（四）控制与管理

百位参与录制的明星来自内地、香港、台湾甚至国外，执行团队在短时间进行有效沟通，确定拍摄的时间、地点，并根据时间及艺人数量进行统筹安排。此外，执行团队根据每位明星所表达的中国元素特点来进行明星的视觉形象包装，与全北京的文物古迹处进行沟通，并准备充足的车辆以备调配。

明星是众多粉丝及众多媒体追逐的焦点，为保证所有明星的人身安全，执行团队调派了几十名保安工作人员全面负责明星在歌曲录制期间的安全保障工作。

四、项目评估

通过充分传播，《北京欢迎你》很快传唱开来，不仅受得了奥组委、音乐权威人士以及明星的肯定，而且传遍了北京乃至全国的大街小巷。在奥运盛事倒计时的光荣时刻，新浪发动了一个叫做全民翻唱《北京欢迎你》的活动，社会反响异常热烈，每个人都用自己特有的最炫彩、最动听的方式为奥运打气加油。网络视频上有各种版本的《北京欢迎你》。

随着奥运时刻的到来，《北京欢迎你》越来越频繁地出现在人们耳畔，由于歌曲旋律比较简单，通俗易学，老少皆宜，传唱率非常高，很多不热衷音乐的人也都渐渐能跟着哼唱。很多百姓认为这首歌比其他歌曲更加朗朗上口，且能体现北京的味道。

资料来源：中国国际公共关系协会：《最佳公共关系案例（第9届）》，154～159页，北京，企业管理出版社，2010。

从这个案例可以看出，公共关系活动的实施不仅要求公共关系人员新奇构思和周密计划，还要精心选择活动实施的具体形式，并对所选择的活动加以认真设计和组织实施。所以，能否成功地举办各种形式的公共关系活动，通常是对公共关系人员综合能力的考验。那么，一个完整的公共关系活动实施该怎样进行呢？

第一节　一般公共关系活动的实施

一、公共关系活动实施的原则

公共关系的策划方案审定后，便进入公共关系活动的实施阶段。公共关系活动的实施是公共关系活动中实践性最强的一个环节。实施成功与否、所传播信息的影响程度和范围大小直接关系到组织的生存与发展环境营造和效益，同时，实施过程本身也丰富了公关人员的经验，增长了公关人员的才干。所以，必须对公共关系活动的实施加以重视。

为保证公共关系活动实施过程的顺利，有效实现公共关系目标，公共关系活动实施应遵循以下几个原则。

（一）计划性原则

凡事都应有计划，公共关系活动更不例外，而且要求有周密的计划。组织者要对活动进行通盘考虑，将公关活动纳入组织的整体规划，使活动中的一切策略、技巧都和组织的公共关系目标相一致，为实现公共关系目标服务。公共关系目标一般都是在充分调查研究和科学预测基础上制定的，不会因客观环境的变化而失去它的合理性。以目标作为公共关系活动实施的控制手段，能很好地把握实施的目的、步骤、任务，减少公关实施中的随意性和盲目性，保证公共关系目标的顺利完成。如果在公关实施过程中一遇到新问题和新情况就改变公关目标和基本步骤，一定会被变化无常的客观情况所左右，无所适从。因此，公关人员在实施过程中要始终紧盯公共关系的目标，使整个公共关系活动有利于公关目标的实现。

（二）灵活性原则

公共关系活动是一种创意性、灵活性、艺术性都很强的实践活动，所以，在公共关系活动实施过程中，既要坚持原定公关策划方案的计划性，又要加强检查和监测，随时根据公众的反响以及活动中各种因素的变化机智灵活地作出调整，使活动实施具有灵活性，及时修正原方案的具体内容。如果不随机应变，只是机械地照搬预先设计的程序，往往会错失良机，使公共关系活动半途而废。

职场链接

北欧航空公司

北欧航空公司经过市场调查，发现实业界人士是本公司的重要顾客，从长远来看，载运公务旅客更是利润的主要来源，而以往这类旅客并未受到重视。北欧航空公司决定改弦易辙，办成一家独具特色的“公务旅客航空公司”。于是他们不惜耗费巨资将客机整容翻新，取消一等舱，变为公务旅客的“欧洲舱”，接着公司又将改进型公务舱推广到越洋航线，并在有的班机上增设“空中办公室”，安装有录音、录像播放系统，提供复印等办公服务，机场也有为公务旅客服务的专用柜台和“宁静候机室”，这些优质的服务受到了实业界人士的欢迎。

资料来源：张亚：《公共关系与实务》，北京，科学出版社，2005。

（三）严密性原则

公共关系活动实施的成功依靠的是活动实施方案的有效落实，所以，制定目标实施方案要尽量具体化。组织应根据公关目标的要求，尤其是变化了的客观环境的要求，对活动的时间安排、地点选择、对象确定、程序控制、内容构思、形式采用、人员分工、费用支付等，详加斟酌、认真研究，制定更细、更详尽的具体方案，确保目标实施方案的严密性和有效性。组织的公共关系活动不像拍电影，可以在拍摄之后再重新编辑，公关活动每一次都是现场直播，成功的机会只有一次，一旦出现失误就无法弥补，所以绝不能掉以轻心。

（四）完整性原则

由于公关工作的阶段性和多样性，在开展活动中往往会过分重视整个计划中的某一阶段或某一方面的工作而忽略整体目标的实现。这种现象的产生，是因为对整个公关工作的统筹协调不够。这种情况虽然能较好地甚至出色地完成公关活动的局部工作，但会影响整体目标的实现。因此，在公关活动实施过程中要强调整体协调，即各个环节之间、部门之间及实施主体与其公众之间相互配合，不发生矛盾或少发生矛盾；当矛盾产生时，要及时加以调解和解决。

具体地说，第一，要协调好各个部门之间的关系，特别是宣传、供销、广告等部门与团体之间的关系，避免产生互相脱节、互相扯皮的现象。第二，要协调好各个项目之间的联系，各个项目在实施过程中既相互区别又相互关联，要做到有机过渡，精心协调。第三，要协调好人员、物资与运输的关系，大型公共关系活动的人员调度、物资运输是一门技术，可以用图表形式将人员调度、物资运输之间的相互关系明确地呈现出来。

二、一般公共关系活动开展的程序

一般公共关系活动指新闻宣传、公关广告、印刷品宣传等，这些宣传活动的实施程序如下。

（一）确定负责人员及实施者

组织的公关活动面向多层次、多领域、多类型的传播媒体及各类公众，并与之开展信息沟通、观念分享和关系维护等活动。因此，组织应设置公关部，由公关部负责人主抓全面宣传事宜，并指派专人负责广告联络、媒体联络、公关协调、美工及摄影等。如广告联络实施人员负责组织的整体形象设计、产品包装、广告投放、组织内外印刷宣传品的印制等业务；媒体联络实施人员负责新闻稿的撰写与编辑及稿件发布与追踪，发掘各种宣传资源，与媒体保持不间断的联系和有效的沟通。

（二）准备资料（新闻稿、宣传资料）

公关人员在宣传活动开始之前要准备有关的宣传资料，如对组织内的高层管理人员任命、慈善助学活动、新产品推广、技术上取得新成就、员工获得荣誉等有价值的新闻事件，准备文字、图片和影视资料，撰写、绘制和印刷各种供不同媒介选用的新闻稿；向有关记者提供一些独立于活动之外、篇幅短小的、有趣的资料，供他们写报道时参考；为媒介准备一些介绍有关活动项目、有关机构、有关人员的宣传小册子等。新闻稿如能配上生动而富有个性的照片或图解，将有助于增强新闻报道的魅力，比较容易被新闻媒介采用。正因为如此，公关人员应具有摄影的基础知识和一般摄影技能，这样就可以有一个全面的拍摄构思，并通过摄影机得以实现。如果公关人员认为在某个报道中应配上新闻照片，须及时通知新闻编辑或记者，一般来说，组织提供的资料只要具有一定的新闻价值，就易于被编辑采纳。

此外，公关人员还应提前设计、制作各种宣传品，如组织标识、传单、小册子、大型画册、广告词、主题词、目录、海报、条幅等，因为这些事情往往要受到制作工期的制约；另外，在宣传品设计上要突出本组织的公关意图、活动主题、组织标识与代表色、主题词等。广告词制作要求新颖、活泼、生动诱人、富有情感。当然，在设计、制作组织标识和宣传品等工作中如能导入CI工程，那么宣传活动就会更加有效。

（三）选择传播媒介

公关活动的实质是针对目标公众进行信息传播活动。要想使这种传播活动取得最大的效果，必须使发出的信息全部或大部分为目标公众所接收，这就需要通过公众对象所惯常使用的传播媒介或渠道来传递信息。公共关系活动目标一经确定，就要明确传播媒介。选择传播媒介时，公共关系人员必须注意以下三点：

（1）由于各种传播媒介各有鲜明的特点和一定的适用范围，因此，公关人员必须对各种传播媒介有深入全面的了解，并根据自己的宣传内容和宣传形式，扬长避短，选择不同的媒介，这样才能事半功倍，取得良好的宣传效果。

（2）根据不同的公众对象选用不同的传播媒介，才可能使信息有效地传达给目标公众，被公众接收。公众对象来自不同的社会阶层，具有不同的经济状况、教育背景、职业习惯、生活方式及接收信息的习惯（如阅读、听广播、上网）等，因此，每个人受传播影响程度的大小也是不一样的，应根据这些情况去选择适当的传播媒介。如对文化程度不高的公众，宜采用广播、电视；对于喜欢思考的知识分子，应多采用报纸、杂志、互联网；对于经常加班加点、行踪不定的出租车司机，最好用电台广播；一个产品的信息要引起儿童的注意和兴趣，最好制作成电视卡通节目等。

职场链接

世界上最好的工作——大堡礁岛屿看护员

澳大利亚大堡礁久负盛名，但随着海洋升温及游客的增多，大堡礁的珊瑚虫一度濒临灭绝。经过一段时间的休养，大堡礁生态环境得到了恢复，知名度却已大不如前，尤其是拥有“大堡礁之星”美誉的哈密尔顿岛，由于受到金融危机的冲击，游客量大减。

如何重振大堡礁的旅游业呢?

澳大利亚昆士兰旅游局策划了一次公共关系活动来推广其旅游业。

2009 年 1 月 9 日，昆士兰旅游局网站面向全球发布招聘通告，在全球范围内招聘大堡礁看护员。该工作任务轻松，每周只需工作 3 小时，主要内容是巡视一下小岛周边的动物及潜水者，定期将拍摄的照片和视频上传博客。作为回报，入职者工作 6 个月即可获得 7 万英镑（当时约合 72 万元人民币）的高薪。

为最大限度地宣传本次招聘活动，旅游局专门搭建了一个名为“世界上最好的工作”的招聘网站（www.islandreefjob.com），网站提供了多个国家的语言版本。旅游局还让其在全球各个办公室的员工登录各自国家的论坛、社区发帖，让消息在网友中以病毒式扩散。同时旅游局与 Youtube 网站合作，借助 Youtube 在全球的巨大影响进一步传播招聘信息。

这一活动吸引了全球无数人的眼球，媒体为之疯狂，不惜用大量版面进行免费报道。短短几天时间，网站吸引了 30 余万人的访问，导致网站一度瘫痪。

这一“世界上最好的工作”吸引了全球 200 多个国家和地区的近 3.5 万人竞聘。哈密尔顿岛一夜成为全球瞩目的休闲旅游景区，前来旅游度假的人数超过 2008 年同期的两倍，旅游收入迅速增长。据悉，此次公关事件营销价值已过亿。这就是高超公关策划的价值所在。

资料来源：李文柱：《新编公共关系实务》，92～93 页，北京，机械工业出版社，2012。

（3）根据传播的内容来决定传播的媒介，使传播形式的优势得以充分发挥。如改变观念活动，需要反复传播才能被理解、接受，就应该用印刷媒介；对于一些大型公共关系专题活动，采用电视、电影等具有视、听结合功能的传播媒介，其效果大大优于报纸；为扩大商标徽记的影响向社会征求设计稿件，可用新闻、广告或互联网；而要回答某个消费者的投诉，则需要面谈、电话或书信方式等。

（四）确定宣传活动的时间、地点及宣传范围

宣传活动时间选择得是否恰当，直接影响公共关系的总体效果。选择恰当的宣传活动时间就是在最能强化公共关系效果的时间内，把所要传播的信息及时传播出去。一般来说，以下一些时间是开展公共关系活动的理想时机：节假日；重大纪念日；开业之际；新产品、新服务项目开发之际；社会组织转产、合并、合资、迁址之际；组织社会公共福利活动之际；产品畅销之际；社会组织荣获重大荣誉之际；领导人、重要外宾参观社会组织之际；发生重大责任事故之际；采取重大决策措施之际等。这些时间是社会组织发展过程中的关键阶段，敏感度高，在这些非常时刻，适时地开展相应的公共关系活动，容易引起公众的注意和好感，形成公共关系的轰动效应，从而获得良好的公共关系效果。当然，最佳的宣传时间对于公共关系人员来说是一种不可控因素，必须在长期的实践中不断摸索。

公关活动最好安排在组织所在地或公众熟悉且有好感的地方进行，并且交通要便利。一般情况下，距离公众越近的事情，越能引起公众的兴趣。

要根据组织的活动目标、主题、经费等因素综合考虑，确定宣传范围。

（五）建立信息反馈系统

在公关活动中，组织应设专职机构和人员收集各类与公关活动有关的信息，诸如国家政策、法规、经济、技术、资源、竞争者、消费者、社会公众等方面的信息。公共关系人员必须对收集到的信息资料进行认真的整理、分析、处理，及时总结并将情况反馈到组织决策者那里，用于指导组织的公关活动，调整活动策略，以适应各种客观环境变化，保证公关活动效果。如注意哪些因素的变化会影响组织的公关活动，是如何影响的，会影响哪些方面，哪些因素的影响是至关重要的，应采取哪些措施来调整公关活动的行为等。组织应把由于信息反馈而对决策方案的修正补充情况，及时返回到信息反馈地，以调动其执行新的决策和反馈信息的积极性。

（六）设立必要经费

公关宣传活动成本较高，开支的项目一般有劳务费、宣传费用（广告费、印刷费、文具用品费）、实际活动费用、调查研究所需费用、培训费用、各种赞助费、音响器材租用费、通信费、交通费、礼品茶点费等，所以应在整个公关活动实施前作出预算，设立必要经费。在公关活动预算中，应留有机动性较强的活动经费，以便在计划外的重大公关活动举办时应变自如，避免因受费用的限制而使工作陷于被动。

（七）准备意外事件的应付措施

在宣传活动开始之前，公关人员检查各方面的准备工作，分析研究可能会产生的不利因素。比如广告公司搞错了日期，以致广告不能及时登出，在此情况下，公关人员怎么办？是否考虑用报纸广告或其他媒体弥补？如果原定发布的新闻消息由于特大新闻的发生而不能如期发布，怎么办？如果公关人员要求的电视节目时间已排满，有何良策？总之，应付措施在实施公关目标时是必不可少的。有了应付措施，公关负责人在意外事件中就能得到实施人员的帮助。这种帮助不仅仅体现在提出合理化的建议方面，而且体现在他们全

力支持的行动上。因此，公关负责人应根据每一个实施人员的实际工作能力，考虑他们在应付措施中可能作出的努力，以书面的形式明确每一位实施人员的职责。这样，就能做到职责分明，临危不惧。

第二节　大型公共关系活动的实施

大型公共关系活动，亦即大型专题公共关系活动，是在公共关系策划活动的基础上进行的。在一定的情况下，社会组织需要精心策划大型公共关系活动的开展，以实现组织更大的公关目标。

一、大型公共关系活动实施的特点

（一）难度大

实施大型公共关系活动，往往是组织公共关系形象的集中展示。它体现着一个组织和其领导者的组织能力、社交水平和文化素质，易于成为社会公众对组织取舍、亲疏的标准；同时，它又是一项多人员参加、多部门配合、多单位协作，需要经过较长时间准备并有较高素质的公关人员全身心投入才能最终实施的系统工程，烦琐而细致，稍有不慎，就可能给组织形象带来不利影响。

（二）影响广

大型公共关系活动的社会参与面大，与公众接触面广，社会影响力强，涉及诸多因素，其实施将呈多变量叠加效应，因此，活动一旦实施，必然会对各类公众产生广泛影响。如新闻发布会的举行，一次集中了各方面的记者，再由他们通过各自的媒介将组织的信息传到四面八方，从而有效地提高组织的知名度和美誉度。

（三）经费多

大型公共关系活动要求高，难度大，占用各方面的时间也较多，往往会耗费很多资源和财力。如一个产品要进入一个中心城市，恐怕要花数百万元的传播费用。这样大的花费，只是为了企业的传播需要，为了吸引更多的人去购买它的产品。因此，组织只能在发展过程中的一定阶段视自身的财力、物力、人力举办规模恰当的大型公关活动，只有这样，公关目标才能既可望又可即，最终得以实现。

二、大型公共关系活动实施的步骤

大型公共关系活动效果的好坏，不仅取决于活动实施时组织公共关系人员的组织管理能力、调度控制能力、指挥能力和表现力，而且取决于前期的策划和筹备。要使公共关系活动顺利完成预定的内容和要求，使公关活动的目标得以实现，活动实施前的准备工作是十分必要的。

（一）确立专项经费

任何公共关系活动，都需要一定的经费支撑，尤其是大型的公共关系活动，所需经费较多，日常固定开支难以支付，必须专门立项拨款，确立专项经费。在实施公关活动时，根据公关活动的方向和政策，制定专项公共关系活动经费预算计划，通过经费预算可以确定活动规模的大小，有计划地分配公关活动所需的各项资金，防止超支和浪费。在活动结束时，应该及时评估活动的效果。

（二）成立领导组

组建得力的领导组，成员包括策划及管理人员。他们对整个公关活动进行整体构思和策划，制定详细的公关活动实施方案，并分工主管各环节的工作，是智囊人物。领导组中要设置一名经验丰富、具有很高组织和指挥能力且能统筹全盘的领导人；设置一名具备较强的组织能力与控制场面能力的主持人，使其既能使专项活动按原计划方案进行，又能及时利用活动中出现的各种机会，机智幽默地活跃活动气氛，提高公关活动感染力；领导组要明确实施人员的职责，以保证各个岗位的工作互相协调，确保公关活动的顺利进行。

（三）安排并训练实施人员

实施人员的素质和公关活动操作技能的高低，对大型公关活动效果起着重要的作用。因此，应对实施人员（发言人、主持人、接待人员等）进行良好的公共关系培训，以满足公关活动的要求。

在活动开始前，实施人员应及时到达指定岗位。要设置专门的接待室或会议室，以便在正式活动开始前让来宾休息或与组织的领导交谈。在活动场所应有明显标志，在大门口应设有迎宾员，对来宾表示欢迎并为他们提供方便。在签到处要多设几张桌子和几个签到簿、签到笔，以避免拥挤。为便于交际，有些大型公关活动可为来宾事先制作好胸卡，在来宾签到时随宣传材料和纪念品发给来宾，对未持请柬的客人，要问明身份和情况后灵活处理，不得态度生硬。活动开始时，应先请一般客人入场，会场稳定后，再由组织负责人陪同领导人、社会名流进入并安排在主席台或突出位置就座。活动开始后，主持人应首先宣布领导人、知名人士参加活动的信息，使与会者感到这次活动的规格很高，同时也表示对领导人和知名人士的尊重。如果请领导人或知名人士讲话，应事先征求他们同意，不能搞突然袭击。

（四）确定新闻媒体并与之联系

公共关系是一种传播活动，通过大众传播媒介同公众取得广泛的联系和沟通，是组织公关部门的常规工作。在举行大型公关活动时，借助新闻媒体的力量树立自身美好形象，传递组织的信息，以求取得公众的好感和了解，是组织公关活动实施中重要的内容。

当组织大型公共关系活动日期选定后，公共关系人员应提前三四天与确定的新闻媒体预约，并把请柬送到邀请对象手中，向其说明活动的时间、地点、内容、规模等，向他们提供有关的资料、图片等，便于记者们在活动前有充足的准备。对新闻记者，组织应有专人接待、陪伴，尽力满足他们的现场采访等要求，主动为他们的工作提供方便，以达到通过新闻媒体报道扩大自身影响的目的。

（五）布置现场

布置大型公共关系活动现场应以隆重热烈、大方得体为原则。主席台及主宾位置应放在现场前方突出的部位，并根据活动的需要放置桌椅、铺上台布、摆放鲜花和茶具、悬挂横竖条幅或张贴主题词、宣传画；设有专用通信设施，供对外联系和内部指挥使用；要有必要的视听设备，诸如扩音机、投影仪、计算机设备及可供录像、摄影使用的电源等；灯光、音响要保证在活动中不出问题。在公关活动现场，应有完善的安全措施并由专人负责，要预见可能出现的意外事件并事先准备好应对措施。

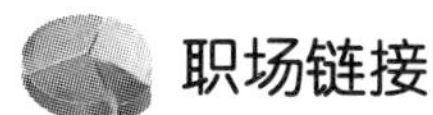

职场链接

“我愿给世界买一杯可口可乐”

1986 年 3 月 8 日，美国可口可乐公司迎来了 100 周年纪念日，为了策划好这次专题活动，可口可乐公司使出了浑身解数。4 天的时间里，可口可乐公司用最盛大、最壮观的庆祝活动来装点公司总部所在地亚特兰大。

14 000 名工作人员分别从办理可口可乐业务的 155 个国家和地区飞抵亚特兰大，30 辆以可口可乐为主题的彩车和 30 个行进乐队从全国各地迂回取道开进亚特兰大，夹道欢迎的群众多达 30 万人，公司向这些群众免费供应充足的可口可乐；亚特兰大市长安德鲁·杨和可口可乐公司总裁戈伊祖艾塔一起亲自引导游行队伍，其后是 1 000 人的合唱团和 60 种乐器的交响乐队，他们引吭高歌可口可乐的传统颂歌——“我愿给世界买一杯可口可乐”；亚特兰大市洞穴状的奥姆尼中心的四周竖立着巨大的电视屏幕，通过电视屏幕，观众可以看到在伦敦举行的可口可乐公司的百年庆典场面，为了响应可口可乐公司“跟上浪潮”的最新广告口号，伦敦的典礼策划者准备一次推倒 60 多万张多米诺骨牌，这一活动把亚特兰大、伦敦、里约热内卢、内罗毕、悉尼和东京连接起来，各个地点通过卫星相互联系，当多米诺骨牌天衣无缝地一浪一浪倒下去并在伦敦到达终点时，一个巨大的百事可乐罐出现了，多米诺骨牌爬上最后一个斜坡，引起了一次小型爆炸，百事可乐被炸得粉碎，顿时，全世界可口可乐公司的职员们都欢呼起来。可口可乐公司策划的这一精彩庆典给人以津津乐道的长久话题，而这正是可口可乐公司举办百年大庆所追求的效果。

资料来源：赵文明：《公关智慧 168》，190 页，北京，机械工业出版社，2006。

（六）邀请记者与嘉宾

在大型公关活动实施前，要确定好邀请记者与嘉宾的范围。邀请的嘉宾一般应包括领导人（政府、社区）、社会名流、记者、社团代表、同行代表、员工代表及公众代表等。组织专项公关活动应尽量避开节假日和重大社会活动，以免领导人、社会名流、记者等嘉宾不能参加。邀请记者要照顾各个方面，不仅要有报纸、杂志的记者，还应有电台、电视台的记者；既要有文字记者，也要有摄影、摄像甚至漫画记者。请柬要提前发出，公关活动实施前两天再打电话或派人落实领导人、知名人士、记者等重要嘉宾的出席情况，必要时要有专车接送。

大型公关活动可根据需要设立专门的接待组并由组织高层领导人或公关部经理亲自接待重要嘉宾，以示重视和礼貌。领导人、知名人士在活动结束离开时，要送到门外，对他们能够出席活动进行指导表示谢意。在专项公关活动结束后，公共关系人员应通过面访、电话访问、信访等形式对各界人士，特别是领导人、社会名流、记者等重要嘉宾致谢并征询意见。

（七）准备新闻稿、宣传资料和讲演稿

在大型公关活动实施过程中，公关人员应着手收集所有有关的事实材料，动手写新闻稿，编写、设计、印刷和制作公关活动的宣传资料，研究设计讲演稿、讲话稿、报告、致辞等。新闻稿的每一页都必须写上公共关系部负责人的姓名和电话号码，这样报社记者编辑可以随时同组织联系。公共关系人员在给新闻媒介发送新闻时，要注意照顾到本地各种新闻媒介，让本地所有的报刊、广播电台、电视台都有机会获得有关组织的新闻。

公关人员在设计制作各种信息时，要更多地从对象公众的特点（文化、社会、心理等方面）和新闻媒介的要求出发，而不是单纯从本组织的立场出发。要尽可能把组织的目标用适合对象公众和新闻媒介要求的方式表达出来，在遣词造句、行文格式、寄发时间等各方面都要慎重考虑、通盘规划，使制作出来的信息成为实现公关目标的有力工具。

（八）筹备活动必需品

对大型公关活动所需的各种必需品应提前准备好，如各种资料、活动标语、横幅、会徽、饮料等；剪彩用的彩带、剪刀；奠基、植树用的铁锹；烘托喜庆气氛的唱片、录音带；收受礼品用的登记簿；供公众提意见、建议用的留言台（簿）；赠送客人的纪念品，如纪念章、印有组织活动字样的茶杯和提包等。

（九）事先广告宣传

组织在实施大型公关活动前，可开展一些形式多样的宣传活动或通过电台、电视台、互联网、报刊等媒介做广告，争取机会，制造舆论，从而引起社会公众的普遍关注。

（十）安排摄影与录像

大型公关活动要安排专人负责摄影、录像、录音等方面的工作，专门拍摄、录制活动现场的情景；活动后及时将音像资料归档，以备组织将来宣传和纪念之用。虽然制作图片及影视宣传品需要花费一定的人力、物力和财力，但是，它的宣传效果是十分广泛和深刻的。

三、影响大型公共关系活动实施的因素

在实施大型公共关系活动过程中，可能会出现各种矛盾和问题，对此，组织应有所预测和预防。对可能出现的各种干扰因素要防患于未然，不能等到事情闹大或问题堆积后才想到去解决，应该把矛盾和问题消除在萌芽状态，这样才能扫清实施公共关系活动过程中的一切障碍，使公共关系活动得以顺利实施。一般来说，影响公共关系活动实施的因素是多方面的。

（一）目标因素

目标因素是指在大型公共关系活动中，由于所拟订的公共关系目标不明确、不正确或不具体而给活动实施带来的影响。在公共关系活动实施过程中，公关目标过高或过低，以及目标偏离组织生存发展的需要或与客观实际条件不相符合，都会影响活动的实施。如果公关目标过高，则会使实施人员望而生畏，难以履行职责；公关目标过低，又往往不能唤起目标公众的支持与合作热情；如果公关目标不符合公众利益，则会遭到目标公众的抵制。排除目标因素干扰的根本途径就是：在制定公共关系活动目标时，应尽量使活动目标正确、明确且具体，具有可操作性；在公共关系活动实施过程中，及时修正活动目标，使之符合变化后的现实情况。

公共关系活动的目标是否正确、明确和具体，其衡量标准有五个：

(1) 活动目标是否切实可行。

(2) 活动目标是否可以进行比较和衡量。

(3) 活动目标是否指出了所期望的结果。

(4) 活动目标是否是实施人员在职权范围内所能完成的。

（5）活动目标是否规定了完成的期限。

如果这五个方面有疏漏，实施人员就应主动与目标拟订者取得联系，促使其修订。

（二）组织因素

组织因素是指由于组织内部机构的设置不合理、各机构之间的信道不畅通等产生的沟通障碍。组织因素主要表现在以下六个方面：

（1）领导者的态度及行为影响公共关系活动的顺利实施。具体表现在：

1）口头上支持，实际行动上不支持。一遇到具体的人、财、物投入等问题，便打退堂鼓，使计划难以按进度实施。

2）随意干预计划的实施，凭主观臆断随便改变公共关系计划内容，使计划无法实施下去。

3）随意削减预算经费，对实施经费的使用横加干涉，打乱了原有的行动计划，延误了时机。

4）行为不协调。领导者之间行为不一致、不协调，使具体实施人员无所适从。

5）凭兴趣办事，使公关工作顾此失彼，无法统筹安排。

6）缺乏公关常识，以至于作出一些令人啼笑皆非的事情，影响公共关系活动效果。

（2）机构臃肿导致沟通缓慢。机构庞大臃肿必然造成信息流动速度慢，会严重影响沟通效率。

（3）组织职能重叠导致沟通渠道混乱。组织职能互相重叠必然导致信息流动杂乱无章，沟通渠道不顺畅。

（4）传递层次过多导致信息消减或失真。实践经验证明：信息在传递过程中，每传递一层就会消减失真12%，经过4～5层传递之后，最后的信息与原来的信息相比大相径庭。因此，在公共关系活动实施过程中，减少信息传递环节，是保证沟通准确无误的有效措施。

（5）条块分割导致沟通“断路”。条块分割的组织结构很容易形成信息传播中的断路现象，只要有一关通不过，就不能实现沟通。

（6）沟通渠道单一导致信息量不足，即信息只是单向传递，没有形成信息的双向反馈。

在公共关系活动实施中，组织内部存在的影响因素除了上述几种之外，还有诸如政治因素、技术因素、方法因素等。

（三）操作因素

操作因素是指在公共关系活动实施过程中实施人员因传播媒介或工具选用不当、方式方法不妥、传播渠道不畅而导致计划实施受阻。在公共关系实施过程中，常见的操作因素有以下几种：

（1）语言文字障碍。语言文字是表达感情、交流思想、协调关系的工具，沟通离不开语言文字。但是由于不同国家、不同民族的语言文字不同，就形成了公共关系活动中的沟通障碍。譬如由于语种不同造成的障碍，语义不明造成的理解上的困惑和失误，表达方法不当造成的语言理解障碍等，这些障碍广泛存在于公共关系活动实施过程中。在大型公共关系活动实施中，公关人员要注意不同民族在表达方式上的特点和具体的语言情境，以便准确、简明、得体地传播组织的信息。

(2) 文化习俗障碍。不同的国家、地区和民族，其历史背景不同，文化各异，宗教信仰有别，形成了各种不同的风俗习惯。虽然这些风俗习惯不具有法律的强制性，但它们在公关活动中起着重要的作用，如道德习惯、礼节审美传统等就对公共关系活动有重大影响。在公共关系活动实施中，实施人员必须认真研究当地的风俗习惯、风土人情，以免造成沟通上的误解，致使公关活动受挫或失败。

(3) 思想观念障碍。思想观念属于思想范畴，不同的年龄层次、不同类型的公众由于经历不同，阅历不一样，往往导致思维方式和观念也大不一样。对于同一信息，不同的人认识、理解的角度各不相同，容易在公共关系活动中形成思想观念障碍，因此公共关系活动实施过程中需要更多的沟通传播。

(4) 心理障碍。心理障碍指由人的认知、情感、态度、个性、品质等心理因素导致的沟通障碍。在大型公共关系活动实施中，要注意因不同年龄、性别、职业、文化、志趣等方面的不同而造成的差异和特点，要采取适当的方式和方法，因势利导，消除心理障碍，取得共识和认同，达到沟通的目的。

(四) 态度因素

公共关系活动的实施，可以说基本上是围绕信息传播展开的。公关实施要运用各种传播媒介把组织的有关信息传给公众，使他们认知、了解组织形象，而公共关系人员对公众的态度如何，直接影响组织的形象和利益。公众对组织和公共关系人员的好恶感，往往取决于公共关系人员的态度：一副没有血色的面孔，一种轻蔑鄙夷的目光，一句寻衅挖苦的话语，一副傲慢无礼的架势，都会使公众产生厌恶感；相反，如果公共关系人员能够做到彬彬有礼、态度和蔼、言语亲切、举止文雅，则会使公众感受到礼遇和尊重，产生好感和被认同感，从而赢得公众。这就要求组织不断提高员工的公关意识，按照公共关系计划的目标和要求，排除一切可能出现的有碍活动实施的组织行为。

良好的公共关系活动实施是组织训练有素的团队力量与高效、正确宣传手段运用的结合。社会组织只有使全体员工在认识和行动上取得一致，才能保证公关活动发挥其实际成效。

(五) 危机事件

在大型公共关系活动实施过程中，往往会遇到许多突发的危机事件，这些危机事件对大型公共关系活动的实施干扰尤为严重，处理得好可以化险为夷，处理得不好则可能导致整个公共关系活动的彻底破产。而危机的到来常常令组织始料不及，防不胜防，因此，加强对危机事件的管理，注重活动实施中的进度控制和实施环境的监控，或者尽量减少危机事件对公关活动的不利影响，都是公共关系活动实施中必须高度注意的。

总之，大型公共关系活动的实施过程是公共关系工作中的重要步骤和关键性阶段，它复杂多变，具体操作起来难度大，需要认真把握全过程的各个环节，不疏漏任何细节，同时在实施过程中要善于应变，及时根据实际情况修改与完善活动计划，主动排除各种干扰，确保活动计划的有效实施。

四、大型公共关系活动开展时应注意的要点

(一) 专人负责

公关宣传活动涉及面广、技术性强，为此，应派出专门的工作人员或组织专门的工作班子，负责活动的具体实施。整个宣传活动中的子项目或各个环节，如材料准备、文字撰写、摄影印刷、美工制作、广告设计、公共关系游说、迎宾礼仪、主持司仪、摄影摄像、乐队调音等各类具体工作，应分派一批精干的专业人员负责落实，各负其责，互相配合，以免某些环节落空或出现失误。

（二）重点突出

公关活动是展示组织形象的平台，不是一般的促销活动，要确定活动重点，并以重点作为实施的依据和主线。很多公关活动花了不少钱，公众却不知是搞什么活动，效果很差。只有提炼一个鲜明的重点，创造公关活动的“眼”的传播，才能把有关资源整合起来，完成活动目标。这里的重点是公关活动环节设计中最精彩、最传神的地方，指活动事隔多年，内容大多被人淡忘，但仍能让人记起的一个情节。公关活动需要创造这样一个精彩的高潮，并把这个高潮环节设计得具有唯一性、相关性，使之具有易于传播性。当然，集中传播一个重点，并不是只传播一条信息，而是把活动目标和目标公众两项因素结合起来，突出一个重点，提高公关宣传活动的有效性。

（三）及时反馈

反馈是公共关系活动中的一个重要手段。在活动实施过程中，由于客观环境和组织内部的状况都是不断发展变化的，不管公共关系策划方案考虑得多么周密，都难免出现与实际不符的现象。因此，要对实施过程中的信息进行及时的收集和反馈，和总目标进行对照，总结经验，找出差距，及时予以调整，使实施过程受到良好的控制。另外，对于制定公共关系计划或方案的领导层而言，不仅要注意那些对计划加以肯定、持积极态度的正反馈信息，而且要注意那些反映计划实施过程中存在的问题和失误的负反馈信息，并及时采取措施修正、调整原有计划，以缩小同既定目标存在的差距，这也是反馈的主要作用所在。

（四）自动协调

公共关系活动涉及面广，持续时间长，应做好各项协调工作，以求在总目标的引导下，使各方面工作达到同步和平衡发展。最常见的协调有两类：一类是纵向关系的协调，另一类是横向关系的协调。前者是组织上下级之间的协调，后者的主要目的是统一公共关系活动实施进度。无论是纵向协调还是横向协调，均要依赖信息的沟通，做到明晰、一致、正确、完整。

（五）讲求实效

讲求实效就是要求组织在开展公共关系宣传活动时，力争以较少的投入收到较好的效果，使有限的公共关系经费在尽可能大的范围之内影响众多的公众。如从效益的角度考虑，做某项活动是否有利于组织在宣传方面节省费用。如果组织投放媒介做广告比做大型活动更有效，大型活动就可以不做。伴随着社会的发展，组织可利用开展宣传活动的机会越来越多。组织应选择适当的时机，利己利民，少花钱，办大事，建立信誉，增加效益。

第三节　公关危机管理

公共关系危机是指突然发生的、严重损害组织形象、给组织造成严重损失的事件，如重大自然灾害、恶性事故、媒介的批评等。

对于一个社会组织来说，一切危机事件都可能发生，当发生突发事件或重大事故的时候，社会组织的公共关系便处于危机状态之中，面临强大的公众舆论压力和危机四伏的社会关系环境。它不仅会使组织的经济利益蒙受极大损失，而且会导致组织声誉和生存环境的严重损害，甚至会危及社会、危及公众。危机管理就是要以最快的速度、最大的努力来重塑组织的形象，减少或避免公众及社会的损失。

一、危机事件发生的原因

危机事件发生的时间、地点难以预料，涉及的范围有大有小，产生的原因也不尽相同。总的来说，危机事件的发生往往源于三个方面的原因。

（一）客观灾变引起的危机

这类危机是指由于非预见性、外在因素引起的突发事件，导致组织公共关系形象受损的危机。如地震、海啸、火灾、洪水、飞机失事、火车脱轨等。这种危机一旦发生，对组织的影响极大。

（二）他人诬陷引起的危机

这类危机是指由于某些社会组织或个人采用不正当竞争手段，也可能是不法分子针对组织的破坏而引起的危机。如造谣、诽谤、陷害等。

（三）自己失误引起的危机

这类危机是指组织在发展过程中，由于在决策、管理及公关等方面的失误引起的危机。如废水、废气、废渣的排放，产品质量事故，重大工伤事故，严重食物中毒等危机；又如投资失误、领导人言行举止不当、工作人员态度恶劣、产品广告宣传失误等危机。发生这类危机事件完全是组织的责任，最易激起公愤，因而会受到社会公众和社会舆论的强烈抨击，对组织形象损害严重。

观点链接

企业危机与公关危机

美国《危机管理》一书的作者菲克曾就企业危机对《财富》杂志世界500强的董事长和总经理进行过调查，普遍认为他们的公司容易因以下11种原因产生危机：生产性意外、环境问题、劳资争议及罢工、产品质量、股东丧失信心、具有敌意的兼并、股票市场上大股东的购买、谣言或向大众传媒泄露组织秘密、政府方面的限制、恐怖破坏活动、组织内人员的贪污腐化。

组织爆发的危机中，有经济危机、管理危机、商务危机以及公关危机，其中公关危机是各种危机中的一种特殊类型，它是企业最容易发生也是最重要的危机之一，而且与其他的危机类型联系较为紧密。所谓公关危机，是指企业组织与公众之间出现严重冲突或发生明显不利于企业组织的舆论，它是企业公关状态严重失常的反映。公关危机不同于一般的危机，但又与一般危机相连，如果一般危机控制处理不好，常常会导致公关危机。企业公关危机的发生会导致企业与公众关系迅速恶化，企业的正常业务受到影响，企业形象遭受损害，甚至会威胁企业的生存。

资料来源：王广伟、李春林：《公关策划经典模式》，201～203页，北京，经济科学出版社，2004。

二、危机事件的特点

危机事件多种多样，但都具有如下基本特点。

（一）突发性

危机事件的发生往往是不可预见的，或难以完全预见的。危机事件一旦突然发生，则会让当事人和相关组织措手不及，容易给组织的正常发展与声誉造成很大冲击。

（二）严重性

公关危机事件的发生对组织的影响很大，有时甚至是灾难性的。如危机事件可能使组织的各种社会关系朝着不利的方向变化，使组织的社会地位和声誉迅速下降，形成组织发展障碍。在组织内部，它会危害成员之间的团结，挫伤组织成员的积极性，涣散组织的凝聚力；在组织外部，会给社会公众带来恐慌和损失，也可能给社会生活带来危害。

（三）复杂性

重大危机事件往往成为社会舆论关注的焦点，也成为新闻传播媒介的素材，牵动了社会各界公众。同时伴随事件而来的强大社会舆论压力，更成为危机处理中最为棘手的问题，组织往往需要调动所有的力量来应对危机。

（四）反面教材性

公关危机事件既会给组织和社会造成很大危害，又会给组织和社会带来某种反面教材的作用，提醒人们要居安思危，要求组织对每件事都要进行缜密的思考，在复杂变化的各种关系中，尽量避免发生危机；万一发生了危机，则尽量减少危机造成的损害。

危机事件的上述特点，决定了危机事件的处理不但事关重大，而且具有相当大的难度。因此，它越来越被人们视为公共关系活动中最具挑战性的工作，也越来越被公关界所重视。

职场链接

伊利集团致亲爱的妈妈们的一封信

亲爱的各位妈妈：

这几天奶粉的事情让您担心了，困惑了，受苦了，我们的一个批次的儿童奶粉也检测出了三聚氰胺，更让您伤心了。您对我们一直是那么地信任，我们也为能拥有您的信任和厚爱，能为您的孩子健康成长贡献力量引以为傲。而现在，我们让您失望和伤心了，对不起，我们向您表示深深的歉意！

我们已经将检测出含有三聚氰胺的那款儿童奶粉全部收回，请各位妈妈放心，目前市场上销售的所有伊利婴幼儿和儿童奶粉都是放心合格的。国家质检总局此次检测的35批次伊利产品包括“婴幼儿奶粉”和“儿童奶粉”，“婴幼儿奶粉”是为0～3岁婴幼儿生产的奶粉，“儿童奶粉”是为3岁以上儿童生产的奶粉。

此次检测出含有微量三聚氰胺的是一个批次的3岁以上的儿童奶粉。在伊利的销量中，“婴幼儿奶粉”和“儿童奶粉”的销售比例是99∶1。伊利的婴幼儿奶粉是完全合格的。请各位妈妈放心！

母亲的爱是世间最深厚的爱，给孩子提供的产品应该是最好、最安全的产品。尽管伊利3＋儿童奶粉中的三聚氰胺的含量远低于美国FDA公布的人体可接受的含量标准，不会对人体造成实际伤害，尽管我们为奥运会提供的所有产品都是合格的，也不能推卸我们的责任。我们辜负了妈妈们的信任和厚爱，我们非常惭愧！我们再次向各位妈妈道歉！

作为中国乳业的龙头企业，对此次三聚氰胺事件暴露出的检测盲区感到非常自责。我们必须立即拿出有效措施来解决现有问题，清除隐患，改进工作，我们不能再次辜负妈妈们的期望了。

为此，我们制定了如下5个措施，以保证未来不再让大家失望和伤心，请各位妈妈监督我们来改进：

（1）在接到国家质检总局通知后，伊利集团立即在第一时间收回该批次的所有产品。目前市场上销售的各种伊利婴幼儿和儿童奶粉都是合格的，请各位妈妈放心。

（2）伊利的官方网站（www.yili.com）上已开辟此次奶粉事件的消费者投诉处理专区，专区公布了详尽的处理解决方法（包括投诉处理电话4008169999），消费者可登录网站专区进行投诉，询问、查询处理情况。请您放心，您的问题，我们一定为您解决。

（3）我们欢迎广大消费者，尤其是各位妈妈来伊利的生产基地实地参观检查，亲身检验我们的整个生产过程。我们将马上在媒体上登载具体的参观办法，我们热切欢迎您的监督。

（4）在未来的5到10年间，伊利将每年投入数亿元以上的资金用以奶牛养殖、奶源现代化建设的科学更新升级工作，从奶牛养殖、收奶环节彻底杜绝问题的发生。

（5）我们将与国家科研院所合作，建立国内最先进的研发检测风险评价中心，加强自身的精确化管理，从企业自身把好质量关，带动行业进步，一定让各位妈妈放心。

伊利是中国乳业领先企业中唯一的民族企业，我们必须担当起中国母亲们的爱和寄托，孩子们的健康成长是我们的最高目标。伊利有义务、有责任带领整个行业从自身出发，深刻检讨自己的问题，积极探索未来发展方向，我们希望妈妈们继续给伊利信心，给中国乳业信心，中国的乳品一定会让大家放心的！

对于给您所造成的不安和伤害，我们再次表示深深的歉意，我们也相信，我们会重新获得您的信任和厚爱！

伊利集团全体员工

2008年9月

资料来源：李文柱：《新编公共关系实务》，140～141页，北京，机械工业出版社，2012。

三、危机管理方案

处理危机事件是公关人员的职责。据调查，89%的企业领导人认为“企业发生危机如同死亡和税收一样，是不可避免的”。因此，作为一名公关人员，即使在本组织处于稳定发展时期，也要防患于未然，做到居安思危，深入可能发生事件的现场，对如何处理危机作出具体设想和计划，以应付危机。

危机管理方案指组织针对可能发生的危机事件所制定的应对工作和计划。一般来说，制定危机管理方案须做好以下几项工作。

（一）培训员工

将对危机情况的预测和相应的应急措施制成通俗易懂的小册子（最好配有示意图），发给组织内每一个员工；通过多种方式向员工介绍应付危机的方法，让员工对危机的可能性和应付办法有足够的了解。这样即使发生意外事件，公关人员也能从容应付。同时对员工进行处理危机的模拟培训以锻炼员工在紧急情况下冷静处理问题的能力，积累处理公共关系危机的经验。

（二）同可能需要求援的单位建立起联系

如医院、消防部门、公安局、防疫站、科研单位、邻近的同行单位等，应事先同这些单位建立联系，使之了解组织的基本情况，以及组织在发生危机后可能会向他们寻求哪些方面的帮助。这样，在危机发生后，这些救援单位可以准确及时地向组织提供帮助。

（三）设立“发言人”制度

危机发生时，往往是传言四起，消息混乱，给人们心理上造成紧张、恐惧的感觉，为了防止谣言散播、维护组织的形象，组织必须设立“发言人”制度，要由发言人代表组织对内对外介绍事实真相以及组织在处理危机中所做的努力。“一个声音，一个观点”，通过发言人以恰当的方式及时地公布事实，让人们了解情况，以正视听，掌握危机管理的主动性。

（四）事先制定应付危机的新闻计划

一旦危机发生，组织在处理新闻发布方面的方法，可以决定该事件对公众所引起的注意程度，而新闻界的报道对组织的信誉又能产生极大的影响，所以应设专人负责与新闻界联系，包括平时同新闻界建立密切的关系，让他们对组织的基本情况有所了解。公共关系人员要给新闻界这样一个印象，即组织将在一切可能的范围内竭力提供信息。

职场链接

星巴克的危机公关

2007 年 1 月 12 日，央视主持人芮成钢在其博客上发表《请星巴克从故宫里出去》一文向星巴克提出抗议，认为故宫里的星巴克是对中国传统文化的糟蹋，并以个人名义向星巴克总裁发出抗议书要求星巴克从故宫里搬出去。芮成钢在文章中写道：星巴克是美国并不高级的饮食文化的载体和象征，在西方已经成为一种符号。开在故宫附近或许可以，但开在故宫里面成为世界对于中国紫禁城记忆感受的一部分实在太不合适。这不是全球化而是侵蚀中国文化。他认为故宫是中国传统文化的代表，在其中间树立起一个廉价的全球商业招牌看上去刺眼，要求它搬离是理所当然的。

这篇文章发表之后立即得到网友的广泛响应，阅读人次过万，评论达 2 000 多条。新浪网随后做了专题，将文章置于博客频道首页。“星巴克该不该从故宫里搬出去”随后以病毒传播的速度成为各大论坛和社区热议的话题。网络的强烈反应引起了传统媒体的关注，包括《人民日报》、《光明日报》、《北京青年报》、《第一财经日报》等在内的传统主流媒介纷纷对此作了跟踪报道。博客引发了舆论的蝴蝶效应。

事件发生之后星巴克在第一时间作出了反应。1 月 14 日，芮成钢在其博客发表了《星巴克全球总裁兼 CEO 给我的回信》，星巴克总裁吉姆·唐纳德通过给芮成钢博客的回应正面回答了受众的质疑。星巴克总裁的回信起到了显著的公关作用。当天这篇文章的阅读人次就达到了 5 万以上。从网友对文章的评论来看表示理解和认同的占多数。各大媒体随后纷纷转载星巴克总裁回信，网民的情绪得到了有效的安抚和缓解。

1 月 17 日，《星巴克已将窗户上的标识摘下/解决方案》一文作为芮成钢博客上的后续文章，阅读人次达到 9 565。而国内外媒体和受众关注的焦点也转移到对故宫博物院的问责以及关于传统文化的保护和经营上。星巴克通过迅速且真诚的沟通，充分运用各种媒体，低调高效地度过了公关危机。

资料来源：张云：《公共关系：理论、实践与案例》，220～221 页，上海，华东师范大学出版社，2012。

今天，互联网的兴起改变了媒介与受众之间的传播关系，同时也改变了整个传播的话语环境。人们开始注意到，很多新闻事件都是从网上被人炒热，传统媒体才开始介入。现在网络媒体炒作的速度之快、影响力之大远远超过了传统媒体，网络可以让一个因为一次没有满足客户需要的企业臭名远扬、名誉扫地。因此，社会组织必须与专业危机公关机构合作，加强网络媒体监控，重视网络舆论，有更加开放、透明和快速反应的意识，才能趋利避害，切不可心存侥幸。网络危机公关是衡量组织公关综合实力的标准，也是组织的立足之基、发展之本。在网络危机面前，组织要本着真诚的态度，第一时间在网上做出反应，同时发挥传统媒体的优势，进行危机化解，渡过难关。

四、危机处理的工作程序

各种类型的危机虽有不同的处理方法，但在程序上是基本相同的，一般都经历如下几个步骤。

（一）深入现场，了解事实

这是危机处理中的第一步，当灾难来临时，优秀的公共关系人员及组织领导者必须具备良好的心理素质，首先应该保持镇静，接受既成的事实而不要惊慌失措，迅速查明有关事故的基本情况。有的危机事件，组织领导人还必须亲自出马。中外成功的危机公关案例都有一个共同的特点，领导人亲赴第一线，给人一种敢于负责，有能力、有诚意解决危机的形象。具体可采取如下措施：

（1）组织人员奔赴现场。得知发生了危机事件后，立即组织有关人员奔赴现场开展工作。

（2）保护现场，寻求援助。组织的公关人员赶到现场后，应该想尽一切办法保护现场，以便迅速、准确地查清事故的原委。如果危机事件还在继续，应及时采取紧急措施，根据现场情况与公安、消防、卫生等部门取得联系，使损失减少到最低限度。

（3）深入细致地了解情况。应迅速与目击者或当事人取得联系，了解事件发生的时间、地点、原因，了解人员伤亡程度和人数，了解事态的发展、控制情况以及公众在事件中的反映情况，调查相关公众在危机事件中的要求，找出产生危机事件的原因。

（4）整理分析，形成报告。要将在现场听到的、看到的所有情况认真记录下来，在可能的情况下可用照相机、摄像机拍摄现场镜头，用录音机录下某些内容，以便帮助分析。在全面收集有关信息的基础上将材料进行分类整理，并组织有关人员进行分析，认真查找事件的真正原因，形成危机事件调查分析报告，上交有关部门。

（二）迅速隔离危机，控制危机

在了解事实的同时，要迅速控制危机，以免危机蔓延扩大。隔离危机可从人员隔离和危机隔离两方面着手。

（1）人员隔离，即把组织的人员划分为处理危机和维持日常工作两部分，规定领导人中何人负责危机处理，何人负责日常工作；一般人员中，哪些人参加危机处理，哪些人坚守原工作岗位，不能因危机发生造成日常管理无人负责、日常工作无人从事的局面而使组织陷入更大的危机。

（2）危机隔离，即对危机本身实施隔离，对危机的隔离在发出警报时就应开始。警报信号应明确表示危机的范围，以便保持其他部分的正常工作秩序，减少危机损失，同时也为危机处理创造条件。如处理列车相撞事故，除了抢救伤员以外，置于优先地位的是开通线路。线路一分不通，危机危害就在一分不停地扩大，所引起的连锁反应也就在一分不停地延续，只要线路开通，危机就基本被隔离，不会影响全局。

（三）分析情况，确定对策

在全面调查了解事件情况以后，要将所获取的信息整理分析，制定危机处理的方案，即如何对待受害公众、如何对待媒介、如何联络有关公众、如何具体行动等。

1. 组织自身对策

（1）首先应把事件的发生和组织对策告知全体员工，号召大家齐心合力，共渡难关，并要求统一对外口径。

（2）对不同的危机事件，采取不同的应对策略。

（3）制定挽回影响和完善组织形象的工作方案与措施。

（4）奖励处理危机事件有功人员，处理有关责任者，并通告各有关方面及事故受害者。

2. 受害公众对策

危机发生后，应该先安抚受害公众，真心诚意地向他们道歉，这样危机才有可能顺利化解。

（1）无论受害者是组织内部员工还是组织外部的人员，公关部门都应立即通知其家属或亲属，提供一切条件，满足他们的要求，并组织周到的医疗和抚恤工作。

（2）如果责任在组织自身，要公开道歉，认真听取受害者及其家属的意见，主动赔偿受害者的损失，尽量满足受害者的要求。

（3）如果责任在受害者或第三方，也要给予受害者适当的安慰，需要受害者承担责任的话，不要在现场追究，最好等危机事件平息后再妥善处理。

（4）如果双方都有责任，组织要尽力避免为自身辩护，要积极地争取受害者的谅解与合作，承担其应负的责任。

（5）要把事实真相毫不隐瞒地告诉受害者及其亲属，并表示歉意、安慰和同情，隐瞒真相是危险的，它会增加受害者及其亲属的焦虑和不安，甚至认为自己被欺骗而采取报复行动。

（6）耐心听取他们的意见，最后共同确定赔偿损失的办法。

（7）在危机事件处理过程中，如无特殊情况，不要更换负责处理问题的人员。

3. 上级领导部门对策

当危机事件发生后，上级主管部门会十分关心，对上级主管部门，也要采取相应的沟通措施。

（1）事件发生后，应及时向政府及上级领导部门汇报，不要文过饰非，更不允许歪曲真相，混淆视听。

（2）在事件处理过程中，应定期报告事态的发展，求得上级领导部门的指导和支持。

（3）事件处理后，应详细报告处理经过、解决办法及今后的预防措施等。

4. 新闻媒介对策

危机事件发生后，各种传闻、猜测都会出现，新闻媒介也会自始至终对事件的发展抱关注态度。

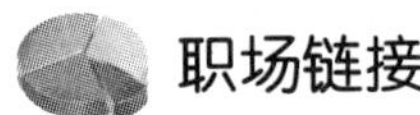

职场链接

广州地铁家属免票事件

2005 年 12 月，广州地铁公司就即将投入运营的广州地铁三号线票价问题举行听证会，原本普通的一场价格听证会，却因听证代表提出的一个尖锐问题和广州地铁方面“极富想象力”的回应而引起媒体和公众的广泛关注，也令广州地铁公司及其总经理卢光霖卷入舆论旋涡的中心。

在听证会上，有市民代表提出质疑：“地铁公司除了政府规定的票价优惠政策以外，对地铁员工也实行免票政策，每个员工还有 3 名直系亲属的名额可以免票。根据地铁公司的介绍，共有员工 6 000 余名，这样算来就有 18 000 名地铁直系亲属可以享受免费乘坐地铁的待遇。如果地铁员工因为工作需要可以免单，那 18 000 名地铁的直系亲属免费也是保证地铁正常运营所必需的成本吗?”

广州地铁公司总经理卢光霖在会后回应：“众所周知，目前国际恐怖势力猖獗，地铁又是恐怖分子的重点袭击对象，所以必须加强地铁车站、月台、车厢内的反恐力度，地铁员工的力量毕竟有限，而地铁公司又希望每趟列车在碰到任何情况时都有人能够及时地指导救援，那么这些地铁家属就能够义不容辞地担负起地铁义务安全员的重要职责。”

不鸣则已，一鸣惊人。广州地铁的“反恐论”一出，全国民众哗然，更迅速成为媒体追逐评论的焦点。从平面传媒到电视广播，从新华社到各地方媒体，从各大网络论坛到平民百姓的茶余饭后，一时间广州地铁家属免票事件和“反恐论”成为 2005 年年底国内最热门的话题。仅仅在百度的中文搜索页面输入“广州地铁 反恐”后，在 0.068 秒内便找到相关网页约 47 700 篇。在巨大的舆论压力面前，广州地铁公司决定从 12 月 16 日起，取消地铁家属免票“福利”，这意味着实行了 9 年之久的广州地铁员工家属坐地铁免费的政策正式取消。

事情本身虽告一段落，但广州地铁免费事件却成为相当长一段时期内社会公众的笑料，而此事件带给广州地铁以及卢光霖的影响则远未结束。

资料来源：张美清：《现代公共关系原理与实务》，259 页，北京，北京大学出版社、中国林业出版社，2007。

(1) 设立临时性记者接待站，确定一位高级负责人作为组织的新闻发言人，统一对新闻界的口径；由新闻发言人代表组织集中处理与事件有关的新闻采访，给记者提供权威性资料。

(2) 尊重事实，主动向新闻媒介提供准确的消息，公开表明组织的立场和态度，减少新闻记者的各种猜测，帮助记者作出正确的报道。

(3) 必须谨慎传播，在事实未完全明了之前不要对事发的原因、损失以及其他方面发布推测性的言论，不轻易地表示赞成或反对态度。

(4) 对新闻媒介表示出合作、主动和自信的态度，不可采取隐瞒、搪塞、对抗的态度。对确实不便发表的消息亦不要简单地“无可奉告”，而应妥善说明理由，求得记者的同情和理解。

（5）注意站在公众的立场和角度，不断提供公众所关心的消息，如补偿方法和善后措施等。

（6）公关人员应随时注意新闻媒介有关事件的报道情况，发现不符合事实真相的报道，尽快向该媒体提出更正要求，指明失实的地方，并提供全部与事实有关的资料，同时派遣重要发言人接受采访，表明立场，但注意避免产生敌意。

（7）事件处理完后，可通过新闻媒介发表歉意广告，表示对有关公众的歉意和组织知错必改的态度，同时感谢有关方面的帮助和支持。

观点链接

两个错误倾向

在消除公众误解时，企业必须注意克服两个错误倾向：

一是认为危机本不是自己的责任，公众的误解也不是自己的问题，事实胜于雄辩，事情总有一天会澄清，真相总会水落石出，因而采取听之任之的态度与做法。然而，事实并不等于公众的认识。公众不会花时间去研究什么事实，他们的信息与判断主要来自于各种媒体的报道，因此，如果企业采取置之不理的态度坐等真相出现的那一天，那对企业的不利影响是可想而知的。

二是虽然是由于企业自身的政策和行为的失误，引发了公众的误解甚至是舆论的谴责，但是许多企业采取“鸵鸟政策”，认为只要保持沉默，传言也罢，舆论也罢，经过一段时间以后自然会烟消云散。

采取这两种态度的企业都犯了一个致命的错误，就是过低地估计了公众误解的舆论作用。无数事实证明，公众误解的舆论作用是不可忽视的，等待政策与“鸵鸟政策”无法使企业从不利的舆论环境中摆脱出来。

资料来源：王广伟、李春林：《公关策划经典模式》，213～214页，北京，经济科学出版社，2004。

（四）多方沟通，化解矛盾

确认那些在危急时刻，其利益可能与组织一致的公共或私人团体、权威机构，尽可能争取第三方的合作与支持，协助解决危机，这是增加组织在公众中信任度的有效策略和技巧。

（五）有效行动，转危机为生机

危机事件发生后，组织的公关人员应迅速会同有关职能部门，采取积极有效的行动，像灭火一样迅速果断地控制局势，变风险为机遇，最大限度地消除负面影响，改变组织的不良形象，协调改善组织内外部环境。成功的危机处理不仅能消除危险，而且可能创造新的机遇，提供给组织更大的发展机会。

总之，由于危机事件出现的情形、背景、原因以及面临的各种公众不同，因此要具体问题具体分析。组织应选择适当的工作策略、方式、方法，努力赢得社会公众的了解与认可，尽最大可能消除危机事件带来的不良影响。

第四节　整合营销传播的实施

在整合营销传播方案被上级决策部门批准以后，营销工作就进入到了实施阶段。

一、整合营销传播的实施步骤

(1) 成立领导组，将包括新闻传播人员在内的有关人员吸收进领导班子，领导整合营销传播活动的实施。

(2) 组织专门的新闻宣传班子，及时做好大众传播媒介的宣传工作。

(3) 对营销组合进行安排，如产品展示、渠道配合和促销活动的沟通等。

(4) 培训营销传播活动的所有参加人员，将营销活动变成在社会公众面前塑造企业形象的公关活动，强化对礼仪、人际沟通技巧等的训练。

(5) 准备活动所需的各种设施和宣传资料等。

(6) 设立专人接待新闻记者，并准备现场报道的一切设备。

总之，以公关手段进行营销宣传，这是整合营销传播不同于传统营销组合的地方。以这样的方式介入营销环境，可以最大限度地营造组织良好的生存环境，因为以新闻宣传或大众传播媒介的多形式手法的运用，可以调动当前最有效的媒介，展开全面的营销宣传攻势，在短时间内可以在一定区域提高企业的知名度，增强企业的美誉度，以期最大化地实现企业的营销目标，营造尽可能广泛的公关环境。

二、实施整合营销传播需要防范的情况

在实施整合营销传播时，需要防范以下情况：

(1) 宣传主题过于褊狭，易导致集中于产品，淡化了企业，使这一活动成了纯粹的产品介绍会。对于组织整合营销传播活动的企业来说，动用大笔资金进行大范围宣传，绝不能只宣传产品，而是应该更多地将产品背后的企业推出，强化其在公众心目中的印象，这也应该更符合企业的初衷。因此，活动宣传的主题应导向企业所倡导的一种理念上，将公众的注意力由企业自然延伸至企业生产的优质产品上。

(2) 营销组合与公关宣传两张皮，致使公众信息接收不一致。营销组合在实施上，忌仅有单页宣传品，或将以前的产品宣传资料拿来充数。这样就无法与公共关系宣传主题相统一，给公众造成“无非是公关搭台、营销唱戏而已”的印象。正确的做法是，企业精心准备整合营销传播的实施活动，把公关主题与企业的整体宣传以及营销部门的销售策略有机地协调统一起来，努力达到既营造企业的发展环境，又实现企业的销售任务的双赢目的，在公众中建立统一的形象。

(3) 实施工作人员素质参差不齐，不利于企业公关目的的实现。整合营销传播活动是企业的营销活动，也是企业面向社会展示其实力的一次大型公共关系活动。企业动用的实施人员队伍往往比较庞大，活动实施时，最忌工作人员素质参差不齐。一些低素质的实施人员，对企业历史不了解，对产品特性不清楚，对活动目的不明确，在与公众进行面对面的交流时，会出现一问三不知的情况，从而使活动的最终效果大打折扣。因此，对活动实施人员的培训工作绝不可小视，必须高度重视这一工作，高质量地完成整合营销传播活动的任务。

本章小结

公共关系活动实施对组织具有重要的意义，公关活动实施应遵循计划性、灵活性、严密性和完整性原则。无论是一般公共关系活动还是大型公共关系活动，公关人员都必须有计划地进行，考虑影响公关活动的各种因素，及时发现问题，排除障碍，以保证公关活动顺利实施。对于可能发生的危机，组织应提前制定危机管理方案，遵循危机处理程序，有效组织，在最短时间内化解危机。在整合营销传播的实施中，应按照实施的步骤，切实防范在操作中可能发生的问题。

职业实训

1. 案例剖析

蓝星之死

2003 年年末，一家名为蓝星的培训机构推出了一项从韩国引进的，以培训专业的商务谈判专家为目标，涵盖谈判技巧、营销学以及英、日商务外语的课程。蓝星公司的宣传广告是这样写的：全日制专业培训，采用魔鬼训练方法，让你快速掌握谈判技巧，成为企业急需的金领人才。

广告推出后，立即引发了社会公众极大的兴趣。毕竟 10 个月的时间便可以被训练成为熟练掌握两门语言的专业谈判专家，再加上中国企业对外交往和业务越来越多，巨大的市场前景，吸引着众多大中专毕业生，尽管培训的费用高达 2.5 万元/人，但是报名者仍络绎不绝。全国加盟商数量也达到了将近 30 家。为了加大招生力度，扶持加盟商招生，蓝星公司自 2004 年年初聘请了一家以执行力见长的公关公司。很快，公关稿件如同雪片一样铺天盖地地飞向全国各个媒体。不到半年，全国学员人数便激增到 4 500 多名。就在蓝星公司感觉自己第一桶金就挖到一座金矿的时候，厄运降临了。

到 2004 年 8 月，第一批培训学员结业，但是市场并没有迫不及待地向他们伸出拥抱的双臂，相反，一部分学员在求职过程中受到冷遇。接着，国内某媒体以此为内容，推出一篇题为《2.5 万培训金领的弥天大谎》的深度报道，历数蓝星在招生中的夸大宣传之处。

无疑，这是一起典型的危机公关事件，蓝星公司赶忙与公关公司联络，希望找到解决问题的办法。

富有执行力的公关公司马上开动撰稿和发稿机器，一批指责媒体和竞争对手恶意炒作的稿件被投向各个媒体。媒体上的负面报道虽然被压制下去，但是网络上又掀起了更高的一浪负面评论，愤怒的学生认为自己上当受骗，将各种谴责、质疑甚至谩骂的帖子贴遍了各大论坛。到了 2005 年 3 月，尽管蓝星公司为挽回败局采取了许多措施，但都被淹没在了消费者愤怒的讨伐中。最终蓝星公司没有能够逃脱公司关门、退赔学员学费的厄运。

资料来源：大龙等：《中国式公关》，87～88 页，北京，中信出版社，2006。

认真阅读案例，回答下列问题：

（1）蓝星之死的原因是什么？

（2）蓝星出现危机时，它聘请的公关公司做错了什么？

(3) 当蓝星出现信誉危机时，公关公司应该怎么做?

2. 职场模拟

(1) 某化妆品公司的产品出现质量问题，引起消费者投诉。公司决定召开一个新闻发布会，由公关部负责新闻发布会的组织和实施工作。

此次模拟练习以每个活动小组为单位，先成立公关部，选出公关部部长，然后小组成员讨论交流，相互启发，形成实施方案，最后在全班进行模拟展示。

(2) 假定你所在的公司近日有一次重要的业务活动，但突遭天气意外，致使该项活动不能如期开展，请你拟订一个应急方案，减少或消除不利影响。

练习前同学们先设计事件背景。公司的业务活动可以是记者招待会、展览开幕式、周年庆典、免费赠送或其他的公共关系活动，地点可以是本市或外地，活动的主体可以是营利性组织或非营利性组织。根据具体情况，这一练习可采用书面作业形式，也可以采用咨询答辩的形式。

3. 能力培训

(1) 有一家企业厂房发生坍塌导致员工伤亡，还没有来得及召开新闻发布会，电话和各种询问就不断涌来，其中许多电话是记者打来的。假如你是企业的电话接听人员，你该怎样回答他们的问询? 应注意哪些事项?

(2) 某医科大学毕业生自主创业，在社区办了一家上门服务的便民诊所，请为这家诊所策划一个开业典礼。

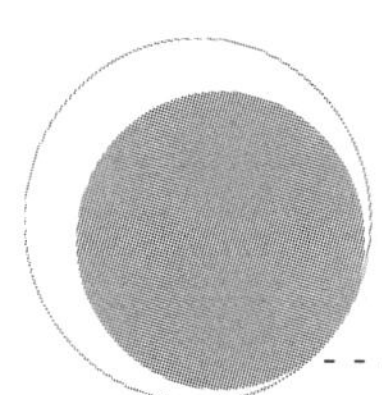

第八章 公共关系活动效果评估

本章学习目标

通过本章的学习，你应该能够：

1. 认识公共关系评估的重要性。
2. 了解公共关系评估的类型、内容及公共关系评估的标准。
3. 掌握公共关系评估的若干方法。
4. 学会撰写公关评估报告。

课前思考题

1. 公共关系评估的意义何在？
2. 怎样在公共关系实施的不同阶段进行评估？
3. 在撰写评估报告时应注意什么问题？
4. 如何科学地运用公共关系评估方法？

导入案例

“微公益　做不凡”联想微公益大赛项目评估

2011 年 7 月 18 日，联想启动以“微公益 做不凡”为主题的联想微公益大赛。本届大赛由联想集团发起，教育部高校学生司担任指导单位，中国扶贫基金会、南都公益基金会、北京光华慈善基金会、友成企业家扶贫基金会、中国国际民间组织合作促进会、英国海外志愿者服务社、网络希望等国内外公益组织担任协办机构。

大赛凭借以往联想公益项目的丰富经验，结合中国公益环境的复杂现状，并利用时下最热门的新型社会化媒体——新浪微博平台，开拓创新，火热征集微公益行动。活动从 2011 年 7 月 18 日持续到 2011 年 9 月 22 日，分为微公益征集期、集训期、实践期、成果展示暨颁奖典礼四个阶段。微公益征集期，40 强选手晋级；微公益实践期，20 强选手晋级；微公益实践期，联想为 20 强选手提供公益基金赴各地进行微公益实践；成果展示暨颁奖典礼，根据选手的综合表现评选“联想微公益之星”。

短短两个月时间内联想微公益大赛迅速得到了网友的支持：4.1 万名选手响应行动参赛；126 万名网友发布微公益话题；包括原全国政协委员陈明德、薛蛮子、黄健翔、姚晨、赵薇、羽泉、宋佳等在内的 300 多位社会名人、公益专家等意见领袖支持，影响其超过 6 000 万的粉丝。大赛期间，“联想微公益”荣登新浪微博热门话题榜。“微公益”也作为热词，被收录进百度指数。截至大赛结束，共有 3 890 篇网络报道、1 351 篇平面报道，其中《南都周刊》封面报道、《创业家》4P 深度报道、《京华时报》半版报道等尤其引人关注。

大赛的成功带来了巨大的社会效益：支持了 40 支优秀公益团队；直接引发了 4.1 万公益行动；更带动了社会对微公益的关注，推进中国公益事业的进步和发展。

资料来源：http://www.chinapr.com.cn/templates/T_Second/index.aspx?nodeid=42&page=ContentPage&contentid=454。

一项公关活动是否成功，关键要看公众的反响，了解公关活动的社会效果和经济效果，这就是公共关系活动效果的评估。那么，怎样开展公共关系评估呢?

第一节　公共关系评估的类型和程序

公共关系评估是对公共关系工作全面深入的研究，是公共关系“四步工作法”中的最后一步。它在公共关系实践活动中起着不可低估的作用。公共关系评估是改进公共关系工作的重要环节，是开展后续公共关系工作的必要前提，同时，它可以使组织的领导人看到开展公共关系工作的明显效果，从而更加自觉地重视公共关系工作。公共关系评估涉及公共关系全过程的所有内容，复杂程度和难度比较大，要取得成功，应该对以下问题进行较深入的研究：评估的类型、评估的内容、评估的程序、评估的方法和评估总结报告的撰写。美国公关学者切斯特·K·罗索说过：“许多公关活动的唯一致命弱点，就是没有使最高决策者看到这一活动的明显效果。”

一、公共关系评估的类型

(一) 公共关系工作程序评估

公共关系工作程序评估，就是要对公共关系工作的各个步骤的合理性作出客观的估计。公共关系评估是一个连续不断的活动，一旦进入公共关系工作过程，评估活动也就开始了。评估的主要内容如下。

1. 调查研究过程的评估

(1) 公共关系调研的设计是否合理?

(2) 公共关系工作信息资料的收集是否充分?

(3) 获得信息资料的手段是否恰当?

(4) 公共关系调研对象的选择是否具有典型性、代表性?

(5) 公共关系调研工作组织实施得是否有效率?

(6) 公共关系调研的结论分析是否科学?

(7) 信息的表现形式是否恰当?

评估时还要进一步分析：公共关系活动中准备的信息资料是否符合问题本身；调查活动是否在时间、地点、方式上符合目标公众的要求，有没有对沟通信息和活动产生对抗性行为等。这种评估分析的结果，可以作为进一步审定或调整调查工作的重要参考资料。

2. 策划方案制定过程的评估

（1）各项准备工作、沟通协调工作是否充分？

（2）策划目标是否科学？

（3）实施的总体安排、步骤是否可行？

（4）日程安排如何？

3. 活动实施过程的评估

（1）信息内容准确度如何？信息表现形式如何？信息发送数量如何？

（2）信息被传媒采用的数量如何？

（3）接收到信息的目标公众有多少？

（4）注意到该信息的目标公众数量有多少？

4. 活动实施效果的评估

（1）了解信息内容的公众有多少？

（2）改变观点、态度的公众有多少？

（3）发生期望行为与重复期望行为的公众有多少？

（4）达到的目标与解决的问题有多少？

（5）对社会经济与文化发展产生的影响怎样？

（二）公共关系活动类型评估

按公共关系活动形式，可把公共关系活动划分为日常公共关系活动和专项公共关系活动。按公共关系计划制定时间的长短，可把公共关系活动划分为年度公共关系活动、长期（3年至5年）公共关系活动。评估内容包括如下几点。

1. 日常公共关系活动效果评估

日常公共关系活动效果评估包括组织的全员公共关系运作，组织内外部公共关系活动的开展情况，全体员工的公共关系意识和行为表现，组织的各部门在经营管理各环节上的公共关系投入，公共关系网络，内部公共关系协调状况，日常的组织沟通，人际协调，组织的外部公共关系，知名度、美誉度，公共关系人员的工作状况，公共关系人员与领导工作配合和沟通情况等。

2. 专项公共关系活动效果评估

专项公共关系活动效果评估包括项目的计划是否合适，其目标与组织总目标、公共关系战略目标是否一致，项目的目标是否已经实现，传播沟通策略和信息策略是否有效，公共关系协调状况如何，对公众产生哪些影响，组织的形象有何改变，项目预算是否合理，组织管理工作成效如何等。

3. 年度公共关系活动效果评估

年度公共关系活动效果评估包括年度公共关系计划目标是否实现，年度公共关系计划方案是否合理，实现状况如何，年度内日常公共关系工作成效如何，年度内单项公共关系活动的类型、数量及成效分析，年度公共关系经费预算使用情况及合理化研究，内外部公共关系的开展和成效，公共关系机构与公共关系人员的绩效，组织的公共关系应变能力等。

4. 长期公共关系活动效果评估

长期公共关系活动效果评估指某一长期公共关系项目及公共关系长期工作的成效分析，它是一个总结过程，需要将日常工作评估结果、专项活动评估结果、阶段性工作评估结果一并吸收进来，进行系统分析，从而获得一个总的结论。另外，还包括对公共关系活动的经历进行客观评估。要特别注重公共关系战略的得失问题、公共关系变动规律问题、公共关系与经营管理的关系问题等。

（三）公众关系状态评估

对主要公众关系状态进行评估研究，旨在通过各类公众关系的变化来评估以往公共关系工作的成效。公众关系状态分析应分两步进行：内部公众关系评估与外部公众关系评估。

1. 内部公众关系评估

内部公众关系评估包括组织的政策在沟通中被全员接受的程度，员工的士气，组织的凝聚力，组织中的各种工作关系处理情况和趋势，双向沟通效果，影响员工关系的因素测评，沟通渠道需做哪些改进，传播策略及目标有何欠缺，公共关系贯通于各种经营管理活动的各个环节中是否有障碍等。

2. 外部公众关系评估

外部公众关系评估包括消费者关系评估：看清消费者的态度、行为变化特点，评估组织对消费者关系的传播沟通及人际协调方面的工作成效；媒介关系评估：看其态度冷漠还是热情，积极支持与否，采取何种沟通策略及成效；社区关系评估：了解各类社区公众对自己及有关活动的看法；政府关系评估：了解政府的支持情况，组织与政府的沟通效果，政府关系的沟通协调策略等。

（四）公共关系机构工作绩效评估

对公共关系机构的工作绩效进行评估，便于评价公共关系机构人员的工作效率、实际能力、策略手段等。定期对此作出评估分析，对改进机构工作效率和提高工作水平很有帮助。

评估主要包括以下几个方面：市场营销分析、广告研究、新闻宣传、专题活动、管理绩效评估等。

上述公共关系评估类型，在内容上互有交叉，只是评估的角度不同。公共关系评估工作可视需要，选取其中一类或几类进行。

职场链接

一超市公关活动效果的评价内容

一、总体效果评价内容

超市公关活动效果可以由多种形式体现：一方面可以通过经济效益体现，如销售额和利润额的增长情况；另一方面可以通过社会效益体现，如对公益事业的支持、对民族文化的弘扬等。此外，还可以通过心理效应体现，比如给予公众的印象。

总体效果评价的内容主要包括：

(1) 本次公共关系活动的目标是什么？是否符合实际？活动的主题是否明确？号召力如何？

(2) 超市内部各部门、各环节成员对这次公关活动了解和支持的状况如何？

(3) 本次公关活动传播媒介的选用及效果如何？信息为目标公众接收的程度如何？态度有何变化？是否收到了预期效果？

(4) 本次公关活动计划方案是否周密？是否存在重大纰漏？

(5) 本次公关活动预算执行情况的分析。

(6) 本次公关活动的成果是什么？对今后的影响如何？提出对遗留问题及隐患的处理意见和建议。

二、日常公关效果的评价内容

(1) 商品供应者是否愿意与本超市打交道，并建立长期的供货关系？

(2) 顾客对本超市所经营的商品是否放心？是否愿意购买？

(3) 顾客呈递增趋势还是递减趋势？原因何在？

(4) 是否有一个良好的社区环境？

(5) 超市凝聚力怎样？员工是否热爱本超市？工作是否安心？

(6) 超市是否重视各类公众的意见与建议？

资料来源：张百章、何伟祥：《公共关系原理与实务》，144 页，大连，东北财经大学出版社，2002。

二、公共关系评估的程序

(一) 设立统一的评估目标

统一的评估目标是检验公共关系工作的参照物。有了参照物，才能通过比较来检验公共关系计划与实施的结果。即使这一评估目标更多的是定性的而非定量的，仍需订出一个统一的评估目标。另外，还要详细规定调查结果如何运用。如果目标不统一，则会在调查中收集许多无用的材料，影响评估的效率与效果。

(二) 取得组织最高管理者的认可

评估不是公共关系计划的附属品或计划实施后的事后思考与补救，而是整个公共关系计划的重要组成部分。因此，组织最高管理者对评估应该给予足够的重视，对评估的方法、程序等方面应予以指导和把关。

(三) 在公共关系部门内部取得对评估的一致意见

部门的负责人要认识到，即使是公共关系人员本身，也要给他们足够的时间认识效果评估的作用和程序，并对评估活动的操作有统一的看法，只有意见一致，公共关系人员才能高质量地完成公共关系活动效果的评估工作。

(四) 从可观察与测量的角度将评估目标具体化

在项目评估过程中，首先应该将每一项目的目标具体化。例如，谁是目标公众，哪些预期效果将会发生以及何时发生等。没有这样的目标分解，项目评估就无法进行。同时，目标分解还可以使公共关系计划的实施过程更加明确化与准确化。

(五) 选择适当的评估标准

目标说明了组织的期望效果。如果一个组织将“支持当地福利机构，以改善自己的形象”作为公共关系活动的目标，那么，评估这样的公共关系活动时就不应了解公众是否知道当地报纸上哪一个专栏报道了这一消息，占用了多大篇幅，而应该了解公众对组织的认识情况以及观点、态度和行为的变化。

（六）确定收集证据的最佳途径

调查并非总是了解公共关系活动影响的最佳途径，收集组织活动记录也能提供这一方面的大量材料。在有些情况下，小范围的试验也是十分有效的。在收集有关评估资料方面，没有绝对唯一的最佳途径。方法选择取决于评估的目的、评估的要求、提问的方式以及前面已经确定的评估标准。

（七）保持完整的计划实施记录

计划实施记录能够充分反映公共关系人员的工作方式和工作效果，尤其重要的是，它还能够反映计划的可行性程度，哪些策略是有效的，哪些策略是无力的或者无效的，哪些环节衔接比较紧密，哪些环节还有疏漏或欠缺。

（八）及时、有效地使用评估结果

公共关系活动的每一个周期应该要比前一个周期表现出更大的影响力，这是运用前一个周期评估的结果对后一个周期进行调整的缘故。及时运用评估结果，会使问题确定及形势分析更加准确，公共关系目标将会更加符合组织发展的要求。

（九）将评价结果向组织管理者报告

这应该成为一项固定的制度，它一方面可以保证组织管理者及时掌握情况，有利于进行全面协调；另一方面可以说明公共关系活动持续地保持与组织目标相一致。

第二节　公共关系评估的标准与方法

评估必须有标准。如何确定标准，确定什么样的标准，决定了评估的结果是否科学，是否符合实际。一些专家、学者根据公共关系活动过程的不同阶段，提出了一些评估的标准与方法。

一、公共关系评估的标准

迄今为止，尚没有一个通行的标准来评判公关活动效果的优与劣。这是公关评估中最难的内容。

公共关系评估的标准因组织评估的角度不同而不同。

（一）主观标准

主观标准就是根据公共关系活动中制定的目标来衡量公共关系实际效果。用既定的活动目标作为公共关系效果的评价标准，具有直接性。因此，目标制定得越具体，评估越容易操作。但是，用目标作为评估依据，会有一定的局限性。有的大型公共关系工作或专项公关活动周期较长，因而原定的公关目标随时间的推移会存在不适应或欠缺。因此，要尽可能用修订后的目标作为评估依据或采用客观标准。

（二）客观标准

客观标准就是以公共关系实践活动的社会效果为标准。用这一标准，既可以判明组织公共关系活动计划中制定的目标是否符合实际，又可以确定组织的公共关系活动是否对社会公众产生积极的影响。这是一种比较全面的公共关系效果评估。

常用的公关评估依据有如下几种。

1. 根据大众媒介传播的情况来评估

(1) 报道的数量，即被大众媒介报道的次数与频率。

(2) 报道的质量，即正面报道还是负面报道。

(3) 新闻传播媒介的影响力，即权威性较强的媒介还是普通媒介。

2. 根据组织活动效果来评估

这包括组织通过公关活动对公关目标达到程度和效果的记录来进行评估，以及通过组织内部因活动而发生的变化，特别是销售量的变化情况等来评估公关活动的效果。

3. 根据组织外部公众的反映来评估

这包括消费者、政府、社区等公众对组织公关活动中的效果反馈来衡量公共关系专项活动的成效。如公众对组织了解加深的情况、公众意见的改变等。

观点链接

公共关系活动实施效果评估标准

公共关系活动实施效果评估标准如表 8—1 所示。

表 8—1　公共关系活动实施效果评估标准

评估标准 评估要素	100% 最好	83.2% 很好	66.6% 较好	50% 中	33.4% 较差	16.8% 差	0 极差
覆盖区域							
接待人员数量							
施加影响数量							
公关消息数量							
专题报道数量							
媒介引用次数							
增加知道数量							
增加了解数量							
增加信任数量							
增加忠诚数量							
合计							

在这 10 个要素中，评判它们的基数分为三个方面，第 1～3 个要素以公关活动策划方案的预定指标为标准；第 4～6 个要素以策划方案和业界通行惯例为标准；第 7～10 个要素以公关活动实施之前的状态为基数。除了这 10 个要素外，根据公共关系活动内容与特性，可以进一步充实、完善，只不过这 10 个要素不可或缺。

资料来源：蒋楠：《公共关系四步工作法》，272 页，北京，中国商业出版社，2004。

二、公共关系评估的方法

评估方法因评估人及评估内容的不同而不同。

(一) 根据评估的实施者划分

1. 自我评估法

这是由公关活动的对象通过亲身感受而对公关活动给予评估的方法。这种方法的缺点是，可能产生不真实的测量结果，尤其是向调查对象提出一些比较敏感的问题时更是如此。因此，采用自我评估法时要特别注意问卷提问的方式，对敏感的问题宜采用灵活、委婉的方式进行调查。

2. 专家评估法

这种方法是由公关方面及有关方面的专家来审定公关计划，观察计划的实施，对计划实施的对象进行调查，与实施人员交换意见，最后撰写出评估报告，来鉴定公关活动的成效。专家评估法的价值，完全取决于专家是否具备专门知识，如果他们对公关活动所涉及的某些领域的知识不足，那么他们也无法作出正确的评估。因此，采用专家评估法，一定要聘请那些知识丰富、熟悉情况的专家。

3. 实施人员评估法

公关计划的实施人员自行对公关计划和实施的情况进行评估。这种评估能够及时、充分地利用实施过程中的实际情况对该项活动的影响效果进行判断。这种方法的优点是重在反馈调整方面，缺点是实施人员对其实施的计划可能会尽量隐恶扬善，从而无法看出公关活动的真实影响。

（二）根据评估的内容划分

1. 公关工作总结法

通过总结，检查和了解公关目标的实现程度、各部门的配合协调情况，归纳取得的成绩和存在的差距。

2. 公众意见测验法

在公关活动结束后，通过对活动目标公众作抽样调查，衡量他们对组织的认知或态度的变化，以此分析公关活动效果。

3. 新闻媒介测定法

通过对新闻媒介的调查，了解新闻媒介对组织公关活动报道的深度、广度以及报道频率，由此测定组织公关活动的影响力和效果。

职场链接

阿联酋航空 A380 首航北京媒体报道效果评估

由于受各种客观因素限制，阿航 A380 飞机北京首航活动只邀请了位于北京的 25 家媒体参加新闻发布会，但基于罗德公关长期以来对媒体特点和记者自媒体性能的了解，罗德成功利用媒体的多重属性，在短短数日内即获得了全国各大媒体的关注报道。

一、传播地域广度

2010 年 8 月 1 日活动后，阿联酋航空启用 A380 执飞北京的新闻传遍中国 27 个省、3 个直辖市及 1 个特区。

二、传播力度

活动后 48 小时内，在全国范围内，共产生 1 500 余篇报道，包括封面报道（24 篇）、手机报封面（1 篇）、CCTV 新闻联播报道、各主流网站头版、电视台新闻报道（150 次）。

三、传播深度

罗德公关通过熟练运用记者的自媒体特性，使得阿联酋航空启用 A380 执飞北京的消息，在社会媒体及网络媒体中自发传播。

四、传播基调

在 1 500 余篇报道及数千篇博客中，99%的报道为正面。其中，在中央电视台新闻频道，8 月 1 日播出两次现场直播，最长一次为记者登机体验，报道时间长达 8 分钟，在报道中强调了阿联酋航空的主要信息，如执飞航线、阿航 A380 设施等商业信息。在央视《新闻联播》中，阿航的全球航线网络也被巧妙地提及。

五、与网友互动

(1) 新浪旅游频道长达一个月的网友互动活动。

——网友通过评选最喜爱的阿联酋航空 A380 服务，可赢取北京至迪拜往返机票。

——2010 年 7 月底至 8 月底，共上线一个月。

——收到 8 000 多网友注册信息，近百万网友积极参与评选。

——新浪旅游长达一个月的推广，折合近千万广告价值。

——通过评选，阿联酋航空 A380 服务设施得以最大化展现。

——推广形式包括：头条新闻文字链、旅游频道焦点图、旅游频道文字链要闻推广、旅游频道文字链推荐。

(2) 新浪新闻及航空军事频道专题新闻报道。

——新浪网首页新闻及图片链接、新浪网新闻频道及航空频道专题。

——约 395 000 名网友浏览该专题。

——新闻专题首页推广。

(3) 开心网网友自发帖子互动。

——罗德邀请的记者亲历首航后，自发在开心网上与朋友分享首航体验。

——约 223 928 名网友浏览该专题。

——累计转载 51 518 次。

——互动留言 52 287 条。

资料来源：http://www.chinapr.com.cn。

4. 指标分析法

指标分析法指通过对几个常用公关评估指标的调查和分析，考察公关活动效果的检测方法。公关评估指标主要有：知名度的变化率、美誉度的变化率、信任度的变化率、注意度、熟知率等。

(三) 根据评估对象划分

1. 比较法

对公关活动前后所做调查结果进行比较，以此来衡量活动的效果。这种方法主要用于对公关实施效果的评估。

2. 试验法

试验法是指从影响公共关系活动的若干因素中，选择一两个关键因素，在小范围内将其改变，进行试验，观察能否得到积极的结果，然后决定是否值得推广的一种方法。对公关活动方案的评估常采用这种方法。

在进行影响效果的评估时，应该注意到：一项公共关系活动总是处于一定的社会环境之中，它所产生的影响，可能是公关活动本身引起的，也可能是其他社会因素的作用，理想的、科学的评估，应尽量排除公关活动以外的因素，以显示出公关活动的真正影响力。

第三节　公共关系评估报告的撰写

公关评估报告是对公关活动或工作的书面评价，是对公关工作的总结，是公关评估结果运用的依据。

一、撰写公关评估报告的基本原则

（一）针对性

公关评估报告的针对性很强，或者是针对综合项目评估，或者是针对单项活动的评估。一般情况下，多是针对单项活动的评估。

（二）完整性

公关评估报告的完整性主要有三方面的内容：一是按照公共关系评估报告书的内容，对评估工作的目的、对象、原则、依据、方法、结果等进行全面的概括。二是正文内容与附件资料要配套一致，尤其注意附件资料要起着完善、补充、说明正文的作用。三是被评估的范围和对象要做到完整无缺、无一遗漏。

（三）及时性

公关评估具有较强的时效性，公关活动及其面临的环境在不断地变化。因此，在公关活动结束之后，评估人应及时写出公关评估报告书，否则容易失去评估本身的意义。

（四）客观性

公关评估报告是一种公正性文件。在撰写报告时，必须真实、客观，有理有据。要避免空泛议论或掩饰缺点，应力戒片面分析或夸大其词。

（五）独立性

在撰写公关评估报告的过程中，通常要与公关活动主办单位的部分领导、员工等接触。评估人在作出结论时，要避免受到他们主观意志或一已之见的影响。在评估报告中，必须反映自己的独立评估结论。

二、公关评估报告的内容

公关评估报告具有特定的目的。不同的目的，决定了评估的范围和对象不同。根据公关评估实践的总结，公关评估报告的内容主要有以下几方面：

（1）评估的目的及依据。即为什么要进行公关评估，通过评估解决什么问题，以及评估所依据的文件或相关会议精神等。

（2）评估的范围。公关活动涉及方方面面，为了突出重点，缩短篇幅，利于评估结果的运用，报告书需明确公关评估的范围。

（3）评估的标准和方法。在报告书中，要说明评估标准或可测量的具体化的目标体系，以及评估过程所采用的方法。

（4）评估过程。简要说明评估是怎样进行的，分哪些阶段。

（5）评估对象的基本情况。包括活动或项目名称、开展时间、实施的基本情况与特点等。

（6）内容评估、分析与结论。对公关活动、工作或项目的内容进行评估，对运行与执行效果、效益进行分析，进而得出客观、公正的结论。

（7）存在的问题及建议。通过评估，有针对性地提出问题，指出解决问题的建设性意见。

（8）附件。附件主要包括附表、附图、附文三部分。

（9）评估人员名单。包括评估负责人、参加评估人员的姓名、职业、职务、职称等。

三、撰写公关评估报告应注意的问题

公关评估报告书的写作是有相当难度的，既要求执笔人员客观、公正、全面，又要求报告书可读、简洁。为此，在写作过程中，应注意如下问题：

（1）定量与定性相结合。通常，评估结论是定性的，但必须用定量的指标作说明。

（2）建议与策略具有可操作性。只有切合实际情况的建议才具有可操作性。

（3）语言准确、精练。尽量用最少的文字、篇幅来说明问题，提出建议。切忌太多的学术词汇，让评估报告的阅读者难以理解。

（4）结论客观具体。评估结论尽量公正、客观，既要看到成就、效益，又要看到缺点和不足。所有的结论都应该找到相应的材料作证明。

四、公共关系评估成果的运用

公共关系评估成果对于整个公共关系工作有极大的应用价值。它能够承前启后，使公共关系工作得以高效合理地开展，使组织步入良好的发展环境。

公共关系评估成果的运用，可以包括以下诸方面：

（1）用于调整公共关系工作计划，使计划更趋于科学合理。

（2）对策划新的公共关系目标方案有直接的帮助，可以促进新的公共关系计划借鉴成功经验，吸取失败教训，避开误区，有效地开展工作。

（3）用于组织决策的改进。

（4）用于改进组织全面的公共关系工作。

通过运用评估成果，组织的管理层可调整行为，改善工作，提高绩效，寻找有效的策略和技巧，为下一步公共关系工作奠定基础。

第四节　公共关系评估对企业市场营销的影响

公共关系活动效果的评估，表面看来，与市场营销工作没有什么大的关系，实际上，公共关系活动效果的评估报告，对营销部门会有较大的影响力，尤其是在整合营销传播活动实施之后，评估报告更对营销工作有直接的指导作用。

一、公共关系评估有利于企业营销部门对市场作出重新认识和估量

企业的公共关系活动并非是纯粹单方面的行为，其辐射于企业的市场营销工作中，公共关系活动搞得好，必然会影响当期或远期企业市场营销状况，公共关系活动失败，甚至出现危机公共关系，则会迅速影响企业的销售及生存和发展。因此，公共关系活动效果评估报告，便于企业的营销部门对市场态势予以重新认识，及时修改和调整自身营销策略，针对目标市场，准确、及时地作出适合企业的市场营销战略决策。

二、公共关系评估有利于企业营销部门市场信心的增强

对公共关系活动效果的数据评估，使企业营销部门对企业所处的市场环境、公众舆论环境、政府环境、社区环境等有了更清醒和准确的认识。一个成功的公关活动，其评估结果往往会令企业营销部门信心大增，从而较大地提升全体营销人员的积极性，推动企业营销部门创出更好的效益。即使企业处于危机事件之后，也会通过公共关系评估工作客观地审视企业的生存境况，摒弃想当然的情绪低迷，充满信心地重振旗鼓。

三、公共关系评估有利于企业营销工作的改进

公共关系评估虽然是对企业公共关系活动效果所作出的评价，但其中必然涉及营销工作，尤其是针对顾客和消费者开展的公共关系活动，以及整合营销传播活动，都直接与企业的营销工作有关。因此，让营销部门了解公共关系评估报告，有利于企业营销部门注意对自身工作的检讨，提醒其及时地改进工作，调整营销计划，推动企业整体业务健康地向前发展。

四、公共关系评估有利于企业品牌的提升

任何公关活动都有利企业品牌的塑造。无论是在企业发展初期，还是在发展过程中，甚至在出现危机的时候，公共关系活动都有利于企业品牌的建立、维护和矫正，通过有效的公共关系评估，不断发现问题，解决问题，使企业及产品的品牌能够长久地树立在公众的心目中。

本章小结

公共关系评估是改进公共关系工作的重要环节，是开展后续公共关系工作的必要前提。

公共关系评估的内容包括公共关系工作程序、计划制定、实施过程和实施效果的评估，以及日常活动、专项活动、年度和长期公共关系活动效果的评估等。公共关系评估有着基本的程序，而评估标准与方法则体现在公关活动的准备、实施及活动效果之中。公关评估报告是对公关活动或工作的书面评价，其建议与策略应具有可操作性，关键是对公关评估成果的有效应用。

职业实训

1. 案例剖析

宝洁绿色宣言

P&G（宝洁）是一家拥有众多优质品牌的全球知名公司，产品范围广泛——从美容、时尚到健康、家居，以优质超值的产品和服务，美化全球消费者的生活。170 多年来，可持续发展的承诺一直是 P&G 企业核心价值观的重要组成部分，除了开发可持续创新产品、改善运营的环境状况之外，P&G 还通过各种企业社会责任活动来提高人们的生活质量、关爱地球环境。

2009 年夏天，P&G 将可持续发展的企业责任、多品牌产品的卖点和“绿色”生活方式紧密结合在一起，使消费者在了解“绿色、环保”理念的同时提升其对 P&G 系列产品和品牌的关注度和美誉度。

2009 年 7 月 13 日，在广州沃尔玛总部举行的“绿动中国”启动仪式上，P&G、沃尔玛、联合国开发计划署、周迅分别提交自己的绿色成绩单，承诺在“绿动中国”活动中将实现的环保举措，并共同启动“绿动中国”活动。以 P&G 为例，自 2009 年 6 月 15 日起在宝洁办公区将不再提供一次性纸杯，一年共少使用 40 万个纸杯。所有参与的合作方均

做出各自的承诺。周迅在此次活动中，不是传统意义上的明星，而是真正的环保倡导者，在当天，不仅亲自发出“绿色邀约”，宣布自己在为期4个月的活动中将承诺实现的环保小举措，更亲身解读“小举动大不同”的意义，分享自己的环保生活小贴士。最为难得的是，周迅坚持与普通消费者亲密接触，来到超市收银台亲自鼓励并肯定他们的正确环保行为。

2009年9月4日，在上海TESCO乐购的“绿动中国”启动倒计时仪式上，P&G、乐购、周迅分别以数字直观介绍在2个月的活动当中所取得的绿色成绩。周迅的绿色成绩为“960&3”，960这个数字代表的是从2008年5月到2009年9月，一共16个月的时间，按照每月30天，每天节约2双筷子计算，她一共节约了960双一次性筷子。3这个数字代表的是每次洗澡前节约用水的量。放洗澡水的时候，周迅都会用水桶把冷水接起来，每天节约3升水，一个月就是90多升。她的真实分享，进一步强化了主题，并吸引更多人关注身边的环保小事。

在两次地面活动中，都充分利用不同的信息传播渠道，整合了多种信息传播模式，特别是充分利用官网平台，开展一系列丰富的活动，再配合传统电视媒体、平面媒体的积极报道，使核心信息得以持续性传播，使“绿动中国”活动成为在全国范围内关注的热点活动。在两轮地面活动后，共计有90家平面、网络、电视媒体进行了全方位报道，其中经常以娱乐新闻为报道角度的21家全国时尚生活类电视媒体，均以“绿色及环保”主题进行了平均时长超过1分钟的正面报道，成为传播中的亮点。大部分的平面媒体都给予了大篇幅的彩图报道。此次活动，获得了宝洁、媒体、消费者的高度评价。P&G对外事务部高级经理刘岚表示：“为期4个月的绿动中国活动过程中，我们共同收获了环保意识的提升，收获了消费者和重要商业合作伙伴的支持，收获了美誉度和销量。”

认真阅读案例，回答下列问题：

(1) 宝洁提升品牌形象的途径是什么？这种途径有什么优点和不足？除此之外，还有哪些提升品牌形象的途径？

(2) 对本次公关活动的效果进行评估。

2. 职场模拟

校学生会近半年来做了以下工作：

(1) 为会计系患白血病的同学进行“爱心捐助”宣传活动。

(2) 为母亲节的到来开展“母爱无痕，子女有心”活动。

(3) 为运动会向校外的相关单位拉赞助。

请你和你的同学分别以自我评估、专家评估和实施人员评估三种方法对校学生会近半年来的工作进行全面评估。

3. 能力训练

(1) 对一些社会机构所进行的公共关系活动进行评价。

(2) 以“职场模拟”为例，为其制定评估标准。

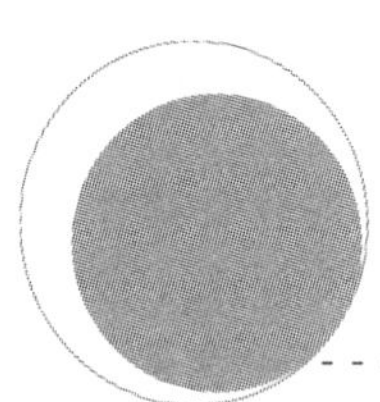

第九章 组织公共关系举要

本章学习目标

通过本章的学习，你应该能够：

1. 了解企业公关的特点。
2. 掌握工业和商业企业公关工作的内容。
3. 掌握政府公关的特征和开展。
4. 了解医院、学校等竞争性非营利组织开展公共关系的一般方法。

课前思考题

1. 企业开展公共关系与政府和事业单位的公共关系活动有什么不同？
2. 竞争性非营利组织的公共关系活动有哪些特点？

导入案例

开门办教育

近年来，江苏省扬州市邗江区积极推进“开门办教育”，通过政府、社会、学校、家庭的合作，让家庭和社会成为学校的“同盟军”，构建全方位、立体式的新机制，促进教育的协调发展，为学校营造良好的发展氛围。

“接轨”群众教育需求

“老师这么重视我的孩子，我一定会全力支持学校工作……”这是2012年暑假，四季园小学一名学生家长对家访教师的真诚表白。当时，学校的校安工程刚刚开工，家长们担心工程建设会影响新学年正常教学活动的开展。为此，学校组织教师们集中家访，向家长介绍校安工程进展情况。教师们冒着高温，一家家地开展工作，最终，家长的担忧被一一化解，新学期各项工作进展顺利。

四季园小学的“家校互通”，是2012年暑假邗江区各学校开展“走进千家万户，关爱每个学生”家访活动的一个实例。各学校的教师都积极参与到家访活动中，了解学生需求，倾听家长心声，尤其对留守儿童、外来务工人员子女和孤残学生给予了重点关注。

据统计，活动开展以来，全区共有4 000多名教师深入5万多个家庭，家家走访，户户登门，广泛赢得了家长的理解和信任。

在“走出去”的同时，邗江区各学校还通过各种形式的活动把家长请进校园。2012年11月中旬，邗江区在全国范围内开展了“学校一日开放暨万人评教育活动”，邀请了5.7万名家长走进校园，了解学校办学成果，表达合理诉求。此外，各学校坚持打开大门听建议，不断健全教代会、家委会建设，所有学校均成立了家长委员会和家长学校，超半数学校创建成为省、市优秀家长学校。

引导社会关注教育

2012年10月19日，在“为学生着想，让家长满意”暨政风行风民主评议活动现场，有人向邗江区教育局的代表提问：“现在，农村的有钱人都将小孩送进城里上学，邗江区该如何提高农村学校的教育水平?”

“我们在暑期选派了300名教师，进行校际、镇内、镇际、城乡之间的交流，今后，我们将进一步推进教师交流的常态化发展，缓解择校热。”区教育局代表的回答赢得了现场群众的热烈掌声，同时也通过网络迅速传开。

近年来，为帮助社会各界更好地理解教育，消除误解，形成合力办教育的良好氛围，邗江区教育局积极拓宽沟通渠道，除了设立意见箱、接听投诉电话等传统方式外，还积极利用网络资源，开通了“局长信箱”、“寄语局长”等专栏，并多次组织相关人员参加“行风热线”、“民生有约”、“在线访谈”等网络互动活动。此外，各学校、幼儿园也设置了意见箱，并在校园网站上开通了校长（园长）信箱，安排专人及时解答疑问，帮助民众消除疑惑。

资料来源：http://news.xinmin.cn/shehui/2013/03/28/19445834.html。

第一节　企业公共关系

企业公共关系以营造组织生存环境、塑造良好的形象为工作目标，以获得经济效益为根本。为了帮助企业在市场经济竞争中树立良好的形象，贯彻“内求团结，外求发展”的宗旨，必须灵活应用各种公关策略和艺术，在企业的经营管理活动中发挥催化剂作用，促进企业的发展壮大。

一、企业公共关系的特点

企业公共关系在实践中表现出以下特点。

（一）公众利益优先

企业在生产经营中要牢固树立“顾客第一”的经营宗旨，把满足社会公众需要作为企业的首要目标，将之置于生产经营和各项公关活动的中心，使企业的一切行为都以公众的利益和要求为导向，根据公众需要的变化随时调整企业的经营方向和营销策略，适时开展各类公共关系活动。

（二）关注经济利益

现代公共关系运用的范围主要有三大领域，即政府组织、企业组织和社会文化福利事业组织。在这三大领域中，企业组织是公共关系的最大使用者，其从事公共关系是为了自身的发展或经济利益，亦即企业公共关系是以获取经济效益为目的的。这是企业公共关系同政府组织、社会文化福利事业组织从事公关活动的根本区别。

观点链接

公关活动的作用

企业必须适应日益复杂多变的环境，如新产品推出、合并和收购、临时停业、法律诉讼以及新技术的应用。企业领导人必须处理好与各种公众群体的关系。

公关活动能帮助企业应付这种复杂的环境，更重要的是，这些工作支持了企业的整体使命和目标。这一点是通过不同方式实现的，包括：帮助企业预计和适应社会需求和潮流；积极改善企业的形象和声誉，创造一个更好的运营环境；改进企业的运转，提高销售量。

资料来源：[美] 丹·拉铁摩尔等著，朱启文等译：《公共关系：职业与实践》，398 页，北京，北京大学出版社，2006。

（三）以营造组织环境为目的

任何一个工商企业，在生产经营过程中都随时会与外部环境发生千丝万缕的联系，并由此形成广泛多样的外部关系。多种外部关系从不同程度、不同侧面影响企业生产经营活动的顺利进行，制约企业的生存和发展。因此，越来越多的企业主动运用多种公共关系手段，积极协调与有关利害关系集团的关系，努力营造其生存与发展环境，减少外部摩擦，为企业的发展铺平道路。

二、企业公共关系活动的开展

（一）工业企业公共关系的工作内容

1. 加强内部沟通交流，以公关提升竞争力

工业企业内部要加快企业管理现代化的步伐，企业管理者需要运用现代化信息传播的理论和方法，确立和形成企业内部的信息流通模式，将企业管理者的意志与职工的观点、意见及时进行沟通，以协调和解决好企业与职工的关系。现代企业管理者应把企业的发展与职工的前途命运融为一体，努力促进职工工作的积极性和创造性，以此提高企业的管理水平和工作效率。企业运用公共关系加强内部管理，使企业精神和企业文化深入人心，从价值观上同化员工的思想，规范员工的行为，创造出本企业独特的企业风格、企业效益以及企业的内聚力，企业内部的其他问题就迎刃而解了。

凡是著名企业，如日本的松下公司等，无一不是把公共关系引入企业管理中，使企业内部公共关系工作卓有成效，为企业取得成绩奠定了坚实基础。

在现代信息爆炸的社会里，一个企业如果凭借自己优质的产品和服务仅满足于“酒香不怕巷子深”，是很难成就大业的，企业要在激烈的市场竞争中获胜，就必须借助制胜的“武器”——公共关系，即利用各种大众传播工具，建立起与外部社会环境的信息传播网络。一方面，把有关企业的各种信息向社会公众传递，树立和推广企业形象；另一方面，进行环境监测，及时反馈社会环境信息，准确掌握社会舆论的动向、变化，通过企业与外界充分的信息沟通和交流，提高企业的声誉和社会影响力，创造出和谐融洽的外部公共关系环境。

2. 建立广泛的社会关系网络，关注重要公众关系

工业企业的外部公众关系有政府关系、社区关系、新闻界关系、高等院校与研究机构

关系及供应商关系、经销商关系等。如前面所述，企业在现代社会中生存和发展，不但要有好的形象，还必须建立尽可能广泛的横向联系网，以争取更多的社会支持与帮助。因此，企业在搞好内部管理的同时，须理顺社会各方面的关系，为企业的发展铺平道路。凡事都有轻重主次，工业企业在处理外部公众关系时，要根据社会公众对企业发展的重要性程度，确定出企业外部的重点公众，把重点公众的工作放在首位。对工业企业来说，供应商与经销商是最主要的公众对象。

工业企业要维持正常的生产经营活动，首先要靠供应商的支持。供应商向企业提供的原材料、能源、零部件、机器设备以及工具的质量、价格直接影响企业生产的产品质量和企业的盈利。因此，企业应重视建立、维持与供应商之间的良好合作关系，以得到供应商提供的质优价廉的原材料，降低企业的生产成本。同时，供应商还能向企业提供有关原材料的市场行情，或向企业提出有关生产经营方面有价值的建议，促进企业生产经营水平的提高，增强企业在市场中的竞争能力。

由于经销商（包括批发商、零售商、中间商等）肩负着让企业的产品顺利地通过流通领域转移到用户和消费者手中，实现产品的价值和使用价值的重任，因而也就成为工业企业产品价值能否实现即企业的生产经营活动能否最终实现的关键。经销商是工业企业与消费者之间的中介与桥梁，企业从经销商那里可以获得有关的市场信息、消费者信息，了解到企业及其产品在公众心目中的形象和地位。良好的经销商关系对企业的生产经营及参与市场竞争具有不可低估的作用。

3. 开展消费教育，树立稳固的市场声誉

市场的主角是消费者，在市场机制中，消费者的态度和行为直接影响企业的生产经营及市场销售，消费者已成为影响企业生存发展的重要条件。工业企业只有争取到更多的消费者，才能巩固和开拓广阔的市场。企业公共关系应通过免费培训、展览、赠送教材、完善售后服务等方式来吸引消费者。一方面，企业的生产经营在进行消费调查的基础上要以消费者的要求为导向，为消费者而生产；另一方面，企业应把握消费动向，对公众进行消费教育和消费引导，组织消费，创造消费，从而获得比较稳定的消费者关系和稳固的市场，帮助企业在市场上占有优越的地位，使企业的市场占有率稳步上升。

（二）商业企业公共关系的工作内容

1. 强化“顾客至上”的意识，塑造为顾客服务的形象

现代社会的商品经销者应十分重视树立和维护本企业在顾客中的信誉和形象。企业良好形象的基础是做好内部公共关系工作。商业企业内部公共关系工作的重点是：在内部职工中灌输和树立“顾客至上，信誉第一”的思想，教育职工认识到顾客就是企业的衣食父母，认识到自己企业的经济效益只有通过为顾客提供最佳服务才能取得，特别是在商业企业由单纯的经营型向经营服务型转变的过程中，更应该以“顾客至上，信誉第一”作为商业企业工作的最高准则。

现代社会的商业企业树立的形象应该是：货真价实、信誉第一、保护用户和消费者利益、服务于顾客。尤其是在市场假冒伪劣商品泛滥的情况下，商业企业要以保护消费者利益为己任，为消费者提供货真价实的商品。对商业企业来说，保护消费者利益应是持久一贯的行动，贯穿在企业日常经营活动中，绝不能在“3·15 消费者权益日”这一天用来装

饰门面。商业企业在树立形象的过程中要一诺千金，即要重承诺、守信誉。商业企业良好的形象还体现在为顾客的服务上，通过扩大货源、增加花色品种，向顾客提供优质、丰富的商品；同时开展送货上门、包退包换以及其他方便顾客的活动，向顾客提供优质的服务。这样方能得到顾客的倾心支持。

2. 满足顾客需求，提升服务水准

商业企业的显著特点是以提供物质商品来满足顾客需要，能否为顾客提供完善的服务，满足顾客的要求，直接影响企业的经济效益。顾客成为商业企业最重要、最关键的外部公众。商业企业的公共关系应以兼顾企业经济效益和顾客需要为主，建立良好的顾客关系，为顾客提供优质的产品和服务是企业建立良好顾客关系的根本保证。在此基础上，企业公共关系工作还要积极进行与顾客之间的信息沟通和交流。企业要了解顾客对商品的要求、顾客对企业服务工作是否满意、顾客对企业的基本印象和评价等。与此同时，企业应通过各种有效途径及时准确地向消费者传递有关企业的各种信息，使顾客充分了解企业的经营宗旨、发展状况、业务范围、销售方式以及服务标准等。只有保持企业与顾客之间信息渠道的畅通，企业才能最大限度地满足顾客的需求，争取到顾客对企业的信任和支持。

随着人的社会化、现代化程度的提高，消费者在购买商品时不仅要满足生存性需要，还要满足自身的社会性需求，这就要求商业企业在与顾客交往的过程中，既要想方设法帮助顾客买到中意的商品——满足其物质的即生存性的需要，又要为顾客提供良好的服务，创造良好的购物乐趣——满足其精神的即社会性的需要。这样，顾客才能产生自己被奉为“上帝”的真切感受，对企业产生好感和认同感，成为企业的忠实顾客。企业拥有了顾客，也就拥有了市场，才会产生良好的经济效益。

 **职场链接**

麦当劳代售月票

北京的麦当劳食品有限公司推出一项新举措，在所属57家麦当劳餐厅内代售月票。麦当劳在对北京发售月票网点进行调查后知晓，北京有600万人使用月票乘公交车，而发售月票的网点只有88处，乘客深感不便，于是，他们便“拾遗补缺”，干起了“代售月票”的营生，为广大乘客创造便利条件。此举一推出，就吸引了大批食客络绎而来。

资料来源：何春晖：《中外公关案例宝典》，51页，杭州，浙江大学出版社，2006。

3. 精心策划公关活动，加强企业宣传工作

现代经济社会中的商业企业在竞争中生存，在竞争中发展，除了靠优质的产品和服务来吸引和争取顾客外，还应该抓住各种有利时机开展宣传，通过制造新闻引起社会注目，产生重大社会影响。商业企业可以利用的时机很多，如商场开业、新设施落成、企业成立周年纪念日、各种节假日、商品展销以及试用、品尝、赠送等一些专门活动，邀请消费者及社会各界人士参加，借以增加企业的社会影响力，吸引消费者。在开展这些活动时，企业的公共关系人员要进行精心策划，使各种活动与社会需要相符合，与社会热点相吻合，出奇而不出格，方能引起舆论的注意，产生良好的社会效益。现代公共关系讲究“做好更

要说好”，因此，商业企业的公关工作要通过精心策划的公关活动把本企业为社会所作的贡献、企业的公共关系目标等着重向社会进行宣传，以树立和巩固企业在社会公众，尤其是消费者心目中的信誉和形象。

在餐旅企业中，公共关系工作内容与商业企业有一定的不同，主要包括：

（1）收集公众宾客信息，为企业经营决策提供依据。现代餐旅企业与环境的相互依赖性日益加强，其中除了地理、气候、交通、资源等自然环境条件以外，外部社会环境的各种信息也直接影响企业的经营决策，如政府部门的管理意见、公众宾客对企业的认识和评价等，这些都将直接影响餐旅企业的客源市场。公众宾客对餐旅企业的感情和态度在其生存和发展中占有极其重要的地位，必须引起企业的高度重视。企业的公关人员要通过各种联系网络和社交活动，广泛收集信息，经过分析处理后反馈给决策层，作为企业制定决策的依据。信息收集的方式有很多，比如进行问卷调查、走访重要公众、日常的社交活动以及剪报、收集新闻资料等。

（2）加强内部管理，以高质量的服务吸引宾客。服务质量是服务性企业的生命。现代化的餐旅企业不但要以优异的设备吸引宾客，更要以优质服务赢得宾客，这是餐旅企业树立良好信誉的基础。因此，企业的公共关系工作要从加强内部管理入手，教育和引导职工树立“宾客第一，信誉至上”的观念。通过对职工进行公共关系的教育培训，强化职工的公共关系意识，并在企业内部形成“人人懂公关，人人做公关”的全员公关的氛围，使每个职工视企业的声誉如自己的生命，怀着对企业强烈的归属感和责任感，在本职工作中端正服务态度，提高服务质量、服务水平，根据宾客的需要不断改进和改善服务，以获得更多宾客的支持。

（3）妥善处理宾客投诉，维护企业的形象和声誉。服务性企业的最大特点是与各类公众进行面对面的直接接触。餐旅企业在向宾客提供服务时，一旦出现工作失误或不能满足宾客的要求，并且不能妥善地处理和解决，就会损害宾客利益，导致企业与宾客关系恶化，严重的还会影响企业的经济效益，损害企业的形象。所以，餐旅企业的公共关系工作要把处理宾客投诉作为挽救和维护企业形象的重要工作，使之经常化、制度化。在出现失误，受到宾客的抱怨和批评时，企业公共关系人员应努力稳定宾客情绪，迅速纠正或消除失误，对宾客的投诉给予明确答复，作出诚恳的解释，妥善地解决问题，争取宾客的谅解。不论在什么情况下都要尽可能减少企业在外界的不良影响，努力维护好企业的形象和声誉。

观点链接

数字时代企业公共关系的新模式

传统企业往往通过企业形象宣传以及人对人的各种公关活动，开展公共关系工作。它们认为公众是一些诸如人口统计变量、产品与服务对象和目标的抽象概念，而网络只不过是企业的另一条促销渠道而已。但如今，鼠碑沟通的兴起，让网络主动邀请顾客对话，讲述自身的真实体验。公共关系必须面对无限广阔的领域以及迅速变化的公众。

《线车宣言：互联网的95条军规》一书的作者，就旗帜鲜明地鼓励企业领导者抛弃传统的功利性营销模式，提出“市场＝产品交易＋对话交流＋人际关系”的市场销售模式。

这种更注重聆听客户心声的方式，已经逐渐发展成为市场沟通的主流方式，而基于网络技术发展起来的鼠碑沟通方式，正好为顾客、员工和企业提供一种崭新的人际沟通平台。企业只有摆正自己的位置，鼠碑才能成为营销沟通的新利器。

企业可以利用鼠碑，在市场沟通中扮演不同的角色。

第一种角色：倾听者。

对企业而言，从市场的对话和交流中学习是非常重要的，企业应该潜下心来，聆听顾客们讲述体验和故事。

一般来说，通过各种在线社区，特别是基于消费者的第三方在线社区，企业能获知顾客在议论什么、关注什么和评价什么，然后从这些信息中分析出顾客对企业和其他竞争者的评价。而且，这些在线交流能被企业便宜和及时地观察获取。值得注意的是，企业不能仅聚焦于销售，更应该关注顾客满意度、信任度、忠诚度。

日新月异的科技使得聆听、学习和客户沟通变得更加有效、更加简单。社会媒体的崛起使公司能把外部声音带到内部来。

第二种角色：促进者。

促进者角色要求企业不仅要聆听市场信息，还要针对收集的信息，制定相关措施来促进和培养市场对话。

目前流行的做法是允许和鼓励员工以个人或企业身份参与鼠碑沟通，构建基于企业或者产品的在线社区，这也是让企业可以同时和顾客或预期顾客交流信息的方式。对于性能复杂的产品或专业知识相对缺乏的顾客而言，企业提供消费者在线评论是非常重要的。

这里需要注意的是，有些企业拟对自身信息和传播实施控制，例如控制传播方式和对象，这要处理得非常谨慎和小心，原因在于当前的顾客已经网络化了，而且他们比企业知道得还多，学习速度比企业还快，态度比企业更诚实。

第三种角色：参与者。

在需要进行市场沟通时，有足够可依靠的企业代言人至关重要，这是成长中的企业进行市场沟通的唯一方式。企业可以通过互动参与来为网络社区中的网民提供更多的价值，并让网民感受到企业对其意见和建议的重视。

网络触及了人们最古老的需要——彼此联系和相互交流。它不再将顾客等同于自然科学研究中干巴巴的抽象物，而是将他们看成是社会科学研究中活生生的具体人。因此，它也将由顾客参与式营销的口碑，演进成企业参与式沟通的鼠碑，赋予了市场人类之声。

资料来源：董大海、吕洪兵、刘琰：《鼠碑：数字时代营销新模式》，载《北大商业评论》，2012(10)。

第二节 政府公共关系

一、政府公共关系管理

政府是国家权力的执行机关，即国家行政机关。这里所谓的政府，是一个广义概念，既包括不同行政层次，比如中央政府和各级地方政府，也包括不同职能部门，比如公安管理、司法管理、工商管理、税务管理、海关管理、物价管理等部门。

政府公共关系是公共关系的一般理论在政务活动中的具体运用。政府公共关系管理是对政府组织与社会公众之间传播沟通的目标、资源、对象、过程与效果等基本要素的管理，是对政府的公众传播沟通活动进行决策、计划、组织、指挥、控制、协调和监督，以提高政府的美誉度，塑造政府的良好形象，争取公众对政府工作的认同、理解和支持，最终实现政府目标。政府公共关系管理是现代行政管理活动的一个组成部分。就其基本性质而言，政府公共关系管理包括以下四层含义。

（一）政府的信息管理

政府的信息管理是指政府组织与社会公众之间信息流通的管理。在现代社会，政府组织与社会公众之间信息流通量日益增大。一方面，各种社会信息对政府组织的决策和行为的影响作用越来越大，面对着日益膨胀、大量涌入的社会信息，如何通过过滤、提炼、分析、整理来去粗取精、去伪存真、由此及彼、由表及里，提高政府对公众信息的利用质量和效率，这是公众信息管理的基本功能；另一方面，政府组织对公众环境的信息输出质量要求也越来越高，如果缺乏完善的信息输出管理机构和管理机制，就难以适应开放、多元、民主和竞争的社会环境。

（二）政府的公众舆论管理

舆论是公众信息的一部分，是一种集中的、强化了的公众信息。它是社会上大多数人对政府组织的看法和意见的公开表达，表示着大多数社会公众对政府组织的基本态度和行为，是衡量政府组织公共关系状态的重要标志。任何政府组织都生存在特定的公众舆论环境之中，其政策和行为既受公众舆论的左右和影响，又影响和左右着公众舆论，特别是在当今这个大众传播时代，公众舆论变得日益敏感，公众舆论对政府组织的压力也日益增强。通过政府公共关系去影响人们的看法、意见、态度和行为，为政府组织营造一个适宜和良好的公众舆论环境，是政府公共关系管理的重要职责。

（三）政府的公众关系管理

政府公众关系特指政府组织与社会公众相处和交往的行为和状态，其对象包括一切与政府组织的目标和政策存在现实或潜在关系、直接或间接关系的社会个体、群体或组织。它们是政府组织赖以生存和发展的社会生态环境，制约着政府组织目标、政策和行政行为的成败。在现代社会，政府组织的公众关系日益复杂多变，对公众关系的开发、疏通、建立、维持、协调、发展是政府公共关系管理的重要任务。

（四）政府的公众形象管理

政府的公众形象是政府实力和表现在社会公众中获得的认知和评价，即政府的社会认知度和社会信誉度，这是现代政府的一种无形资产和无形财富。政府公共关系通过对政府组织各种形象要素的设计、规划、控制和传播，对政府的社会认知度和社会信誉度进行创作、维护、调整和提升，以此科学地调控和管理政府组织的公众形象姿态，这是现代政府管理所面对的一个新课题。

二、政府公共关系的特征

政府公共关系的特征可概括为以下五个方面。

（一）主体的权威性

政府公共关系的主体有广义和狭义之分。广义上的主体指各级政府机关及全体公务员。

狭义的主体有两类：第一类指那些公共关系性质很强的政府机构，如新闻处、秘书处、信访办、外事办、经协办、统战和宣传部门等。这类机构虽没有以公关命名，实际上已经是具体负责某一方面的政府公关工作的职能部门。第二类指以公关命名的政府机构。当政府把政府公关作为一项专门的管理职能从其他工作中分离、独立出来，就产生了统一执行各项公关职能的专职政府公关机构。

政府是从社会中独立分化出来又居于社会之上的特殊社会权威管理组织，其区别于其他社会组织的突出特征就在于它拥有极大的权力，具有权威性。它可以制定政策，颁布法令，并可强制推行。同时，政府还具有唯一性。在一般情况下，同一国家或同一地区只有一个政府，它往往处于独一无二的位置。

政府公务员以政府的名义工作，其工作能力、服务态度、廉洁状况以及办事效率都会直接影响政府的整体形象。因此，不仅公关职能部门的公务员要从事公关工作，而且政府内部的每一个人都应该具备较强的公关素质，自觉把公关理念和精神融于本职工作中，只有这样，才能提高人民对政府的认同感、信任感，自觉维护政府权威，服从政府领导，支持政府工作。

(二) 客体的复杂性

政府公关的客体，即政府公关工作中信息沟通与传播的公众对象。政府公关的客体包括内部公众和外部公众两大部分。

(1) 内部公众是政府机构内部的一切工作人员，政府公关应首先以他们为对象，通过良好的沟通，增强政府机构的凝聚力。

(2) 外部公众泛指政府所面临的广大社会公众，包括其他国家机关，如国家权力机关、司法机关，以及各民族、各阶级、各党派、各种社会组织和群众团体等，此外还包括广泛的国际公众。

政府公共关系客体不仅数量庞大，而且显现出极其复杂的结构。以一定的利益关系为基础而结合在一起的社会公众，又可划分为不同的利益群体，政府必须有针对性地开展公关活动，重视和加强与各类公众之间的双向传播和沟通，了解公众对政府的期望，倾听其呼声，及时向公众报告政府的施政内容，正确周详地解释政府出台的政策和作出的行政行为，根据公众的需求不断改善政府的各项工作，树立全心全意为人民服务的良好政府形象。

(三) 目标的独特性

政府公共关系目标的独特性主要表现在三个方面：

(1) 促进公众的认知是政府公关的首要目标。政府是一个国家或地区的权威管理组织，以强制性的权力贯彻路线、方针、政策，如果广大公众经常对政府内部运作状况和决策过程缺乏足够的了解，就容易拉大政府与公众之间的心理距离，产生隔膜和误解，从而给政府政策的制定和执行造成困难和障碍，也不利于良好政府形象的树立。政府公关可增强公众对政府机构设置、运作状态及决策过程的认知，提高政府管理的透明度，影响公众的看法、意见和行为，密切干群关系，增加彼此间的信赖，为政府营造一个良好的公众环境，树立良好的政府形象。

(2) 政府开展公共关系活动的另一重要目标是提高政府的知名度和美誉度。对企业等其他一些社会组织来讲，提高知名度和美誉度都是其开展公关活动的主要目标，而政府对本国公众而言，几乎不存在知名度的问题。对国际公共关系来讲，各国政府在激烈的国际竞争中，都需要提高国际地位与声誉，以便更好地吸引外资，吸引旅游者，吸引人才，推动本国经济的发展。

(3) 政府开展公关活动的最终目标是提高社会效益，其价值追求表现为公共取向，而企业和其他许多社会组织一般都以本组织利益为取向。

（四）传播的优越性

一般而言，与其他社会组织相比，政府公共关系的传播条件最为优越，表现在：

(1) 政府掌握了大量的大众传播工具。在我国，主要新闻、出版单位和广播、电影、报纸等大众传播媒介在政府的管理之下，这在客观上给政府公共关系传播计划的顺利实施提供了有力的保障，政府可以通过各种传播媒体，从各个角度大量、反复地传播某种信息，加强公众印象，提高公众传播的效果。

(2) 政府的传播工作严密而有效。政府机构虽然庞大复杂，但组织严密，信息的传输网络四通八达，其信息末梢延伸到社会的每一个角落，因此，无论纵向传播还是横向传播，无论上行传播还是下行传播，信息都能畅通无阻，准确及时到位。这也为政府收集信息、了解公众、反馈意见等方面提供了便利条件，特别是在互联网普及的环境下，政府网上公关将成为一个热门渠道。政府可以通过政府网站或公共网站收集和传送信息，在电子空间中实现组织与公众之间的双向互动式全面沟通；政府可以在网上介绍自己的路线、方针、政策和机构设置、人员配置，公布官员讲话和政策公告，使政府的公关传播更为便捷，有利于提高政府公关效率。

（五）性质的民主性

真正意义上的政府公关是现代政府民主管理性质的体现，从深层次来看，政府公共关系是实行民主政治不可缺少的手段。社会主义国家的政府是由社会主义民主政治制度所产生的民主政府，我国政府的公共关系作为一项行政传播管理职能，是以社会主义民主政治关系为根本依据的。政府公共关系不仅是政府为了全心全意为人民服务而设立的一项新型行政管理职能，而且是人民议政、参政、当政的一种实际方式，是实现人民当家做主的途径之一。

观点链接

政府公关的功能

政府的公共信息官员像其他的公关从业者一样，希望通过一个战略公关过程促进他们代表的机构与公众间的相互理解。他们必须监测公众舆论，规划和组织公关活动，为内部和外部受众提供信息，并评估整个过程的效果。

政府公关最基本的功能是帮助确定和实现政府计划的目标，提高政府的反应能力和服务水平，并且为公众提供充分实现自我管理所需的信息。公共信息官员的目标是增进公民与政府间的合作与信任。这反过来又要求政府平易近人，有责任心，言行一致且讲信誉。

资料来源：[美] 丹·拉铁摩尔等著，朱启文等译：《公共关系：职业与实践》，357～358页，北京，北京大学出版社，2006。

三、政府公共关系的开展

政府公共关系的任务是加强与公众的双向沟通传播，促进公众对政府的了解、理解和信任，树立良好的政府形象，争取公众的拥护、支持与合作，营造政府工作的良好人文环境。具体体现在两大方面。

（一）完善公众传播机制，推动社会主义民主政治建设

政府公共关系工作是社会主义民主政治操作系统的一个组成部分，它是通过健全和完善政府与公众的沟通渠道和传播机构来实现的，主要包括及时、广泛地了解舆情民意，提高政府工作的透明度，鼓励公众积极地参政、议政，实现政府和公众之间的双向沟通等。

1. 了解民意，为制定政策提供依据

现代民主政治高度重视舆论和民意，视舆论和民意为政治性和行政性决策与行动的根据。重视舆论就必须重视与公众的沟通，就必须建立各种有效的渠道去了解民意、跟踪民意和反馈民意。了解和反馈民意的渠道和方式是多种多样的。

（1）通过信访渠道直接了解民意。

长期以来，各级政府的信访工作部门在做好人民群众来信来访工作方面，发挥着重要的政府公关职能作用。公众通过写信、访问的形式向政府有关部门反映问题、意见和要求，以便得到政府的有效答复和解决。一般来说，信访行为往往是超越正常的行政程序的一种越级沟通，是公众直接与有关主管部门和领导的主动沟通，是一种送上门来的群众工作。这是政府了解民意和公众动态的一条重要渠道，可以使政府领导和有关人员有机会直接了解公众动态，听取群众的呼声，了解民众情绪，掌握社会脉搏。建立和完善信访工作制度，是政府公共关系工作的一个重要内容，应该配备具有良好公关素质的干部专职负责。

接待来访的注意事项有：

1）热情接待。信访工作人员是代表政府机关的，要注意热情接待来访者，给对方留下良好的印象。

2）认真听记。请来访者填写来访登记后，耐心听取和记录来访的意见。将主要问题或重要情节复述一遍，并向来访者交代一般的处理方法和程序。

3）恰当处理。及时将来访者的意见整理归纳，反馈给领导或有关部门，协助解决，并将处理意见通知来访者；暂时不能处理的，须作出合理解释，保持联络，待处理后再回复。

4）重点回访。对有影响的来访者可重点回访，深入地征询意见。

为了使一般老百姓能有机会直接与政府官员沟通，也可以建立行政首长接待制度（如市长接待日、局长接待日等）或专访接待制度（如离退休人专访日等）。

（2）通过民意测验了解公众的意见。

政府应该通过民意测验来了解公众的基本态度和意见，为决策提供更充实可靠的根据。为了使民意测验的结果更加客观公正，最好委托中立的专业机构来进行，如专业的调查研究公司和民意测验机构、传播媒介和舆论研究机构、公共关系公司或广告公司、大学里的相关研究机构等。这些机构应严格地按照科学、规范的抽样调查手段，对政府委托的调查项目进行调查。其结果可直接提供政府决策者参考，或同时委托新闻界公布。

进行基层访问和典型调查是了解民意的一种传统方法，政府的有关负责人或专门机构的工作人员应直接深入社会基层，到民间察访，了解民情，倾听各类公众的倾诉；或用“下马观花”的方法，到某一地区或单位蹲点调查，研究典型。这种方法虽然较为费力，

但有利于与公众沟通了解，塑造政府以人为本的良好形象。

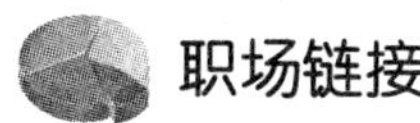

职场链接

2003年政府应对SARS事件回顾

2002年11月，中国第一例非典病例于广东佛山出现。

2002年年底，非典开始在中国南部广东省传播流行，并相继导致部分医疗系统人员受到感染，甚至死亡，有关致命传染病的消息通过非正式渠道在广东传播。

2003年春节长假后期，广东进入SARS病发高峰期，关于非典型性肺炎传染并死人的惊人消息开始在广东大范围传播。

2003年2月8日—10日，随着传统新闻媒体受体制所限保持沉默、政府权威部门声音缺失，关于非典的传言通过电话、短信、互联网迅速扩散并越来越耸人听闻。

2003年2月10日，政府开始解禁，媒体终于获得许可对非典进行公开报道。媒体的大规模介入迅速扼制了已在广州市民中蔓延多日的恐慌，对板蓝根、白醋、口罩的抢购也于12日基本平息。

2003年3月初，非典疫情发病区域发生转移，由粤、港转向北京。

2003年3月5日，全国“两会”在北京召开，新闻媒体对非典疫情的报道再度“集体失语”。

2003年3月18日，“两会”闭幕，美国对伊拉克开战，非典继续在中国肆虐。

2003年4月2日，世界卫生组织发出55年来的第一次旅行警告，劝告人们不要前往广东和香港。

2003年4月3日，卫生部部长张文康举行记者会进行回应，声称中国非常安全，非典疫情已经受到有效控制，北京只有12例“非典”。

2003年4月9日，北京市民蒋彦永对非典疫情实情进行披露的信件在海外新闻媒体及网站上刊登。一时间，“中国新闻封锁导致SARS蔓延”等评论纷至沓来，中国政府承受着巨大的国际压力。

2003年4月，各省市相继出现非典病例，非典在全国范围内爆发，形势万分危急。

2003年4月17日，中央终于作出果断决策，全民动员抗击非典。

2003年4月20日，中国迎来抗击非典的转折点：非典被列入法定传染病；张文康、孟学农被免职；全国非典疫情要求一天一报。

2003年4月20日之后，全国形势开始明朗，抗击非典取得最终胜利。

2003年6月24日，世界卫生组织宣布结束对中国的旅游警告。

资料来源：http://info.1688.com/detail/1027734474.html。

2. 政务活动公开，提高行政工作透明度

政府公共关系工作除了要广泛了解民意、民情外，还要争取公众对政府情况的了解，实现通畅的双向沟通。政府应加强自身的传播工作，提高工作的透明度，满足公众的知情权。为此，主要做好以下几方面工作：

(1) 建立政府新闻发布制度。

政府行政管理工作涉及大量公共事务，与广大公众日常生活密切相关，如交通、治安、环境、卫生、住房、医疗、社会福利和保障等，需要经常答复公众的咨询；遇有重大的活动和事件，如重大社会危机事件、新的财政预算报告、重大工程立项、重要的外事活动、新制度与新法律的出台、政府领导人的人事变动等，更需要及时对公众广而告之。政府的新闻发布制度就是适应上述需要而建立的传播沟通机制。

1）需要建立和完善政府发言人制度。政府发言人是政府正式授权、代表政府向新闻界和公众发言的全权代表。在遇到重大问题或在必要时，政府的行政首长不能回避公众，要直接出面应对公众舆论，应对新闻界。这种政府发言人制度不但适用于政府最高层次，而且适用于具体的职能部门层次，特别是那些主管业务与社会公众有较密切联系的部、厅、局，都有必要指定正式的发言人，以便代表某个具体部门（如城建、交通、公安、环保、人事等政府机构）的行政首长对外发言，并具体分担政府最高层次发言人的工作压力。

2）完善政府新闻发布工作的内容，主要是保持政府消息来源的畅通。政府新闻工作机构首先要消息灵通，要与政府内部各机构、与新闻单位以及社会上各类企事业组织的公关部门保持密切联系，以便及时获取第一手的可靠消息。

3）做好新闻分析综合工作。对社会舆论的敏感问题，如治安、交通、环保、物价、水电、气象等消息，政府新闻工作机构要及时做好综合分析工作，并与有关部门保持热线联络，随时核实进一步的信息；涉及授权范围之外的重大消息，应及时报告主管行政首长；常规性的信息也应及时通报各有关政府部门和新闻单位；政府发言人要随时回答新闻界的咨询。建立政府新闻发布制度后，政府的新闻工作机构就成了政府消息权威来源，成为新闻界查询、咨询的焦点，因此要保证这条权威渠道畅通无阻，随时为新闻界提供新闻资料、图片等，对收到的消息进行核实与查询，并接待好海内外来访的记者。

4）实行例行的新闻发布。政府公共关系工作应该建立例行的新闻发布制度。这种例行的新闻发布定期举行，由政府新闻处官员实施，可以以口头形式或书面公告形式进行，以“发布”和“告知”为主，不一定需要回答记者的问题，时间比记者招待会短，例行的发布会派发新闻通稿。

5）安排专访。就重大的议题，邀请或安排有特别影响力的媒体进行独家采访，对高层官员进行深度访问。政府的新闻官员要为专访做好一切准备和安排。

（2）加强电子政务建设。

行政组织的规模越大，结构越复杂，政府人员与公众之间的距离就越大，沟通就越困难，公众对政府的神秘感也就越强，了解也越少。为了加强公众对政府的了解，避免因为缺乏了解而造成误解，政府有必要利用现代网络技术，加强网站建设，建立健全政府电子政务内容，充分发挥网络的便捷沟通渠道作用，努力提升行政运作的透明度。

1）遵循“透明、服务、民主”的原则，推动和谐社会建设步伐。把过去站在政府的视角办网站，转变为站在服务对象的视角建设政府网站，把网站定位为“政务公开的窗口、服务社会的平台、提高效能的工具”，突出“信息公开、在线办事、公众参与”的功能，使政府网站服务进一步贴近公众需求，为社会公众开辟方便快捷的新服务窗口，把政府变为全天候职守的“网上政府”，为和谐社会建设作出贡献。

2）实施政务信息公开，提升门户网站公共服务水平。信息在网络上发布具有时效性与传播的广泛性，通过政府门户网站发布政务信息已经成为各级政府信息化建设水平的标志。政府要及时上网发布政务信息，方便社会公众了解政府，推动“阳光政府”建设，通过政务信息的多角度发布，逐步实现政府财权、事权、人事权的公开。

3）推进政府网上办事，提高门户网站公共服务能力。政府网站的在线办事功能，是反映政府网站功能定位的重要组成部分，更是政府网站建设的核心内容。为使社会公众能够通过政府门户网站，更方便地享受到各种公共服务，政府需要对网上办事程序予以完善、明确，公开每一条办事指南，包括事项名称、办事程序、办理机构、办理地址、联系方式、提交材料、办理时限、收费标准、审批依据、相关表格等，方便社会公众足不出户办理各项事宜。

4）深化网上政民互动，进一步畅通门户网站沟通交流渠道。建立健全政府网站的政民互动渠道是电子政务建设中的一项重要任务，政府要高度重视政民互动内容建设，在网站上通过设立领导信箱、投诉信箱、建议信箱、在线交流等栏目，使政民的沟通渠道保持畅通，对公众关注的热点问题，要有专人与网友进行面对面沟通，确保政府网站真正成为群众倾诉和解决问题的一个重要渠道。

3. 拓宽社会沟通渠道，吸引公众参政议政

一个社会的开放度越高，公众对政治生活的参与性就越强；公众对政治生活的参与性越强，政府机构与公众的双向沟通就越重要。因此，拓宽社会沟通渠道，让公众的意见有比较充分的机会公开地表达出来，不仅能够使政府及时、广泛地了解各种不同意见，为制定政府政策提供依据，而且能够使各种潜在社会摩擦与冲突在“微调”的状态中得到释放和缓解，避免因长期压抑或积聚而引发冲突和震荡，有利于形成既生动活泼，又稳定和谐的政治局面与社会秩序。

（1）社会协商对话。围绕公众关心的重大问题，政府机构负责人可以与有关的公众群体或团体进行平等、直接、公开的对话，面对面地听取公众的意见，回答公众的问题。这种社会协商对话会大大减少信息失真的问题，为领导在重大问题上直接了解公众的意见，为公众直接向领导反映自己的看法，提供了一条有效的沟通和表达渠道。社会协商对话，除了要进一步发挥人民政协、各民主党派、各群众团体（工会、妇联、青年团等）传统的协商对话渠道的作用，还要进一步拓宽其他社会沟通的渠道，适当开展形式更为自由的公众咨询对话活动，吸引更多的公众以主人翁的精神参政议政。

（2）公众议政活动。利用现代各种大众传播媒介，为社会沟通提供具有更为广泛参与性的方式。政府可以在媒体上围绕政府“头痛”或公众关心的热点问题，动员公众献计献策，集思广益，这也是政府公共关系的一种形式。比如，举办公众咨询日活动、“公众论坛”、“城市论坛”等，让公众直接为政府提意见，吸纳社会智慧，推动各种问题和矛盾更快、更好地解决。

（3）公众投票公决。投票是公众表达个人意见的一种民主方式，投票不仅仅用于选举代表，也可用于表决重大的社会政治问题。某些重大问题交由全体公民投票公决，也是一种政治参与的重要形式。

（二）完善公共行政服务，树立人民政府良好形象

政府公共关系的主要目标是提高政府的威信，增进人民群众对政府的信心和好感，树立政府的良好形象。为此，要从以下四方面入手。

1. 公众至上，双向沟通

政府公关工作首先要确立“公众至上”意识，这与现代化公共关系意识和精神是完全

一致的。服务人民、公众利益至上是我们社会主义国家的根本宗旨。在现代社会，每个人都接受着政府提供的一系列公共服务，政府一系列服务的质量高低已成为公众认识政府形象的一扇重要的窗口。

树立政府工作人员的“公众至上”意识，重点在于关注群众需求，倾听群众呼声，加强政务公开，体现政府的“公众至上”意识和真心实意为公众服务的态度。政务公开是政府与公众实行双向沟通的一种必要方式。双向沟通加深了政府与公众相互间的了解，缩短了彼此间的心理距离，有利于密切政府与公众间的血肉关系。

2. 多办实事，取信于民

全心全意为人民服务是政府公共关系的宗旨，广大人民群众的实际利益是政府的最高利益。在一般情况下，群众是以现实的、看得见、摸得着的“实惠”作为对政府官员政绩评判的标准，只有勤政为民，多为群众办实事、办好事，才能得到群众真心实意的拥护。因此，政府应该将公众最关切、意见最大、最迫切需要解决的问题作为办实事的重点，限期解决，取信于民，同时完善各种便民措施，提高工作效率，改善服务态度。人民政府是为人民服务的，必须给予人民群众以极大的热忱和方便，改变那种“门难进，脸难看，话难听，事难办”的官衙门现象。凡是与公众有关的行政工作程序，都应该以方便公众，提高效率的原则来安排，努力为公众创造一个轻松、亲切的办事环境和气氛。

3. 言必行，行必果，讲求信誉

政府应制定和执行有利于公众切身利益的社会、经济政策。只有保持政策稳定，才能取信于民。政府的政策牵涉千家万户，涉及社会全局，如果朝令夕改，政策多变，说了不做，就会失去信誉，失去民心。因此，没有把握就应该做到的不说，说了就要做到；因主客观原因无法实现的，要有诚实的交代；已经实现的要及时向公众报告。对公众的质询和申诉，要作出负责任的答复，答复之后要认真地跟踪查办落实。公众对政府官员总是“听其言，观其行”，因此，政府能否说到做到很重要，它会直接影响政府及其官员的声誉和形象。

4. 加强廉政建设，纠正不正之风

在改革开放和市场经济的条件下，政府必须不断加强廉政建设，克服官僚主义，消除腐败现象，这样才能保持政府的良好形象。政府中极少数工作人员利用职权，搞权钱交易、贪污受贿等，严重玷污了人民政府的形象。要根除这类丑恶现象，除了依靠国家的法律手段和行政监督手段之外，还要形成社会监督的机制，发挥公众舆论监督、新闻舆论监督的作用。为此，需定期向公众公布政府人员的政绩，公布政府人员尤其是领导干部的经济待遇和福利标准，并适当向公众介绍政府官员的日常工作和生活情况，一方面将官员直接置于公众和舆论的监督之下，另一方面使公众有机会正确地了解政府官员。

第三节　医院、学校等组织的公共关系

一、医院公共关系

医疗制度改革的不断深化，打破了医院原有的管理模式，公立医院与民办医院之间、公立医院相互之间的竞争日趋激烈，医院的公共关系建设随之提上议事日程。医院与其他社会组织不同，它的主要公众对象是患者。因此，医院公共关系的主要工作除了与其他社

会组织一样要处理好与职工的关系、与社区的关系外，更需要与患者及其家属进行沟通，以赢得社会公众的信赖。

（一）与患者沟通

患者如同商店里的顾客，是医院的“上帝”。虽然医院是非营利组织，但患者的医药费用也能弥补医院的部分开支，以维持其发展，因此，医院与患者之间的沟通是医院公共关系的主要工作。

与患者沟通要做好以下几点工作：

（1）医生询问患者的病情要仔细、耐心，对患者的生活起居要体贴、关心。

（2）医院印制一些宣传资料，介绍医院的医技水平，使患者对医院充满信心。

（3）医院公共关系人员和行政人员要经常深入病房，与患者或家属交谈，听取患者或家属对医院的评价或意见，或者反馈患者或家属提出问题的处理结果等。

（4）医院对患者要做到一视同仁，平等待人，不因其地位、身份的高低，财产的多少而采取不同的态度。

（二）与新闻媒介沟通

由于医院的特殊性质，医院内发生的重大事件，如医疗事故、改革举措、救死扶伤的典型事迹等经常成为媒介关注的重点。新闻媒介对医院的声誉、形象影响很大，因为外部公众主要是从新闻媒介的报道中知晓医院的情况的。为树立医院的良好声誉和良好形象，医院要把有利于树立医院形象的重大事件及时通报给新闻媒介，如救死扶伤的先进事迹、先进设备的引进、高超医技的发挥、医务人员的良好医德表现、医院的优美环境等。

二、学校公共关系

这里的学校主要指培养具有专业知识和专门技能人才的各类大专院校。学校肩负着为国家培养建设者和接班人的历史重任。随着改革开放的扩大，市场经济的发展、完善，教育体制改革也不断深化，竞争机制被引入学校，打破了学校教育从经费到招生、分配都由国家统配统包的计划模式，使各高校之间的竞争越来越激烈。只有教育质量高、信誉好的学校，才能在竞争中吸引优秀教师、优秀生源，优先获得科研项目以及经费等。而且，当今的学校与社会其他组织一样，处在一个开放的社会大系统中，与社会各方面的联系日益加强，面临的公众关系极为复杂。学校的发展要适应这种新形势的需要，必须运用公共关系这一新的管理方法。学校公共关系的开展，对于国家教育事业的发展具有重要意义。

保证学校与社会公众之间双向信息传播渠道的畅通，是学校公共关系工作的根本目的。为实现这个目的，学校公共关系应做好以下工作。

（一）建立信誉，树立形象

经济的飞速发展使社会亟须各类人才，为适应这一社会发展的需要，教育事业也加快了发展的步伐。教育领域除既有的普通全日制教育在扩大办学规模外，各类民办院校也雨后春笋般地发展起来。高等学校形成了一定的竞争态势，学校公共关系有了内在的需求。学校需要运用大众传播媒体宣传自己，使社会了解学校的专业设置、教学形式、教学质量、人才培养等情况，提高学校在社会上的知名度，以赢得社会的信任，以此吸引更多、更好的师资和生源，创造最佳效益。

（二）加强联系，争取社会支持

现代社会的一大特点是开放性，对学校来说，横向交流是向外发展的一条重要渠道，也是学校对外公共关系的核心。高校学科门类齐全，仪器设备精良，人才济济，知识密集，在完成教学任务的前提下，学校可以利用自己的优势为社会提供服务，通过各种形式的社会服务，加强学校与社会各方面的联系，既有利于塑造学校的良好形象，又有利于学校的各项措施得到社会的理解与支持，促进学校的发展。

学校在与社会各界建立广泛联系时，尤其要注重搞好与新闻界的关系，利用新闻媒介发布信息、宣传自己，使学校为社会所了解。学校开展的各项活动（如隆重热烈的校庆活动、极具价值的学术交流活动）、重大科研成果、获得的各种奖励、学校毕业生杰出代表的情况等，均可通过新闻媒介进行报道，或以新闻发布会、记者招待会的形式主动通知新闻机构，引起社会的关注。总之，学校密切与新闻界的联系，有助于营造高校良好的发展环境。

观点链接

大学的本质

公共关系负责人的主要职责之一，是要向（不同）群众传达教育机构的特色，以避免基于不了解所产生的不良影响，并促成因了解而形成正面影响。一所大学必须拥有足够的资源与自由，才能始终善尽职责，并从事教育、研究与服务任务。公共关系部门必须尝试协助去教育民众，促使他们了解、赏识、包容并保卫大学的绝对必要的自由，让学生和学者都能够在没有任何限制的环境下从事学习，追求真理。民众必须适当接受信息，他们必须了解大学的真正功能，如此民众才能学会珍惜学术自由，并能够进行监督，尤其是当社会处于亢奋混乱与焦躁不安的时期，更需要这股力量的支持。

资料来源：[美] 菲利普·莱斯礼主编，石芳瑜等译：《公关圣经》，743页，汕头，汕头大学出版社，2004。

（三）提高教学科研水平，培养高质量人才

一个学校的教学科研水平关系着学校的社会形象，更关系着人才培养的质量。学校公共关系工作要充分发挥传播沟通的作用，把握社会发展状况及科学研究的动向，使学校的科学研究保持先进水平，同时收集社会对学校培养人才的建议和要求，加强教学改革，提高教学质量，为社会保质保量提供人才。

毋庸置疑，高校毕业生是高校教育质量的试金石。培养合格人才，必须要与社会各用人单位加强沟通联络，建立实训或实验基地，根据用人单位对人才培养的合理建议，调整专业结构和教学计划，努力培养高素质的人才，实现人才的合理安排和利用。

三、社会团体公共关系

社会团体是指具有共同追求或背景的人们为实现某种社会愿望或满足某种需要而自愿结合形成的非营利性组织。

在现代社会中，社会团体组织众多，遍及社会各个阶层、各个领域；成员庞大，包括各种职业、行业的人群。这些种类繁多的社会团体大致可分为三种类型：第一类是包括工人团体、农民团体等在内的群众性团体；第二类是包括各种协会、学会，如科技协会、秘书学会等在内的专业学术团体；第三类是由游泳协会、钓鱼协会等构成的志趣型业余爱好者团体。社会的发展变化使组织面临的公众关系日益复杂，社会团体只有协调好与各类公众的关系，与公众沟通信息、保持联系，才能适应环境的变化，争取到社会各界的理解、支持、帮助与配合，才能保证组织顺利发展。

社会团体的成员分布在各行各业，具有广泛的群众性特点，利用这一优势，社会团体公共关系在国家政治生活中可以发挥出积极作用。社会团体因成员众多，能及时地获取来自各方面的信息，经过分析、处理，一方面，可将党和政府的方针、政策向各团体成员宣传、推广，另一方面，可将公众反映的实际困难和问题、提出的意见和建议传递给党政领导部门，起到沟通上下情况、传播横向信息的桥梁作用，促进和谐社会的建设。

社会团体公共关系的主要内容包括如下两方面。

（一）对内开展各种形式的公关活动，做好内部信息沟通工作

社会团体开展公共关系工作，首先要加强内部公众的沟通与理解，形成内部的强大凝聚力。社会团体内部公关活动的方式很多：利用团体自己拥有的报纸、杂志以及团体内部交流的墙报、简报，向团体成员传递有关的各种信息，沟通团体成员的感情，团结、教育、帮助老成员，吸引新成员，巩固和壮大组织的队伍；通过成员（代表）大会、学术年会的方式向组织成员提供双向沟通的机会；利用会议交流，充分了解成员的想法、需要，并对成员解释组织的信息，使成员与组织相互沟通、相互了解；举办各种有意义的社交活动，密切成员之间、成员与组织之间的联系，培养成员的集体意识及对团体的信赖感。

（二）对外开展公共关系宣传，争取社会的理解与支持

社会团体可以运用自己拥有的新闻媒介宣传自身，还可以召开新闻发布会，邀请记者前来采访重要事件或英模人物，向新闻界提供有关材料，充分利用新闻媒介传播组织形象，提高社会团体的社会地位。经过精心策划，开展公关活动，制造新闻事件，是社会团体借助新闻媒介塑造形象的又一方式。社会团体通过兴办社会公益事业、开展社会公益活动引起社会的关注，引发社会公众的好感，以得到社会各界的支持。同时，还可以借机制造新闻，利用新闻媒介的报道，使组织的形象以及组织对社会的贡献广为传播，为树立和谐文明、充满爱心的社会风气发挥积极作用。

本章小结

由于社会组织的性质不同，运用公关的手法也就不同。企业公关注重公众利益优先，关注经济利益，以营造组织环境为目的；政府公关偏重于拓宽沟通渠道、完善公共服务等方面；而学校公关、医院公关和社会团体公关则紧密贴近其行业特性。但无论怎样，社会组织都开始尊重公众，把公众作为自身重要的工作内容来考虑，这是我们社会的一个重要的进步。

职业实训

1. 案例剖析

“绿色交通”改变城里人出行方式

随着上海轨道交通网越织越密，越来越多的人成了“地铁一族”，然而其中不少人为换乘不能做到“点对点”而发愁：一公里距离，选择打车，成本太高；选择步行，成本低

却耗时耗力。这令人尴尬的“一公里”，是否有更合适的交通方式?

2009年3月26日，作为上海市闵行区政府十大实事项目之一的自行车免费租借服务项目正式启动，这标志着一种新的生活模式正在闵行区变成现实——早上出门在小区门口免费租赁一辆自行车，骑到地铁站点后还到指定网点，晚上回家时还能免费骑回小区。

如何辅助、配套现有的城市公共交通体系，为居民便捷出行再出一把力?闵行区建交委想到了经济而便捷的自行车，并建议在全区范围内实行自行车免费租赁。这一建议很快被列为该区2009年实施项目——区政府投入5 000万元，计划到2009年年底建成免费租借网点200个，投入自行车数量将达1万辆，并通过购买服务的方式聘请相关专业公司进行管理及维护。

免费是这项自行车租借服务的最大特色。闵行区市民只需办理一张诚信卡，就可免费租用自行车，不收费用，无须抵押，整个取车、还车都建立在诚信的基础上。一旦居民守信归还自行车，诚信卡中的积分就会相对增加，并会记入居民的个人信息档案中。

据介绍，这个项目配备了目前国际上最先进的自行车自助租赁终端，可实现网点无人化24小时值守，并提供即时便捷服务;同时，它还采用了全智能化中央管理系统，是目前世界上唯一能实现对自行车使用、调度、保障、后勤维护及突发状况实时掌握和快速反应的先进管理体系，该项目的全套设施及运营均由全球最大的自行车免费租赁服务运营商提供。

在现场的随机调查中，有超过9成的市民对免费自行车租赁服务表示欢迎，认为这种方式不仅解决了市民来回居民区和轨道交通站点的短途交通难题，而且十分节能环保。

资料来源：http://news.163.com/09/0402/07/55SJQ6C2000/20GU.html。

认真阅读案例，回答下列问题：

(1) 闵行区政府的这种做法产生了什么样的社会效益?

(2) 诚信卡的办理对使用免费自行车的人产生了什么样的影响?

(3) 从这个案例中，我们可以感悟到公共关系怎样的魅力?

2. 职场模拟

信访接待员：又是一天开始，我知道自己责任重大，一定要当好百姓的服务员，做好公仆工作。

老农：是信访办吧?

信访接待员：是啊，大爷。您好，快请进，坐下喝点水。

老农：不忙，不麻烦了，我只想说个事。

信访接待员：好，您喝点水，您说。

老农：我家的水塘承包了10年，合同承包期是30年，最近听说不让承包了。村里已经把那块地全部卖给开发商了，你说这怎么办啊?

信访接待员：您是哪个村的?具体情况怎么样?

……

按照基本接待程序继续扮演。

3. 能力训练

(1) 试为你所在的小区（或村子）设计1～2项公益事业或取信于民的公关活动，要求写出调查报告、策划方案、预算与评估情况等。

（2）根据所学知识为你所在的学校设计 1～2 项公共关系宣传活动。

（3）以义务协警员或义务安全员身份向学校同学宣传安全的重要性，请他们自觉遵守交通规则或注意个人安全，并解答他们的提问（特别重要）。

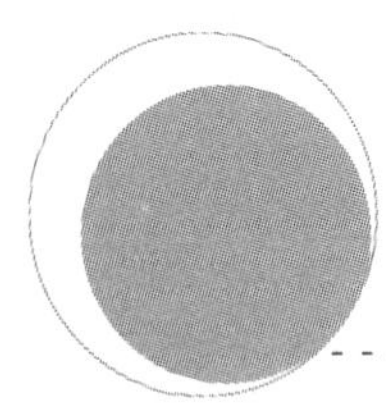

参考文献

1. ［美］斯各特·卡特里普等. 公共关系教程. 北京：华夏出版社，2001.

2. ［美］伦纳德·萨菲尔. 强势公关. 北京：机械工业出版社，2002.

3. ［美］阿尔·里斯等. 公关第一、广告第二. 上海：上海人民出版社，2004.

4. ［美］克里斯·杰纳斯. 赢取信誉——如何成为优秀的公关专家. 北京：人民邮电出版社，2003.

5. ［美］弗雷泽·P·西泰尔. 公共关系实务. 北京：机械工业出版社，2004.

6. ［美］菲利普·莱斯礼. 公关圣经. 汕头：汕头大学出版社，2004.

7. ［美］艾伦·森特等. 森特公共关系实务. 北京：中国人民大学出版社，2009.

8. 明安香. 当代实用公共关系. 北京：经济管理出版社，1991.

9. 于里. 国际公众关系原理与实务. 北京：中国工商出版社，1996.

10. ［美］韦尔伯·施拉姆. 大众传播媒介与社会发展. 北京：华夏出版社，1990.

11. 廖为建. 公共关系学. 北京：高等教育出版社，2000.

12. 熊源伟. 公共关系学. 合肥：安徽人民出版社，2003.

13. 王琪. 公共关系学基础与实务. 西安：西北大学出版社，2003.

14. ［加］马歇尔·麦克卢汉. 人的延伸——媒介通论. 成都：四川人民出版社，1992.

15. 陈靖. 公共关系实务操作. 北京：高等教育出版社，2000.

16. 李建荣，王克智. 现代公关理论与实践. 北京：高等教育出版社，1997.

17. 李道平等. 公共关系学. 北京：经济科学出版社，2000.

18. 段文杰. 公共关系实例与运作. 北京：高等教育出版社，1999.

19. 余明阳，陈先红. CIS 教程. 北京：中国物资出版社，1995.

20. 汪秀英. 公众关系学原理与应用. 北京：中国商业出版社，1991.

21. 居延安. 公共关系学. 上海：复旦大学出版社，2001.

22. 丁军强. 公共关系原理与实务. 北京：北方交通大学出版社，2002.

23. 杨哲昆. 旅游公共关系学. 大连：东北财经大学出版社，1999.

24. 张百章. 公共关系案例. 北京：中国财政经济出版社，1998.

25. 胡锐等. 公共关系策划. 杭州：浙江大学出版社，1997.

26. 曹光四，雷金火. 公共关系学. 北京：中国商业出版社，1997.

27. 张百章，何伟祥. 公共关系原理与实务. 大连：东北财经大学出版社，2002.

28. 刘用卿，段开军. 公共关系学. 重庆：重庆大学出版社，2003.
29. 杨晋安. 公关广告. 西安：西安交通大学出版，1994.
30. 张遒英. 公共关系学. 上海：同济大学出版社，1999.
31. 周安华，张新胜. 公关技巧与实战大观. 北京：北京工业大学出版社，1993.
32. 天行. 公关艺术. 广州：广东旅游出版社，1999.
33. 陈万松. 公关与美学. 北京：中国经济出版社，1998.
34. 吕维霞. 案说公共关系. 北京：对外经济贸易大学出版社，2002.
35. 毛经权. 新世纪的公共关系——研讨与案例. 上海：上海外语教育出版社，2002.
36. 杨俊. 新型实用公共关系教程. 北京：高等教育出版社，2008.
37. 吴东泰，张亚. 实用公共关系学. 北京：北京交通大学出版社，2008.
38. 陶应虎，顾晓燕. 公共关系原理与实务. 北京：清华大学出版社，2006.
39. 龙新明. 公共关系原理与实务. 北京：中国传媒大学出版社，2008.
40. 陈向阳. 第七届最佳公共关系案例. 北京：清华大学出版社，2007.
41. 陈向阳. 第六届最佳公共关系案例. 合肥：安徽人民出版社，2005.
42. [美] 詹姆斯·E·格鲁尼格等. 卓越公共关系与传播管理. 北京：北京大学出版社，2008.
43. [美] 乔·马可尼. 公共关系实践与案例. 北京：电子工业出版社，2008.
44. [英] 安妮·格里高利. 公共关系实践. 北京：北京大学出版社，2008.
45. 马成. 公关经理第一课. 北京：北京大学出版社，2006.
46. 张美清. 现代公共关系原理与实务. 北京：北京大学出版社，中国林业出版社，2007.
47. [美] 丹·拉铁摩尔等. 公共关系：职业与实践. 北京：北京大学出版社，2006.
48. 蒋楠. 公共关系四步工作法. 北京：中国商业出版社，2004.
49. 王广伟，李春林. 公关策划经典模式. 北京：经济科学出版社，2004.
50. 大龙等. 中国式公关. 北京：中信出版社，2006.
51. 张舒哲，刘颖珊. 旅游公共关系. 北京：旅游教育出版社，2006.
52. 赵文明. 公关智慧 168. 北京：机械工业出版社，2006.
53. 张亚. 公共关系与实务. 北京：科学出版社，2005.
54. 谢红霞，胡斌红. 中国新公关：组织形象塑造. 北京：经济管理出版社，2004.
55. 崔秀芝. 中国策划经典案例：崔秀芝专辑. 深圳：海天出版社，2006.
56. 周朝霞. 公共关系——原理与实务. 北京：高等教育出版社，2007.
57. 何春晖. 中外公关案例宝典. 杭州：浙江大学出版社，2006.
58. 国家职业资格工作委员会公共关系专业委员会组织. 公关员职业培训与鉴定教材. 上海：复旦大学出版社，1999.
59. 周行，徐飚. 公共关系的魅力——温州民营经济发展中的公共关系研究. 北京：人民日报出版社，2004.
60. 张岩松，张丽英. 实用公共关系. 大连：大连理工大学出版社，2012.
61. 张云. 公共关系：理论、实践与案例. 上海：华东师范大学出版社，2012.
62. 李文柱. 新编公共关系实务. 北京：机械工业出版社，2012.

系列书目

序号	书号	书名	作者	出版时间	定价	电子资源
1	978-7-300-15112-0	管理学（第四版）★☆◆	王凤彬、李　东	2012.1	26.00	教学 PPT
2	978-7-300-18898-0	管理学基础（第二版）	杨　强	2014.1	32.00	教学 PPT
3	978-7-300-16305-5	管理学基础	赵志恒、李　洁	2012.12	29.00	教学 PPT
4	978-7-300-17557-7	管理学原理（第二版）	徐洪灿	2013.8	32.00	教学 PPT
5	978-7-300-19037-2	管理学原理与实务	万胜利	2014.9	32.00	教学 PPT
6	978-7-300-19642-8	管理学基础	李　静	2014.9	28.00	PPT、答案
7	978-7-300-15398-8	经济学基础（第四版）★	吴汉洪	2012.4	25.00	教学 PPT、参考答案
8	978-7-300-15324-7	经济学基础	陈文汉、肖春蓉	2012.6	35.00	教学资源包
9	978-7-300-20841-1	经济学基础（第三版）★	陈玉清	2015.4	29.00	教学 PPT
10	978-7-300-19351-9	经济学基础	赵全海、秦　刚	2014.1	32.00	教学 PPT、习题答案
11	978-7-300-18833-1	经济学课堂实验实训（第二版）★	戴　明	2014.3	26.00	教学 PPT
12	978-7-300-19511-7	经济学基础	黄　倩	2014.9	27.00	PPT、答案
13	978-7-300-17870-7	政治经济学原理（第二版）	刘庆森、江新国	2013.9	29.00	教学 PPT
14	978-7-300-10754-7	人力资源管理（第三版）☆	秦志华	2009.6	29.00	教学 PPT
15	978-7-300-20823-7	人力资源管理基础与实务（第二版）	吴强 阚雅玲	2015.2	29.00	教学 PPT
16	978-7-300-18138-7	市场营销学（第四版）☆	吕一林	2013.1	25.00	教学 PPT
17	978-7-300-21832-8	市场营销（第二版）★☆	杨　勇	2015.10	39.00	教学 PPT
18	978-7-300-18613-9	市场营销基础与训练（第二版）★	潘维琴、贾晓丹	2014.1	29.00	教学 PPT
19	978-7-300-21860-1	市场营销实务	蒋　晖、李　彬、张艳华	2015.10	29.00	
20	978-7-300-16555-4	市场调查与市场分析	李国强	2012.11	29.00	教学 PPT、配套综合练习
21	978-7-300-14928-8	统计基础	裴更生	2011.12	29.00	教学 PPT、参考答案
22	978-7-300-16002-3	统计基础与实务	陈宏威、于海峰	2012.7	35.00	教学 PPT
23	978-7-300-14155-8	统计学基础	孔里明	2011.8	30.00	教学 PPT

序号	书号	书名	作者	出版时间	定价	电子资源
24	978-7-300-19508-7	统计学基础	沈　静	2014.9	29.00	PPT、答案
25	978-7-300-14186-2	经济法概论（第二版）★☆	李正华、丁春燕	2012.1	32.00	教学 PPT、参考答案
26	978-7-300-20715-5	经济法原理与实务（第二版）	唐政秋	2015.8	29.00	教学 PPT
27	978-7-300-20346-1	经济法实用教程	吴　薇	2015.1	35.00	教 ppt、习题答案
28	978-7-300-21421-4	经济法	廖爱兰	2015.8	29.80	教学 PPT
29	978-7-300-22036-9	公共关系原理与实务（第二版）★☆	蒋　楠	2015.10	32.00	电子课件
30	978-7-300-16451-9	公共关系实务	蔺洪杰	2012.1	28.00	教学 PPT、习题答案
31	978-7-300-19888-0	经纪原理与实务（第二版）☆	何　衡	2014.8	28.00	教学 PPT
32	978-7-300-16043-6	金融基础	高建侠	2012.8	35.00	教学 PPT、课程标准、电子教案、教学大纲、题库
33	978-7-300-19118-8	国际金融（第二版）	高建侠	2014.7	35.00	资源库（含 PPT）
34	978-7-300-18095-3	货币银行学（第二版）	曹　艺、才凤玲	2013.9	29.00	教学 PPT
35	978-7-300-17538-6	商业银行会计	缑宇英、马西牛	2013.8	32.00	教学 PPT、参考答案
36	978-7-300-19835-4	资产评估（第二版）☆	俞明轩	2014.8	35.00	教学 PPT
37	978-7-300-19512-4	投资学基础	吴　伟	2014.9	29.00	PPT、答案
38	978-7-300-17871-4	商务谈判（第二版）	钟立群、孙彦东	2014.2	29.00	教学 PPT
39	978-7-300-20436-9	商务谈判	高玉清 孙建	2015.8	35.00	教学 PPT
40	978-7-300-16424-3	商务礼仪（第二版）	胡晓涓	2012.1	27.00	
41	978-7-300-14677-5	商务英语基础	邓　忍	2013.12	26.00	教学 PPT、听力材料
42	978-7-300-19352-6	高级文员英语口语	陈苡晴	2014.8	39.00	教学 PPT
43	978-7-300-16554-7	项目管理	柴彭颐	2012.11	26.00	教学 PPT
44	978-7-300-18494-4	企业行政管理实训☆	程　萍、张　弘	2014.3	27.00	教学 PPT
45	978-7-300-16724-4	企业管理理论与实务	陈建萍	2013.1	35.00	电子课件

序号	书号	书名	作者	出版时间	定价	电子资源
46	978-7-300-15530-2	财务与会计通识教程	丁 蕾、陈红云	2012.6	29.00	教学 PPT
47	978-7-300-15950-8	个人理财理论与实务	张红兵、李 炜	2012.8	29.00	教学 PPT、电子教案
48	978-7-300-11045-5	基础会计★	彭海虹	2009.8	35.00	教学课件
49	978-7-300-14049-5	财务报表分析★	王德发	2011.8	32.00	电子课件
50	978-7-300-16572-1	证券投资技术分析★	陈 星	2013.5	35.00	
51	978-7-300-18995-6	中级财务会计★	邹展霞	2014.5	49.00	电子课件
52	978-7-300-16895-1	审计基础与实务（第二版）	孙 晶	2013.6	35.00	教学 PPT、参考答案
53	978-7-300-16614-8	财务管理（第二版）☆	田钊平	2014.2	38.00	教学 PPT、答案
54	978-7-300-19263-5	现代物流基础	刘会福、莫本新	2014.1	36.00	教学 PPT
55	978-7-300-12242-7	实用采购与供应链管理	韦克俭、赵子渌	2010.9	35.00	教学 PPT
56	978-7-300-18042-7	应用统计和 Excel 应用（第二版）	方向阳	2014.11	28.00	教学 PPT
57	978-7-300-20371-3	财政与金融	王惠凌、唐东升	2015.2	35.00	教学 PPT

注：★ 表示“十二五”职业教育国家规划教材；☆ 表示“十一五”国家级规划教材

图书在版编目（CIP）数据

公共关系原理与实务/蒋楠主编．—2版．—北京：中国人民大学出版社，2015.10
21世纪高职高专规划教材．商贸类系列
ISBN 978-7-300-22036-9

Ⅰ.①公… Ⅱ.①蒋… Ⅲ.①公共关系学-高等职业教育-教材 Ⅳ.①C912.3

中国版本图书馆CIP数据核字（2015）第248368号

“十二五”职业教育国家规划教材
经全国职业教育教材审定委员会审定
普通高等教育“十一五”国家级规划教材
21世纪高职高专规划教材·商贸类系列
公共关系原理与实务（第二版）
主　编　蒋　楠
副主编　谢红霞　牛陇安　王　湜
Gonggong Guanxi Yuanli yu Shiwu

出版发行	中国人民大学出版社		
社　　址	北京中关村大街31号	**邮政编码**	100080
电　　话	010－62511242（总编室）		010－62511770（质管部）
	010－82501766（邮购部）		010－62514148（门市部）
	010－62515195（发行公司）		010－62515275（盗版举报）
网　　址	http://www.crup.com.cn		
	http://www.ttrnet.com(人大教研网)		
经　　销	新华书店		
印　　刷	北京东君印刷有限公司	**版　　次**	2011年12月第1版
规　　格	185 mm×260 mm　16开本		2015年10月第2版
印　　张	14.75	**印　　次**	2015年10月第1次印刷
字　　数	345 000	**定　　价**	32.00元
